"十四五"职业教育国家规划教材

"十三五"职业教育国家规划教材

职业教育电子商务专业

移动商务基础（第二版）

主　编◎王忠元　张明勇

中国人民大学出版社
·北京·

图书在版编目（CIP）数据

移动商务基础 / 王忠元，张明勇主编．-- 2 版．--
北京：中国人民大学出版社，2022.1
职业教育电子商务专业实战型教材
ISBN 978-7-300-30318-5

Ⅰ.①移… Ⅱ.①王… ②张… Ⅲ.①移动电子商务
—职业教育—教材 Ⅳ.①F713.36

中国版本图书馆 CIP 数据核字（2022）第 018815 号

“十四五”职业教育国家规划教材
“十三五”职业教育国家规划教材
职业教育电子商务专业实战型教材
移动商务基础（第二版）
主　编　王忠元　张明勇
Yidong Shangwu Jichu

出版发行	中国人民大学出版社		
社　　址	北京中关村大街 31 号	**邮政编码**	100080
电　　话	010－62511242（总编室）		010－62511770（质管部）
	010－82501766（邮购部）		010－62514148（门市部）
	010－62515195（发行公司）		010－62515275（盗版举报）
网　　址	http://www.crup.com.cn		
经　　销	新华书店		
印　　刷	唐山玺诚印务有限公司	**版　　次**	2018 年 1 月第 1 版
开　　本	787 mm×1092 mm　1/16		2022 年 1 月第 2 版
印　　张	14.5	**印　　次**	2024 年 8 月第 10 次印刷
字　　数	303 000	**定　　价**	39.50 元

前言

党的二十大明确提出“加快构建新发展格局，着力推动高质量发展”，明确指出要加快建设网络强国和数字中国。同时提出“实施科教兴国战略，强化现代化建设人才支撑”，“全面贯彻党的教育方针，落实立德树人根本任务”。促进移动商务健康发展，培养德才兼备的移动商务技术技能型人才，是建设网络强国和数字中国的有力推动力量。

目前，我国的移动互联网已经得到迅猛发展，并且日益趋于成熟。据中国互联网络信息中心（CNNIC）发布的第 48 次《中国互联网络发展状况统计报告》显示：截至 2021 年 6 月，我国网民规模达 10.11 亿，较 2020 年 12 月增长 2 175 万，互联网普及率达 71.6%，较 2020 年 12 月提升 1.2 个百分点。截至 2021 年 6 月，我国手机网民规模达 10.07 亿，较 2020 年 12 月增长 2 092 万，网民使用手机上网的比例达 99.6%，较 2020 年 12 月基本持平。随着 5G、大数据、人工智能等技术的发展，移动互联网已经渗透到人们生活的方方面面，成为当代生活必不可少的工具。截至 2020 年 6 月末，我国移动互联网月活跃用户规模已经达到 11.55 亿，较 2019 年全年新增 847 万。

移动互联网及其所支撑的移动商务的迅猛发展，引发了移动商务应用型和技能型人才的巨大缺口。据工信部数据统计显示，我国目前移动互联网人才及移动商务人才缺口达百万以上。随着移动互联网高速且深入的发展，移动互联网行业的专业人才匮乏将进一步加剧。根据《国家职业教育改革实施方案》和《职业教育提质培优行动计划（2020—2023 年）》等相关文件精神，为了进一步适应移动商务发展的需要，加强对移动商务技能型人才的培养，职业院校移动商务相关课程教学的教材建设与开发迫在眉睫。本书正是为了满足国内职业院校和各类培训机构开设移动商务课程的需求而编写的一本基础教材，涉及移动商务认知、移动商务技术概况、移动支付、移动商务经营模式、移动营销、移动商务安全、短视频与直播电商和移动商务典型案例等内容。

职业教育的内涵是以就业为导向的，其专业核心课程教学应该注重培养学生的岗位工作能力。因此，本书的编写旨在使移动商务课程教学能与电子商务企业就业岗位直接对接，重在培养学生的移动商务岗位应用能力，采用理实一体的编写结构，并在描述职业院校学生应该具备的移动商务理论和移动商务典型案例的同时，重点强调对学生在商务技能和应用技能方面的培养。本书共设计了 7 个最新的移动商务技能实训项目，充分体现了职业教育的“做中学”的理念和“教学做”一体化的教学方式。

本书主要有以下几个方面的特色：

（1）充分贯彻党的二十大精神，全面落实立德树人的根本任务。本书依照党的二十大精神和《高等学校课程思政建设指导纲要》的育人要求，将知识传授、能力培养和价值塑造融为一体，特别设计了“素养目标”“科技创新”“职业伦理”“法治护航”等栏目。

（2）产教结合。本书设计了基于企业移动商务典型岗位的项目训练，培养学生的移动商务岗位技能。

（3）内容新。本书教学内容的选取紧跟移动互联网的发展，增加了移动商务先进技术、短视频与直播电商、企业案例等内容，顺应了移动商务发展的现状和趋势。

（4）“教学做”一体化。本书的部分内容是作者在课程教学中运用“教学做”一体化职业教育教学模式的呈现，教学过程充分体现了“师徒式”和“做中学”的理念，“教师示范、学生模仿、学生创新”的方式贯穿整个教学过程。

（5）中高职衔接。本书是在武汉职业技术学院与武汉市第一商业学校联合开办的电子商务专业“3＋2”中高职衔接分段培养课程教学研究创新实践基础上的结晶。

本书由武汉职业技术学院王忠元教授、张明勇副教授担任主编，武汉市第一商业学校甘毅、沈稷婵参加了编写工作，武汉职业技术学院雷玲教授进行了审稿。

由于电子商务发展迅速，加之作者学识和经验有限，书中的疏漏甚至错误在所难免，敬请读者提出批评和修改意见。作者邮箱：mailtowzy@163.com。

编者

目录

第一章　移动商务认知

第二章　移动商务技术概况

第三章　移动支付

第四章　移动商务经营模式

第五章　移动营销

第六章　移动商务安全

第七章　短视频与直播电商

第八章　移动商务典型案例

第一章 移动商务认知

知识目标

理解移动商务的概念、优点以及与电子商务的区别；

熟悉移动商务的应用类型；

了解移动物流的相关内容及应用。

技能目标

能够说明移动商务的特点和未来发展趋势。

素养目标

培养并践行社会主义核心价值观；

传播优秀商业文化，培养文化自信；

能准确认识移动互联网，致力于推进网络强国战略。

案例导入与预演

在桌面互联网时代，电子商务的用户使用终端一般是位置固定的台式电脑（也称为桌面 PC），这种形式的电子商务一直延续到现在，仍是电子商务的重要形式。然而，随着移动互联网和智能手机的普及，用户网上商务活动使用的终端逐渐过渡到手机、平板电脑、PDA 等移动终端，使消费者随时随地上网购物消费得以普遍化，移动商务时代已经到来。淘宝、天猫、京东、苏宁易购、唯品会等电子商务平台都同时拥有桌面购物平台和移动 App，使得用户在线消费有了很大的灵活性和便捷性。

一、案例导入——京东及其移动商务

京东物流发展的 12 年

1998 年 6 月，京东公司成立。2004 年，京东正式涉足电商领域。2016 年，京东全年净收入为 2 602 亿元人民币（约 375 亿美元），同比增长 44%，并实现年度扭亏为盈，非美国通用会计准则下（Non-GAAP）年度净利润达 10 亿元人民币，增速是行业平均增速的 2 倍，并入榜 2016 年《财富》全球

500 强，成为中国首家入选的互联网企业，也是中国收入规模最大的互联网企业。

2019 年，京东集团全年净收入为 5 769 亿元人民币（约 829 亿美元），同比增长 24.9%。商品交易总额首次突破 2 万亿人民币大关，2019 年全年达到 20 854 亿元人民币（约2 996亿美元）。2019 年全年归属于普通股股东的净利润达到 122 亿元人民币（约 18 亿美元），非美国通用会计准则下归属于普通股股东的净利润增长 211%，达到 107 亿元人民币（约 15 亿美元），并实现连续 16 个季度的盈利。截至 2019 年 12 月 31 日，京东集团拥有超过 22 万名员工，一年新增了超过 4 万个就业岗位，带动了周边和生态链上下游企业超过 1 500 万人就业。业务涉及电商、金融和物流三大领域。

京东目前已成长为中国最大的自营式电商企业，2015 年在中国自营式 B2C 电商市场的占有率为 56.9%。京东致力于为消费者提供愉悦的在线购物体验，自 2004 年成立以来，坚持“正品行货”的理念，对假货零容忍；采取六大品控措施，保障正品，大量品牌直供，从源头上杜绝假货。通过内容丰富、人性化的网站（www.jd.com）和移动客户端，京东以富有竞争力的价格，提供具有丰富品类及卓越品质的商品和服务，以快速可靠的物流方式送达消费者，并且提供灵活多样的支付方式。京东致力于打造一站式综合购物平台，服务中国亿万家庭，3C 事业部、家电事业部、消费品事业部、服饰家居事业部、生鲜事业部和新通路事业部六大部门领航发力，覆盖用户多元需求。同时，京东还为第三方卖家提供在线销售平台和物流等一系列增值服务。

京东拥有中国电商领域规模最大的物流基础设施，通过完善布局，京东已发展成为全球唯一拥有中小件、大件、冷链、跨境、B2B、众包（达达）六大网络的物流企业。从 2007 年京东集团自建物流开始，京东物流用 10 年时间完成了大件和中小件物流在我国几乎所有区县的全覆盖，服务触达行政村超过 55 万个。京东于 2017 年 4 月 25 日正式成立京东物流子集团，截至目前，京东在全国范围内拥有 800 个大型仓库，运营了 28 个大型智能化物流中心“亚洲一号”、全国首个 5G 智能物流园区以及超过 70 座不同层级的无人仓，形成了目前亚洲规模最大的智能仓群，仓储总面积约 2 000 万平方米。京东专业的配送队伍能够为消费者提供一系列专业服务，如 211 限时达、次日达、夜间配、2 小时极速达、GIS 包裹实时追踪、售后 100 分、快速退换货以及家电上门安装等服务，保障用户享受到卓越、全面的物流配送和完整的“端对端”购物体验。京东智能物流持续创新，“亚洲一号”现代化物流中心是目前中国最大、最先进的电商物流中心之一，具备高度智能化处理能力，集商品暂存、订单处理、分拣配送功能等于一体，不仅组成了亚洲电商物流规模最大的智能仓群，而且已经成为多地的地标性建筑和物流覆盖能力的象征。京东物流实验室开始测试无人机送货，准备为农村电商配送提速。京东物流于 2021 年 5 月 28 日在港交所挂牌上市。

2011 年 2 月，京东商城 iPhone、Android 客户端相继上线，京东启动了移动商务战略。现阶段，京东的移动商务得到了长足发展，用户移动购物已经成为京东在线交易的主流。根据京东官方的数据，截至 2020 年 6 月 30 日，京东过去 12 个月的活跃购买用户数达到 4.174 亿，单季度新增 3 000 万，同比 29.9%的增速也创下近 11 个季度以来的新高。

2020 年 6 月，京东移动端日均活跃用户数较上年同期大幅增长 40%。良好的购物体验和稳定可靠的供应能力为京东赢得了更多的用户信赖。2020 年单季新增年度活跃购买用户数创下过去 12 个季度以来的新高，其中第四季度的新增用户中超过七成来自三至六线城市。

二、本章预演：京东桌面购物网站与手机 App 的比较

预演任务：

比较京东桌面网站购物与手机 App 购物的异同。

预演步骤：

（一）京东桌面网站购物体验

（1）进入京东桌面购物网站（网站地址：www.jd.com），如图 1－1 所示。

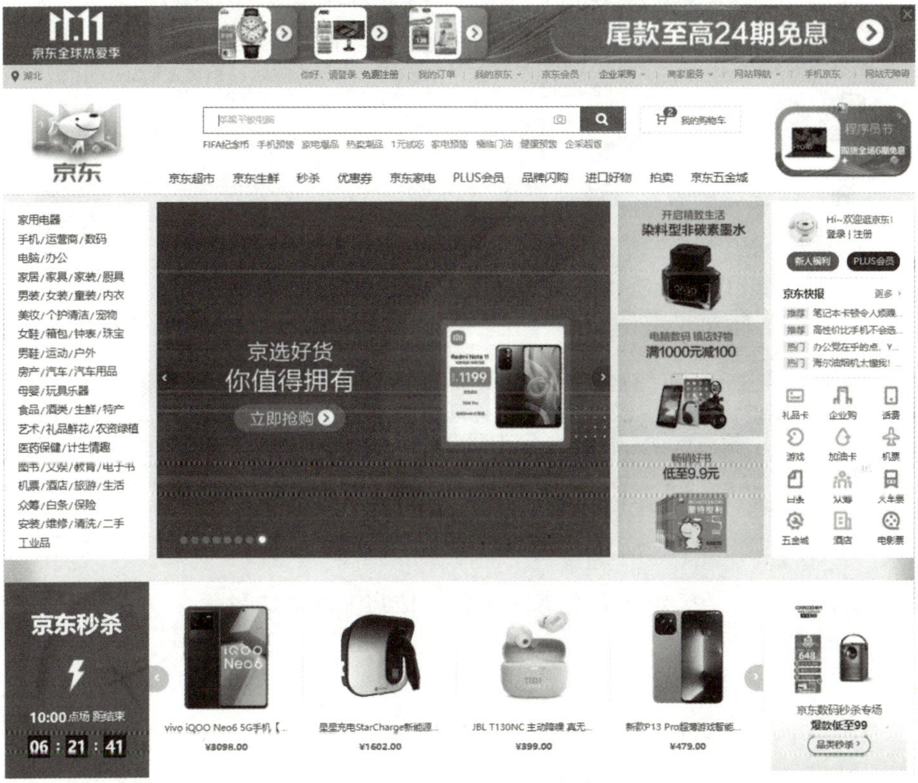

图 1－1　京东桌面购物网站首页

（2）注册京东会员。

（3）进行购物体验，熟悉桌面购物网站的功能及特点。

（二）京东手机 App 购物体验

（1）在手机上下载京东手机 App 并安装。

（2）进入京东手机 App，使用自己的京东账号登录。

（3）进行购物体验，熟悉手机 App 购物的功能及特点，如图 1－2 所示。

图 1-2　京东手机 App 购物体验

（三）项目演练小结

对两种购物形式进行认真总结，完成以下表格，并在同学之间交流。

	相同点	不同点	优点	缺点
京东桌面购物				
手机京东购物				

注意：请认真体验，尽量从多个不同的角度填写上面的表格。

第一节　移动商务概述

随着互联网的普及，电子商务成为建立在互联网基础之上的一种新型商务活动。而近几年移动互联网的发展速度之快、潜力之大，超出人们的想象，手机、平板电脑、PDA甚至可穿戴设备等移动端也迅速发展并广泛应用，推动了电子商务向移动商务发展。

一、移动商务的概念

广义的移动商务是指通过移动设备随时随地获得的一切服务，涉及通信、娱乐、商业广告、旅游、紧急救助、农业、金融、学习和商业运营等。狭义的移动商务是指通过移动终端（如手机、平板电脑、PDA 等）等无线通信设备与互联网有机结合进行商品或服务的货币交易的商务类活动。本书侧重的是狭义的移动商务。

移动商务是在移动终端开展的商务活动，移动是手段，商务是目的，其从本质上仍属于电子商务。

2009 年以后，智能手机逐渐普及，我国的移动商务得到了较快的发展。现在 5G 网络和应用正在快速代替 4G 网络，移动商务环境也日趋成熟，各种新型的移动商务应用形式还会不断涌现，移动商务的应用范围将更加广泛。

二、移动商务与电子商务的区别

移动商务，简单地说，是移动互联网应用普及的环境下电子商务的表现形式。现阶段，我们关注的重点是 4G/5G、Wi-Fi 环境下的移动商务。移动商务与电子商务（应用终端以桌面 PC 为主）也存在较为明显的区别。

（一）服务个性化

移动商务所依托的无线通信具有地理定位功能，因此，移动商务可以充分利用基于位置的个性化服务，移动用户能更加灵活地根据自己的需求和喜好来定制服务与信息。而电子商务则强调的是无差别的服务。

（二）终端设备

电子商务使用的终端设备主要是桌面个人计算机，显示器屏幕大、内存大、处理器速度快、采用标准键盘，不用考虑电池问题。移动通信设备则相反，屏幕小、内存小、处理器速度慢、输入不便，电池一次不能用太久，因此移动商务的信息比较简洁，不宜处理复杂应用。

（三）用户群体

移动商务的潜在用户群远大于电子商务，但这个群体分布不均且具有不同的特点。

（四）移动性

与电子商务相比，移动商务因终端设备的移动性而产生更多的商业机会，更能实现个性化和随时随地的商务活动。

（五）时空约束

移动商务往往与空间和时间有关，更能实现个性化服务，更能满足用户与位置有关的需求，如在陌生城市找理发店、餐馆和酒店等。许多移动商务有时间限制，如医疗救护和限时特价酒店等；而电子商务通常强调不受时间和空间的影响，都能提供一样的服务。

（六）商业模式

电子商务更强调低成本和无限的网络空间，消除信息不对称，提供无限的免费信息服务；而移动商务更多的是针对差异性，提供差异化的个性服务来盈利，如位置变成产生价值的来源。

三、移动商务的优点

当然，移动商务与电子商务相比有许多优点，主要包括以下几个方面：

（1）使商务活动的信息互动更高效、更及时。

（2）使商务活动的规模更大、机会更多，不限于坐在计算机前才能开展商务活动，而是随时随地都可凭借智能手机来进行。更大的规模和更多的机会，会让企业与用户双方均可得利。

（3）通信终端的私有性帮助交易双方确认对方身份，使得移动商务供应商能精准地与目标用户交互，提高了交易的成功率。

四、移动商务的应用类型

移动商务形式多样，除从传统 PC 电子商务中扩展而来的一些服务外，还有许多新的形式会被逐渐开发出来。目前，主要的移动商务应用可分为六种类型。

（一）移动信息服务

移动信息服务包括移动短信、彩信和移动即时通信等形式，如微信、微博、短信通知、短信广告以及手机报等，也包括移动信息搜索服务。

（二）移动支付

移动支付（Mobile Payment）也称为手机支付，即允许用户使用其移动终端（通常是手机）对所消费的商品或服务进行账务支付的一种服务方式。典型的移动支付手段有手机银行、第三方移动支付平台、NFC 近场支付等。

（三）移动医疗

移动医疗就是通过使用移动通信技术，例如 PDA、移动电话和卫星通信来提供医疗服务和信息，具体到移动互联网领域，则以基于安卓和 iOS 等移动终端系统的医疗健康类 App 应用为主。相比于传统医疗，移动医疗实现了对医疗资源配置利用的优化，让患者和医生、医院管理者更省时、更省心。在国家医改进程的推动下，得益于知识付费时代和医药电商政策放开，移动医疗将作为我国医疗卫生的重要补充，近年来在移动互联网技术终端、大数据技术等推动下，移动医疗实现了快速的发展。不仅移动医疗 App 达到了数千款，市场规模更是从 2013 年的 19.8 亿元增长至 2017 年的 201 亿元，年复合增长率达 78.48%。2020 年行业整体规模突破 500 亿元。如图 1－3 所示，使用春雨医生 App 进行大夫门诊预约。

（四）移动娱乐

移动娱乐就是传统娱乐方式在手机、平板电脑及 PDA 等移动通信终端上的应用。随着 5G 技术的普及，宽带传输、手持终端和移动视频等新技术产生的能量会进一步扩展，

图 1－3　春雨医生 App 门诊预约

娱乐创新的表现形式也会越来越丰富多彩。移动娱乐业务包括移动游戏、移动视频、移动在线音乐和无线宠物生活等。2020 年在新冠肺炎疫情的影响下，随着人们纷纷宅在家中，用户都转向移动设备来保持联系、消磨时间和获取信息。2020 年，抖音实现大幅度增长，在全球范围内积累了大量活跃用户，与 2018 年相比，其活跃用户数量达到原来的三倍。预计到 2022 年，抖音活跃用户数不会仅限于每月 10 亿，而是将直接突破 12 亿。

（五）移动学习

移动学习（Mobile Learning）是一种在移动设备帮助下能够在任何时间、任何地点发生的学习。移动学习所使用的移动计算设备必须能有效地呈现学习内容，并且提供教师与学习者之间的双向交流。采用微课、幕课、微信等形式开展“碎片化”学习，翻转课堂和移动学习等是移动互联网时代的学习创新。如图 1－4 所示，使用平板电脑可以随时随地进行课程学习。

图 1－4　使用平板电脑进行移动学习

（六）移动企业应用

移动企业应用包括面向企事业单位的移动客户服务、移动办公、移动物流和移动后勤管理等。特别是移动客户关系管理、移动 ERP（企业资源计划）和移动供应链管理等，对移动商务企业有极其重要的意义。移动客户服务可以帮助客户迅速实现有效的“客户关系管理”，开展对客户的个性化营销、个性化关怀以及个性化服务，建立起和客户之间互惠互利的长期关系，提高企业的经营效率，提升服务品质，创建客户忠诚，为中小企业带来更好和更长久的经济效益。例如，全球较为流行的移动终端 Zendesk，具有极高的扩展性，提供强大的定制化选项，可用于任意规模的客服团队。Zendesk 为客户提供基于互联网的 SaaS 客户服务/支持管理软件，使企业能更轻松地管理终端客户的服务与需求。

五、移动商务的特点

相对于基于桌面 PC 互联网的电子商务来说，移动商务有以下显著特点：

（1）时空无界性。移动用户可以在任何时间、任何地点查询所需的商品或服务信息，并启动、协调和完成移动交易。

（2）便捷性。不受地域限制，查看邮箱、收发即时信息和交换图文、观看视频等，都因移动互联网的普及而变得非常容易和便捷。

（3）位置相关性。采用全球定位技术（GPS）和基于位置服务技术（LBS），可以帮助服务提供商更准确地识别用户所在位置，从而向用户提供与其位置相关的信息，如附近的旅游景点、酒店或旅馆、滴滴出行、共享单车等。

（4）个性化。由于每部移动终端都有唯一的 SIM 智能卡，因此服务提供商可以很方便地通过它收集用户信息。同时，消费者可以在经过自己许可的情况下，让商家收集自己的数据信息，从而为自己提供更好的服务，还可让商家根据自己的要求提供一定的隐私保护措施。

中国方案

关于网络强国的论述

党的二十大明确提出要推进国家安全体系和能力现代化，坚决维护国家安全和社会稳定。其中在健全国家安全体系举措中强调了网络完全保障体系的建设。

当前以互联网特别是现阶段移动互联网为代表的信息技术日新月异，给经济社会发展带来历史机遇和严峻挑战。

习近平总书记指出：“互联网是 20 世纪最伟大的发明之一，给人们的生产生活带来巨大变化，对很多领域的创新发展起到很强带动作用。”“网信事业发展必须贯彻以人民为中心的发展思想，把增进人民福祉作为信息化发展的出发点和落脚点，让人民群众在信息化发展中有更多获得感、幸福感、安全感。”“要适应人民期待和需求，加快信息化服务普及，降低应用成本，为老百姓提供用得上、用得起、用得好的信息服务，让亿万人民在共享互联网发展成果上有更多获得感。”“大数据在保障和改善民生方面大有作为。”

"要探索'区块链+'在民生领域的运用，积极推动区块链技术在教育、就业、养老、精准脱贫、医疗健康、商品防伪、食品安全、公益、社会救助等领域的应用，为人民群众提供更加智能、更加便捷、更加优质的公共服务。"这些重要论述字里行间饱含着对人民的深厚感情，是坚持以人民为中心的发展思想在推动网络强国建设实践中的生动诠释。现在，互联网已经融入社会生活方方面面，深刻改变着人们的生产和生活方式。以互联网为代表的信息技术引领了社会生产新变革，极大提高了人类认识世界、改造世界的能力。当今世界，网络信息技术深刻改变着全球经济格局、利益格局、安全格局，主要国家都把互联网作为经济发展、技术创新的重点，把互联网作为谋求竞争新优势的战略方向。在深入分析科技发展和近现代世界大国兴衰的历史后，习近平总书记鲜明指出："信息化为中华民族带来了千载难逢的机遇""我们必须敏锐抓住信息化发展的历史机遇"。

习近平总书记强调，要向着网络基础设施基本普及、自主创新能力显著增强、数字经济全面发展、网络安全保障有力、网络攻防实力均衡的方向不断前进。

实践证明，党的十八大以来，以习近平同志为核心的党中央把握战略机遇，统筹协调涉及政治、经济、文化、社会、军事等领域信息化和网络安全重大问题，作出一系列重大决策，提出一系列重大举措，推动网信事业取得历史性成就。其中，移动商务的蓬勃发展尤其令人瞩目。

第二节　移动商务分类

移动商务一般根据移动商务经营模式来分类，也常常根据移动商务服务类型和应用终端类型来分类，下面分别描述。

一、按经营模式分类

移动商务是电子商务在移动互联网时代的延伸，传统的电子商务经营模式完全适应移动商务，因此移动商务按照经营模式划分基本与电子商务分类相同，具体来说，可以分为以下几类。

（一）B2C 移动商务

B2C（Business to Consumer）移动商务即企业与消费者之间的移动商务。它类似于联机服务中进行的商品买卖，是利用计算机网络使消费者直接参与经济活动的高级形式。这种形式基本等同于电子化的零售，它随着万维网（WWW）的出现迅速地发展起来。目前，在互联网上遍布各种类型的商业中心，它可以提供从鲜花、书籍到计算机、汽车等各种消费商品和服务。京东商城（www.jd.com）、唯品会（www.vip.com）、亚马逊

（www.amazon.com）都是典型的 B2C 电子商务。

（二）B2B 移动商务

B2B（Business to Business）移动商务即企业与企业之间的移动商务，包括非特定企业间的电子商务和特定企业间的移动商务。B2B 移动商务包括垂直型 B2B 移动商务、水平型 B2B 移动商务和分销式 B2B 移动商务。垂直型 B2B 移动商务主要是以产业链为核心，基于移动互联网平台与移动推广手段实现产业链上、下游企业之间或上游原材料供应商、生产商与下游经销商之间的资讯、沟通和交易。水平型 B2B 移动商务是将各个行业中相近的交易过程集中在一个移动端平台，为企业的买方和卖方提供交易机会。分销式 B2B 移动商务是移动商务模式中较为常见的移动商务模式，以北京口袋时尚科技有限公司开发的微店 App 为例（见图 1-5），任何人通过手机即可开通自己的店铺，通过一键分享到 SNS 平台来宣传店铺并促进交易。

图 1-5 微店界面

阿里巴巴（www.1688.com）、慧聪网（www.hc360.com）也都是典型的 B2B 移动商务平台。

（三）C2C 移动商务

C2C（Consumer to Consumer）移动商务即消费者与消费者之间的移动商务。它是指消费者之间通过移动网上商务平台实现交易的一种移动商务模式。传统的商务模式不能提供便利的方式让消费者出售其所持有的产品，而利用互联网就可以很好地解决该问题。产品持有者发布其产品信息，产品需求者对其所需要的产品出价，产品持有者最终将产品卖给出价最高的买方。卖方能以较高的价格出售产品，买方也能以自己接受的价格购买产品，这种交易方式类似于拍卖方式，又称为网上拍卖。典型的 C2C 电子商务网站有淘宝网（www.taobao.com）、eBay（www.ebay.com）、58 同城（www.58.com）等。

C2C 移动商务模式近年来正在发生一些变化，一部分的厂商和商家也开始利用这种系统在互联网上销售产品和服务，将 B2C 和 C2C 逐步地融合在一起，形成了新的 B2C2C 或 B2B2C 移动商务模式。

（四）O2O 移动商务

现阶段电子商务逐渐向线下扩展，出现了线上线下融合的趋势，由此产生了新的电子商务模式——O2O（Online to Offline）模式。O2O 就是将线下电子商务机会与互联网结合在一起，让用户可以线上订购、线下消费，互联网成为线下的交易平台，将线上的消费者带到现实的店铺中。O2O 作为一种新兴的商业模式，正在改变电子商务的业态和格局。对商家来说，O2O 降低了商家的运营成本，扩大了商品销售的客源；对消费者来说，O2O 提供更加丰富、全面、及时的商品信息，可以方便快捷地选择和订购产品及服务；对于 O2O 平台商来说，该模式可以带来大量高黏度的消费者，提高了平台的影响力。随着移动商务和二维码等新技术的普及，O2O 电子商务的市场规模将进一步扩大。同时，随着贸易的全球化程度提高，电子商务的平台也逐渐跨出国界，跨境电子商务迅猛发展。

（五）C2B 移动商务

C2B（Consumer to Business）模式指消费者对企业的交易模式。狭义上的理解是有别于 B2C 的反向电子商务模式，通过将分散但数量庞大的用户聚合起来形成一个强大的采购集团向商家集中采购的行为，也叫反向定制或聚定制。广义的 C2B 的理解是由消费者发起需求，企业进行快速响应的商业模式，即客户需要什么，企业就生产什么。C2B 的核心是消费者角色的变化，由传统工业时代的被动响应者变为真正的决策者。B2C 模式是典型的推动（Push），而 C2B 的模式是拉动（Pull），按需定制，降低甚至消除了库存和相应的成本。C2B 的另一个特征是积少成多、聚沙成塔，企业利用社会的零碎资源和个人的能力及零碎时间低成本地帮助企业完成需要大量劳动力、短生命周期或企业不具有能力和资源的项目。

二、按服务类型分类

按照服务类型，移动商务一般分为推式服务、拉式服务和交互式服务三种。

（一）推式服务

移动商务的推式（Push）服务是根据特定用户的习惯、兴趣、爱好、风俗、专业背景等信息，向用户推送用户所需要的个性化服务。

（二）拉式服务

移动商务的拉式（Pull）服务是一种被动的服务，用户根据商家在移动 App 或者移动 Web 网站上发布的信息，自主选择所需要的服务。比如：用户用手机浏览或搜索京东手机 App，然后通过比较后购物。

（三）交互式服务

移动商务最常用的服务方式是交互式服务，交互式服务是介于推式服务和拉式服务之间的一种服务，就是说商家可以为用户推送个性化信息，用户也可以在商家的移动站点或 App 应用中自主选择服务。

三、按应用终端类型分类

（一）手机移动商务

由于智能手机保有量越来越大，手机移动商务已经成为当前移动商务的主流。

（二）平板电脑移动商务

使用平板电脑进行的移动商务活动即为平板电脑移动商务，平板电脑具有屏幕大的优势，在很多场合下使用平板电脑更为方便。

（三）其他移动终端移动商务

移动商务使用的终端不局限于手机和平板电脑，其他的移动终端如 PDA、车载终端、可穿戴移动终端等不断涌现，移动商务使用的终端也在不断推陈出新。

第三节 移动商务物流配送

随着信息化时代的到来，行业门户类应用正在从传统 PC 端互联网向移动互联网延伸，物流业经营平台也开始转向移动互联网。例如，包括顺丰、圆通等快递物流企业纷纷推出物流 App 软件，这标志着物流行业正在加快线下实体产业与移动互联网的融合，一种新的商业模式正在崛起。移动物流随时随地满足物流行业车辆定位、内部沟通、客户服务等需求，节约了管理成本，提高了工作效率，增加了货物运送中的透明度，使物流公司能及时、准确地掌握车辆和位置等信息，提高了运输质量和运输效率，增强了客户服务能力，从而提升了企业的核心竞争力。移动物流充分运用信息化手段和现代化方式，对物流市场做出快速反应，对物流资源进行全方位整合，实现了物流信息系统的移动化。

一、移动物流概述

由于近年来国际物流企业进军中国市场、国际燃油价格节节攀升、人力资源费用不断提高，现代物流企业之间的竞争越来越激烈。降低物流企业的经营成本，提高物流过程的效率，成为物流企业在竞争中制胜的关键因素。

移动通信技术、微电子技术、计算机技术和计算机网络技术的发展，为物流企业的移动信息化打下了坚实的基础，使现代物流企业从原材料的采购到产成品的销售运输以及最终客户的货物配送服务，都能形成一个完善的物流体系来支撑整个商务流程，做到及时精确的物流服务、快速高效的配送流程、低廉的成本费用和良好的客户服务水平。

这种新形式的物流由于以移动通信技术和网络技术为基础，因此被称为移动物流。移动物流服务包括以下特点和内容。

（一）简单方便

移动物流服务简化了消费者业务办理流程，使物流企业的管理变得简单方便。消费者通过移动终端或个人计算机就可以完成在线下单、查询货物物流信息和收货反馈操作；物流企业通过给员工配置移动终端，可以随时了解货物运输地点、货物配送信息和仓储信息等内容，实现自动订货、自动转账、物流过程追踪、24 小时营业等诸多功能，提升了服务的质量，提高了企业的运行效率，增强了客户的忠诚度，当然也增加了商品或服务的价值。

（二）费用低廉

通过将先进的条码技术、射频识别技术、定位技术、Internet 技术及现有的物流服务系统进行有效的结合，可以了解待发货物的运输目的地，对流通中的货物进行跟踪，进行统一的协调配送，降低专业物流企业运营成本，减少客户在物流费用上的支出，提高物流运输的效率，并且通过这些技术能为客户提供量身定做的个性化服务。

（三）增值服务

移动物流提供了许多增值服务，外向服务包括市场调查、商品采购和订单处理，内向服务包括货物配送、物流咨询、物流方案的选择与规划、库存控制决策建议、货款回收与结算、物流系统设计与规划方案的制作等。对于费用结算，物流的结算不仅是物流费用的结算，在从事代理和商品配送的情况下，物流服务商还要提供向收货人结算货款等服务。对于市场评测，物流服务商根据物流中心的商品进货和出货的信息，以及以往的数据来分析商品的销售走势，预测未来一段时间内的商品进出库量，进而预测市场对商品的需求，从而为生产企业和销售企业提供重要的咨询服务。

二、移动物流的技术支撑

物流技术包括硬件技术和软件技术两个方面。随着计算机网络技术的应用普及，物流技术中综合了许多现代技术，如条码（Bar Code）、射频识别（RFID）、地理信息系统（GIS）和全球定位系统（GPS）等。

（一）条码技术

条码技术是为实现对信息的自动扫描和识别而设计的，是将计算机技术应用于物流行业的一种自动识别技术，能实现快速、准确、可靠地采集数据。条码技术提供了一种对物流中的商品进行标识和定位的方法，借助自动识别技术、GPS（全球定位系统）和 EDI（电子数据交换）等现代技术手段，企业可以随时了解有关商品的实际所处位置及其在供应链上的阶段，并进行实时的管理和协调。条码可以分为一维条码和二维条码。条码技术在物流行业中的应用有销售商品扫描、库存管理、仓库分货拣选等。

（二）射频识别技术

射频识别（Radio Frequency Identification，RFID）又称为电子标签、无线射频识别，

是一种通信技术，可通过无线电信号识别特定的目标并读写相关数据，而无须在系统与特定目标之间建立机械或光学接触。

RFID 在物流的许多环节中都发挥了重大作用，在商品销售扫描、自动库存管理、商品流通检查、配送分货拣选、生产制造环节跟踪方面都起到了重要的作用。

（三）地理信息系统

地理信息系统（Geographical Information System，GIS）是以地理空间数据为基础，采用地理模型分析方法，适时地提供多种空间和动态的地理信息，是一种为地理研究和地理决策服务的计算机技术系统。其基本功能是将表格类型数据转换为地理图形显示，然后对显示结果进行浏览、操作和分析，显示范围可以从洲际地图到非常详细的街区地图，显示对象包括人口、销售情况、运输线路以及其他内容。GIS 应用于物流分析，主要是利用 GIS 强大的地理数据功能来完善物流分析技术。在国外，已经开发出许多利用 GIS 为物流分析技术提供专门分析的工具软件。完整的 GIS 物流分析软件集成了车辆路线模型、最短路径模型、网络物流模型、分配集合模型和设施定位模型等。将 GIS 应用于物流管理中，可使物流管理人员方便、快捷、全面地了解各类物流与地理位置有关的信息。它与物流控制、车辆定位和道路信息等相结合，可以实时、准确地评测出物流流量和道路通畅情况，大大提高企业对物流的快速响应能力。

（四）全球定位系统

全球定位系统（Global Positioning System，GPS）是一种先进的卫星导航技术，整个系统由发射装置和接收装置两大部分构成。发射装置主要由若干颗位于地球卫星静止轨道、不同方位的导航卫星构成，通过不断地向地球表面发射无线电波来提供地面物体的位置信息。接收装置通常安装在需要定位的移动目标（如飞机和车辆）上，根据接收到的来自不同方位的导航卫星的定位信号，即可计算其当前的经纬度坐标，然后将其坐标信息记录下来或发回监控中心。

物流系统中，许多环节都涉及与地理位置有关的信息处理，如运输车辆的调度、商品运输路线的选择、仓库位置的选择、配送路线的选择和合理装卸策略等，这些都可以通过运用 GPS 的定位功能、导航功能、车辆跟踪功能和信息查询功能等进行有效的管理和决策分析。将 GPS 应用于物流系统，无疑将有助于配送企业有效地利用现有资源、降低消耗和提高效率。

三、移动物流的应用

随着经济全球化进程的加快和现代物流对经济发展的重要性逐渐被国人所认识，我国的物流产业正处于一个高速发展的时期，未来的市场竞争将给我国传统的物流企业带来很大的机遇，同时也会带来新的挑战。只有最大限度地满足客户对物流服务的需求，最大限度地降低物流服务的成本，才能获得企业的信任和利润，才能获得商机。因此，传统物流企业应更新观念，充分利用现代物流技术手段来实现自己的经营管理目标。物流管理的最终目标是降低成本和提高服务水平，这需要物流企业能够及时、准确、全面地掌握运输车辆的信息，对运输车辆实现实时监控调度。现代科技和通信技术的发展，GPS/GIS 技术的成熟，为现代物流管理提供了强大而有效的工具。4G/5G 对物流企业优化资源配置、提高市场竞争力，也将起到积极的促进作用。

移动物流最主要的功能是实现对物流运输过程的掌控。移动物流，客户完全可以实时了解货物的在途情况，并推算到达目的地的时间，解决了传统物流“货物一发出，什么都不知”的情况。而且，移动物流解决了物流调度与管理的瓶颈问题。过去一直困扰着企业的物流调度难的问题通过移动物流能很好地解决，移动物流不仅能提高工作效率，而且降低了油耗等成本，对在途信息数据打包发回监控中心，调度人员能随时随地对车辆和货物进行实时监控，在电子地图上若发现偏移预设线路可紧急报警。移动物流还具有很强的防盗反劫功能。当遭遇劫匪时，司机只需按下报警开关，中心便会及时进入报警状态。移动物流将全程记录行程轨迹，这样避免了公车私用和拉私活等情况的发生，这是物流企业管理司机的好帮手。同时，是否安装 GPS 定位系统目前也被正式纳入 ISO9001 的认证要求之一。车载终端采用先进的 GPRS 工业模块，能适应复杂的工作环境，不受车型限制。在 GPRS 网络覆盖的地方，都可以享受到服务，轻松实现全网通。车载终端利用车辆电源供电，系统配有备用电源，当外接电源断电时，终端会向调度中心发送断电报警。社会的发展要求企业现代化的管理不断提高，需要对自有车辆资源有效利用，尽量减少某些原因所带来的负面影响，以达到车辆资源的合理安排与使用，移动物流为物流企业的快速发展提供了有力的支持。

移动物流数据终端通过对货物信息进行采集、管理、监控和分析等操作，为物流运营管理提供基础数据信息，有助于实现业务流程优化、物流效率提升，从而提高企业的竞争力。随着信息技术的发展与成熟，为了更好地满足不同行业领域客户的需要，避免产品同质化竞争，移动物流还可以帮助物流企业全面改善运作效率。

随着一大批物流企业开始涉足 4G/5G 移动互联网，物流行业开始逐渐迈入信息化时代，创建物流信息手机 App 客户端成为很多物流企业的选择，这种触网模式对物流企业生产方式产生了重大影响，不但使信息交易的速度加快，而且在一定程度上加快了货物的周转速度，从而提高了整个物流行业的发展速度，提升了行业信息化水平。在物流行业中，物流信息平台是企业及货车车主接触最广，也是最实用的物流互联网。物流信息平台一方面汇聚了全国各地区的货主车主，增加货源车源的交易量，另一方面从货主车主的角度出发，通过物流信息的交流交换，辐射区域迅速扩大，物流信息通过手机 App 客户端传递到每一个角落，大大提高了物流信息的交易速度。

此外，大量物流行业手机 App 客户端的涌现实现了物流行业的“掌上配货”，通过移动终端和物流信息平台的对接，为配货站、车主和货运司机提供基于移动终端的找货和车辆管理应用功能，满足车找货、货找车的物流配货需求以及车主对司机和车辆的监督需求，成功解决了车主的配货、车辆和货物跟踪监控等问题，大大提升了物流行业的效率。

第四节 移动互联网的现状及发展趋势

现在，移动互联网已进入最好的时代，移动商务正在高速发展。移动互联网与云计算、物联网、大数据的有效融合，给人们带来了无限想象的空间，也为人们的工作和生活带来了极大便利，使之拥有更多创新和发展的机会。随着5G及新一代信息技术的加速发展，基于移动端本身的研发和应用将不断深入，移动电子商务将迎来全面爆发。纵观近年来移动互联网的发展现状不难发现，移动互联网未来发展呈现以下趋势。

一、移动互联网基础设施不断完善，商业价值进一步凸显

近年来，随着移动互联网技术的快速发展，移动互联网的基础设施不断完善，用户规模继续保持增长，移动互联网增长势头强劲，成为当前全球信息产业竞争的焦点。

（一）移动互联网用户继续增长，流量消费迅速增长

据中国互联网络信息中心（CNNIC）发布的第48次《中国互联网络发展状况统计报告》显示：截至2021年6月，我国网民规模达10.11亿，较2020年12月增长2 175万，互联网普及率达71.6%，较2020年12月提升1.2个百分点。截至2021年6月，我国手机网民规模达10.07亿，较2020年12月增长2 092万，网民使用手机上网的比例达99.6%，较2020年12月基本持平。与此同时，2019年我国移动互联网接入流量消费达1 220亿GB，同比2018年增长71.6%；月户均流量（DOU）达7.82GB/户/月，是上年的1.69倍；短视频应用更成为流量增长的主要拉动力，移动用户2019年使用抖音、快手等短视频应用消耗的流量占比超过了30%。疫情防控下，用户足不出户，短视频迎来了爆发式增长，2020年短视频用户规模突破8亿大关，月人均使用时长突破20小时，同时，在行业流量见顶的情况下，短视频玩家瞄向了人口基数大、人们闲暇时间较多的三、四、五线城市，短视频竞争愈演愈烈。

（二）移动互联网基础设施不断完善

5G商用全面推进，我国位于全球第一梯队。2019年1月，广东联通打通了全球第一个5G手机外场通话；6月6日，工信部正式向中国电信、中国移动、中国联通、中国广电发放5G商用牌照，标志着我国正式进入5G商用元年。

我国移动宽带网络高质量发展步伐加快。截至2019年12月底，我国4G用户总数达到12.8亿户，占移动电话用户总数的80.1%，远高于全球的平均水平（不足60%），成为全球覆盖最完善的4G网络。到2020年3月底，全国已建成5G基站19.8万个，套餐用户规模超过5 000万。

我国移动物联网、工业互联网、车联网、IPv6发展成果丰硕。2019年，“工业互联网”一词首次被写入政府工作报告，我国工业互联网产业市场规模达4 800亿元，同比增

长 6.64%，占全球工业互联网产业市场规模的 59.6%。截至 2019 年 9 月，中国车联网领域专利申请约 28 647 件，占全球车联网领域专利申请总数的 25%，居第二位。截至 2020 年 3 月，中国 IPv6 地址数量较 2018 年底增长 15.7%。丰富的 IP 地址资源为移动互联网、物联网等快速发展提供了良好的支撑。

中国方案

网络强国战略

在全球信息化的浪潮中，中国已经成为一个网络大国。网络规模、网民数量、智能手机用户等均处于世界第一位，同时，中国国内域名数量、境内网站数量以及互联网企业等也处于世界前列。

但是，目前我国的网络形态仍处于大而不强的状况，距离网络强国目标还存在一定距离。主要表现在：宽带建设规模和质量仍需进一步提升；自主创新动力不足，关键技术受制于人的格局还没有完全改变，网络安全面临严峻挑战；中国不同地区间“数字鸿沟”问题突出，信息化驱动工业化、城镇化、农业现代化任务还十分繁重。

党的十八届五中全会提出：十三五时期，中国将大力实施网络强国战略，以及与之密切相关的“互联网+”行动计划。2022 年 10 月党的二十大又提出了加快建设网络强国和数字中国。以习近平同志为核心的党中央深刻把握网络信息时代的新特征、新规律，高度关注网络空间对全球经济、政治、文化、社会、生态等领域的深刻影响，准确把握时代大势，积极回应实践要求，站在战略高度和长远角度，重视、发展、治理互联网，统筹协调设计政治、经济、文化、社会、军事等领域网络安全和信息化的重大问题，作出了一系列重大决策，出台了一系列重大举措，推动我国网信事业取得历史性成就，走出了一条中国特色社会主义治网之道。

（三）智能终端全面普及，移动智能终端市场从手机独霸到“一超多强”

以苹果 iPhone、iPad 为代表的智能终端的推出，掀起了移动智能终端发展的浪潮，智能终端产业链各方的努力及千元以内智能手机的发展，加速推动了智能终端的普及。研究机构 Digitimes Research 的报告显示：2020 年全年，全球智能手机企业总共出货 12.4 亿台，受新冠肺炎疫情影响，消费者支出减少，智能手机出货量略有下降，同比下降约 8.8%。

2019 年我国手机出货量累计 3.89 亿部，同比下降 6.2%。我国 5G 手机出货量累计 1 376.9万部，占全球 5G 手机出货量总数的 73.6%。我国国产品牌手机出货量 3.52 亿部，出货量及销售量虽有所下降，但折叠屏、AI 算法、夜景拍摄等技术升级引发关注；华为（包括荣耀）、小米、OPPO、vivo、联想、Realme 和传音都进入 2019 年全球智能手机出货量排名 Top10 榜单。

2019 年，智能音箱、智慧屏、车载设备等智能终端呈现高速发展趋势，5G、人工智能等新兴技术为智能终端形成新的信息入口、应用场景、交互方式提供了核心技术支撑，智能终端设备从手机、电脑等传统类别发展到无处不在。2019 年，国内可穿戴设备出货量为 9 924 万台，同比增长 37.1%；智能家居市场规模达 1 530 亿元，产品出货量 8.4 亿台，其中视频娱乐产品最多（达 3.47 亿台）。

（四）移动互联网新业态成为经济发展新引擎，直播带货成电商新风向

我国智能手机技术的快速发展，加之 5G 技术的加快普及，伴随着国家逐渐完善电子商务行业相关法律法规，推动着中国电子商务的发展，在疫情期间“宅经济”的刺激下，直播电商带货的模式在 2020 年发展势头更加迅猛。截至 2020 年底，用户规模突破 3 亿。与整体遇冷的资本环境形成鲜明对比，2020 年直播电商投融资金额超过 15 亿元，直播电商成为资本追逐的对象。演员、主持人及企业家竞相下场直播。名人跨界直播吸金效果显著，带货实力强劲，观看量和成交额不断创新高，已成为头部主播的强劲对手。直播电商领域的快速发展，使各大电商平台均加大力度布局电商直播，品牌商家目光也纷纷投向电商带货。艾媒咨询分析师认为，移动端一直作为电商平台发展重要渠道，随着近年直播电商市场爆发，预计未来几年，移动电商交易规模将继续升级，移动互联网成为推动经济发展的重要力量。

二、移动互联网构建中国数字化经济结构新模式，“云经济”逆势突围

2019 年 5G 正式宣布商用，数十倍乃至百倍于 4G 的传输速率将大大改善互联网的使用效率，同时也将迎来更多创新性的应用场景。5G 为智能生活夯实了互联网基础，万物互联成为趋势，智能家居到城市技术设施全面联网，将打破目前手机、电脑、平板大数据源的单一性，场景化的大数据将为智慧生活和城市智能化管理提供更多的可能性。高速度、低延迟的 5G 为工业智能生产提供了互联网基础，传统产业的联网化和智能化生产成为趋势，进一步解放人力，提高效率。目前萌芽阶段的车联网也将获得更多发展可能性，5G 互联网环境下车联网有望提供更丰富的信息服务，智慧驾驶及无人驾驶的趋势不可阻挡，交通出行的效率和方式都有望得到进一步提升和创新。5G 高效的传输速率为视频类内容发展提供支撑，视频将进一步成为主流信息载体。5G 为新闻、体育、文艺表演等视频内容生产者提供更便捷的制作设备，为观看者提供身临其境的视听体验。5G 使云游戏获得发展土壤，大制作游戏的使用设备门槛降低，游戏用户群体扩大，游戏体验提升。5G 解除 VR/AR 的带宽限制，进一步释放其在视频娱乐、游戏、视频社交、视频购物、医疗、教育、安防等方面的应用。

“云经济”包含云办公、云医疗、云教育等内容，且不受空间限制，具有配置灵活、效率高等特点。疫情防控下，人们的数字化需求被点燃，“云经济”移动互联网用户规模已超 9 亿，部分线下场景向线上云端转移，云教育、云办公、云医疗、云政务等行业逆势增长。疫情下，用户“在线学习”的习惯得以培育，在线教育用户规模突破 5 亿大关，语言教育成为“新宠”；同时，远程办公用户习惯得以培养，远程办公需求激增，用户一年内暴增 2 亿。

三、移动互联网与云计算、大数据、AI 融合，开创移动云服务新时代

随着互联网技术的发展，“云”概念也应运而生，从本质上来看，这是对网络应用的

拓展，通过转化动态信息使其成为一种能够得到保存的资源。云计算是由全球最大的搜索引擎服务提供商谷歌在2007年率先提出的。云计算是将大量用网络连接的计算资源进行统一管理和调度，构成一个计算资源池向用户提供按需服务，各式各样的服务可以通过网络来完成，无须在本地计算机或移动终端上进行计算与存储。云计算自身具备强大处理数据的功能，据统计可达到十万亿次每秒。当前社会生产生活已经离不开“云”，例如：天气预报、市场经济动态预测等。大数据时代是在云计算真正兴起后依附衍生出来的一种形式，由于计算机在运作时会留下痕迹，而拓宽网络应用范围就代表数据含量也会随之增加，在这种情况下必然会引起数据变革。如今，互联网公司、电信运营商和终端厂商等科技公司纷纷开始云计算布局，面向用户的云计算服务市场前景广阔。IBM、英特尔、微软、苹果和亚马逊等国外公司纷纷腾“云”驾“物”，火速前进，相继发布云计算产品，阿里云、腾讯云、新浪云平台和百度云计算服务平台等国内云计算产品也层出不穷，国内三大电信运营商均开始云计算数据中心的建设，政府也出台政策大力支持云计算的发展。

云计算和大数据都是开展人工智能的支撑，同时也是突破当前行业制约的核心力量。当前我国科技拥有良好发展空间，因此人工智能也处于发展的重要阶段，实现大数据与云计算的协同开展，能够给人工智能的成熟提供源源不竭的动力。人工智能可以通过学习云端的海量信息实现自身知识储备，并且利用大数据的计算能力、精准度实现自身执行效率的提升。换句话说，从分析人工智能工作形式来看，其运行会应用到大量知识和数据辅助完成人类下达的要求。想要提高自身应用水平必然要借助两者的力量，实现数据整合、传输、执行等能力。从作用上来讲，假如人工智能是一辆汽车，那么大数据与云计算就是其中的助燃动力。

当前人工智能、大数据技术、云计算技术通过技术人员的不断努力逐渐呈现出一种“ABC三位一体”模式，即AI、big data、count computing。三种技术的深度交互，能够为人类社会生产生活提供更多优质服务，当前信息化技术正不断使用在各行各业中。无论是教育行业中的微课翻转课堂、多媒体辅助技术、智能课堂辅导，还是工业中的自动化技术、智能化诊断都离不开互联网信息技术的服务。

大数据和人工智能的交叉越来越显著，这种交叉使越来越多的方法、应用以及价值得以产生。现如今，人们处理大数据的能力在不断提升，比如人类通过分类、检索和统计方法的利用，有效地提升了大数据的实际利用价值，而就大数据能力的提升而言，其与大数据技术的进步是密不可分的。再者，在大数据的分析方面，人工智能的部分方法也得到了显著的应用。

云计算的发展与大数据的积累，为人工智能的发展提供非常有力的支持，另外，也是人工智能实现实质性突破的核心所在。云计算应用深度与广度的拓展依赖于大数据与人工智能的发展与进步。当前我国科技水平的发展已经相对成熟，因而人工智能、大数据与云计算的发展正处于黄金时代，对人工智能的发展提供强有力的推动力。

以云计算、大数据、人工智能、物联网、移动互联网为代表的新一代网络信息技术，正加速与经济社会各领域深入渗透融合，世界主要国家都把互联网作为谋求竞争新优势的战略方向。

总之，在移动互联网时代，传统的信息产业运营模式正在被打破，新的业务模式正在形成。对于移动终端厂商、互联网公司和电信运营商甚至传统企业来说，这既是机遇，也是挑战。只有重视商业模式创新的企业，才能发展得更好。

拓展阅读

社交新零售，新型移动电商的未来

2018 年，是传统电商企业寻求转变的一年，也是新零售电商探索新突破口、敢于试错的一年。

在社交新零售成长的过程中，许多企业借着这一波市场热度顺势而上，赢得了丰厚的利润。但是也有很多企业因未能转型成功而付出了沉重的代价，甚至于倒闭。

但即便如此，经过 2019 年的沉淀和洗牌，2020 年依然是社交新零售的黄金一年。

随着传统电商企业线上流量成本的提升，私域流量已经成为新一轮电商角逐战中决定企业成败的关键。

可以说，谁掌握了私域流量，谁就能在社交新零售行业内称王，立于不败之地。资本、电商巨头、供应链、企业、个体等纷纷向私域流量靠拢，淘宝、京东、唯品会、团巴拉等纷纷入局社交电商抢占市场流量，无不证实这一点。

资料来源：团巴拉．社交新零售，新型移动电商的未来．(2020－10－23) [2021－08－08]. https://xw.qq.com/amphtml/20201023A09SF600/20201023A09SF600.

社交新零售，新型移动电商的未来

实训项目一 体验移动商务——手机淘宝购物及应用

一、实训目标

(1) 通过手机淘宝购物，了解移动商务网店的基本购物流程。

(2) 掌握移动商务手机购物及支付的方法。

(3) 体验移动商务的基本应用。

二、实训环境

4G/5G Android 或 iOS 智能手机，开通 4G/5G 网络或 Wi-Fi。

三、实训背景知识——手机淘宝购物

手机购物是移动商务最基本的形式，是利用手机上网实现网购的过程。手机购物让人们可以随时随地便捷地利用电子商务，满足人们随时产生的消费欲望。但这不等于手机网购可以轻松获得成功，因为用户需求的开发和使用习惯的培养是要花费时间和精力的。手机购物蕴含的巨大潜力，足以成为电子商务的另一个杀手级应用。其中，淘宝手机购物主要通过淘宝手机客户端完成，其依托淘宝网强大的自身优势，整合旗下团购产品聚划算和淘宝商城为一体，为用户提供每日最新的购物信息，同时具有搜索比价、订单查询、购买、收藏、管理和导航等功能，为用户带来方便快捷的手机购物新体验。淘宝手机购物流程如图 1-6 所示。

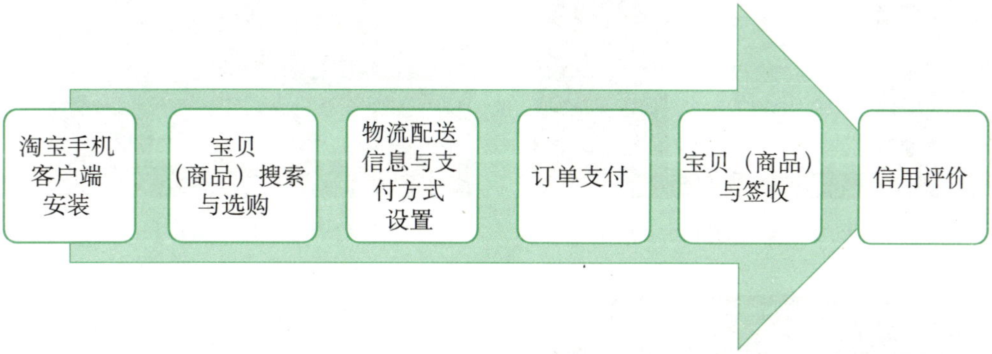

图 1-6 淘宝手机购物流程

四、实训指导

（一）淘宝手机客户端的下载安装及打开

（1）在淘宝网（http：//www.taobao.com）首页单击“手机淘宝”图标链接进入手机淘宝下载页面，选择相应 App 类型进入手机淘宝扫码下载安装界面，图 1-7 为安卓（Android）系统下载安装界面。用手机扫描图上的二维码下载手机淘宝客户端软件，也可直接在手机的应用商城搜索“手机淘宝”，下载完成后在手机上安装，安装完成后在手机应用中将出现手机淘宝应用，如图 1-8 所示。

（2）打开“手机淘宝”客户端，界面如图 1-9 所示。

（二）宝贝（商品）搜索与选购

（1）宝贝或店铺搜索。手机淘宝为方便用户购物提供了功能强大的站内分类索引及快速搜索功能，分类索引包括商品种类、品牌分类、功能分类和价格分区等，而快速搜索能够满足用户不具体的关键词搜索，让用户快速找到所需商品。在搜索框中输入所需商品关键字，这里搜索“茵曼”并进入店铺，商品展示如图 1-10 所示。

图 1－7　基于安卓系统的手机淘宝下载页面

图 1－8　手机淘宝应用

图 1－9　“手机淘宝”客户端的界面

图 1－10　店铺商品展示

（2）宝贝选择。如果找到需要的商品，可以随时将该商品添加到“购物车”中。单击“加入购物车”按钮可以继续选择商品，如图 1－11 所示。

图 1－11 宝贝选择

（3）购物车管理及订单确认。若选购好了商品，用户可以通过“查看购物车”功能来修改购物车中的商品数量，或删除不需要购买的商品，然后单击“结算”，开始进行结算；也可以单击商品页面上的“立即购买”按钮，直接填写订单信息，而不需要经过“购物车”环节，但是用户将不能使用礼金券抵扣商品，也不能获得购物返利和积分等。最后单击“确认”按钮确认订单，如图 1－12 所示。

（三）物流配送信息及支付方式设置

（1）物流配送信息设置。为保证用户所购买的商品能及时送到收货人手中，用户首先需要正确填写送货信息，包括送货区域和详细地址，收货人姓名、手机、电话，以及送货时间、订单通知邮箱、邮政编码等，并提交保存，系统将根据用户指定的送货区域匹配相应的配送方式及配送机构。

（2）支付方式设置。淘宝购物需要通过第三方支付平台——支付宝进行支付，因此需要按支付方式设置流程绑定银行卡与支付宝账号，并进行支付宝充值，以便支付所确认购买的宝贝，如图 1－13 所示。

（四）订单支付

支付宝信息设置完成后，输入支付宝密码并单击“付款”按钮进行支付。

图 1 - 12　购物订单确认

图 1 - 13　支付宝信息设置

（五）宝贝配送与签收

（1）宝贝配送。支付成功后，将进入物流配送环节，用户可以在手机上查看自己订单的物流信息及当前的配送状态，如图 1 - 14 所示。

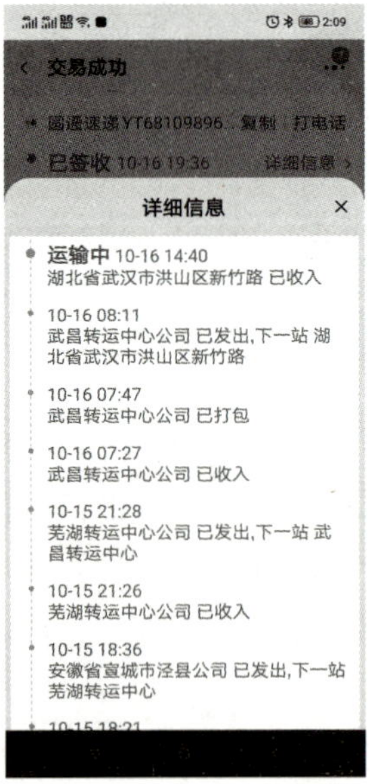

图 1 - 14　宝贝物流信息

（2）宝贝签收。当用户收到配送机构送达的货物后，可以按以下步骤进行签收：

1）检查货物的外包装是否完好，包括封条是否完整、包装是否完好、有无拆开痕迹、有无进水痕迹等，若发现有类似迹象，应拒收货物。

2）若货物外观无异常，打开包装检查包装内货物有无破损、单据是否齐全、单据商品信息是否与实物一致等，若发现有异常，应拒收货物，并联系网站客服反馈信息；若无异常可直接签收，货到付款的订单需要用户现场全额付款。

3）若用户在开包后因为货物异常或其他原因要求退货，应协助配送人员现场包装好货物，以免在货物返回过程中出现货物丢失或调包的情况。

（六）信用评价

当签收宝贝没有发现问题时，应通知支付宝向卖家付款，并对卖家进行信用评价，其中包括描述相符、物流服务、发货速度和服务态度四个方面，如图 1－15 所示。

图 1－15　信用评价

思考与练习

1. 试说出移动商务所处的环境和发展状况。

2. 什么是移动商务？移动商务与传统电子商务相比有何优势？

3. 谈谈未来移动商务的发展趋势。

4. 移动物流有哪些支撑技术？

5. 自己体验手机天猫、手机苏宁、手机唯品会等网购平台，比较各个移动购物平台的可用性、易用性和其他特点。

在线练习

第二章 移动商务技术概况

知识目标

了解移动终端设备及智能手机操作系统；
了解移动商务技术的相关知识。

技能目标

能够运用不同操作系统的智能手机；
能制作二维码。

素养目标

工欲善其事，必先利其器，培养工匠精神；
树立科技自立精神，把“饭碗”牢牢地端在自己的手里；
立志在移动互联网、人工智能、大数据等领域创新发展，制胜未来。

案例导入与预演

一、案例导入——HTML5 与 DW

超文本标记语言（HTML）是以前网页设计的基础语言，但其更新到 1999 年推出 HTML4 就停止了。万维网联盟（W3C）把重点转向将 HTML 的底层语法从标准通用标记语言（SGML）改为可扩展标记语言（XML），以及可缩放向量图型（SVG）、XForms 和 MathML 这些全新的标记语言。而浏览器厂商则把精力放到选项卡和丰富站点摘要（RSS）阅读器这类浏览器特性上。Web 设计人员开始学习使用异步 JavaScript＋ XML（Ajax），在现有的框架下通过层叠样式表（CSS）和 JavaScript™语言建立自己的应用程序。但是在接下来的数年时间中，HTML 本身没有任何变化。

从 1999 年起业界就一直期待 HTML 的新版本。HTML5 的第一份正式草案已于 2008 年 1 月 22 日公布，目前仍处于完善之中，但大部分现代浏览器已经具备了某些 HTML5 支持。W3C 提出新计划，将 HTML5 定位为“推荐标准”，HTML5 标准计划将在 2022 年完成。现阶段，HTML5 技术已经成为移动互联网 Web 设计的基础技术，大大促进了移动商务的发展。

Adobe Dreamweaver，简称“DW”，中文名称“梦想编织者”，是美国 Macromedia 公司开发的集网页制作和管理网站于一身的所见即所得网页编辑器，DW 是第一套针对专业网页设计师特别发展的视觉化网页开发工具，利用它可以轻而易举地制作出跨越平台限制和跨越浏览器限制的充满动感的网页。Macromedia 公司成立于 1992 年，2005 年被 Adobe 公司收购。Adobe Dreamweaver 使用所见即所得的接口，亦有 HTML（标准通用标记语言下的一个应用）编辑的功能。它有 Mac 和 Windows 系统的版本。目前已经广泛支持 HTML5、CSS3 技术和移动 Web 开发，是移动商务网站开发和网页设计的必备工具。Dreamweaver 2021 是目前最新版本，引入了编辑时启用 linting 功能，以改善自动化的 linting 功能。专注于移动优先设计，制作美观的响应式站点。通过实时预览在浏览器和设备中即时查看更改。可更高效编写 CSS 代码。

二、本章预演：使用 Dreamweaver 设计简单的移动 Web 页面

预演任务：

（1）熟悉 Dreamweaver 的界面和基本操作技术；

（2）使用 Dreamweaver 制作带拖拽功能的 HTML5 页面。

预演步骤：

（1）打开 Dreamweaver，这里以 Dreamweaver CC 2015 为例，如图 2－1 所示。

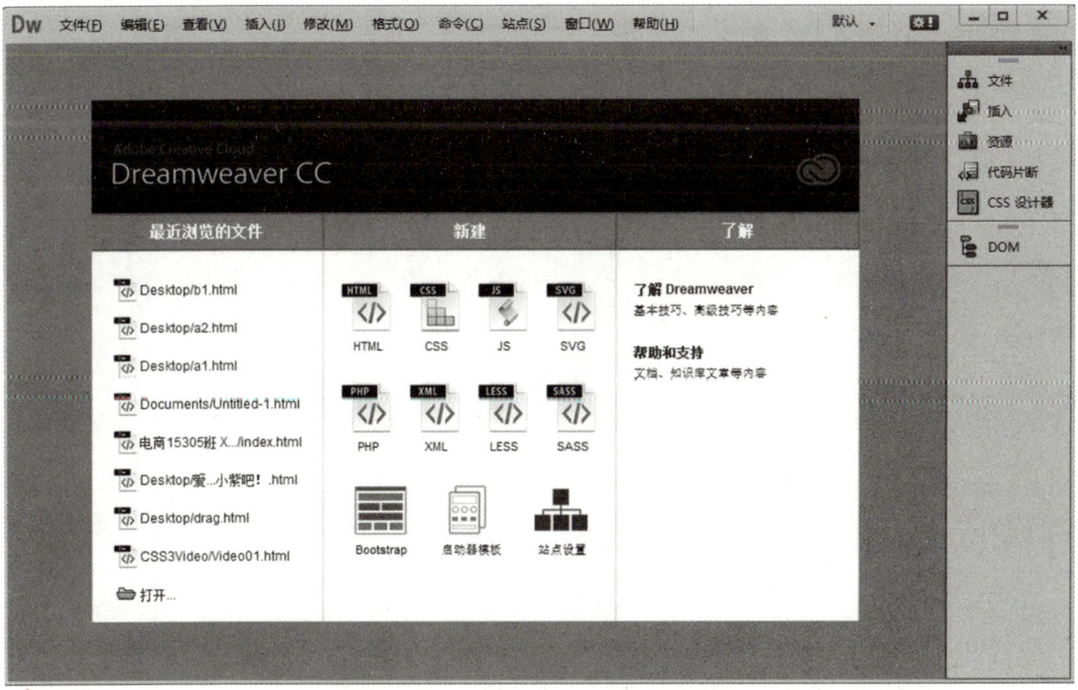

图 2－1　Dreamweaver 2015 启动界面

（2）点击图中的 HTML 图标，弹出如图 2－2 所示的对话框。

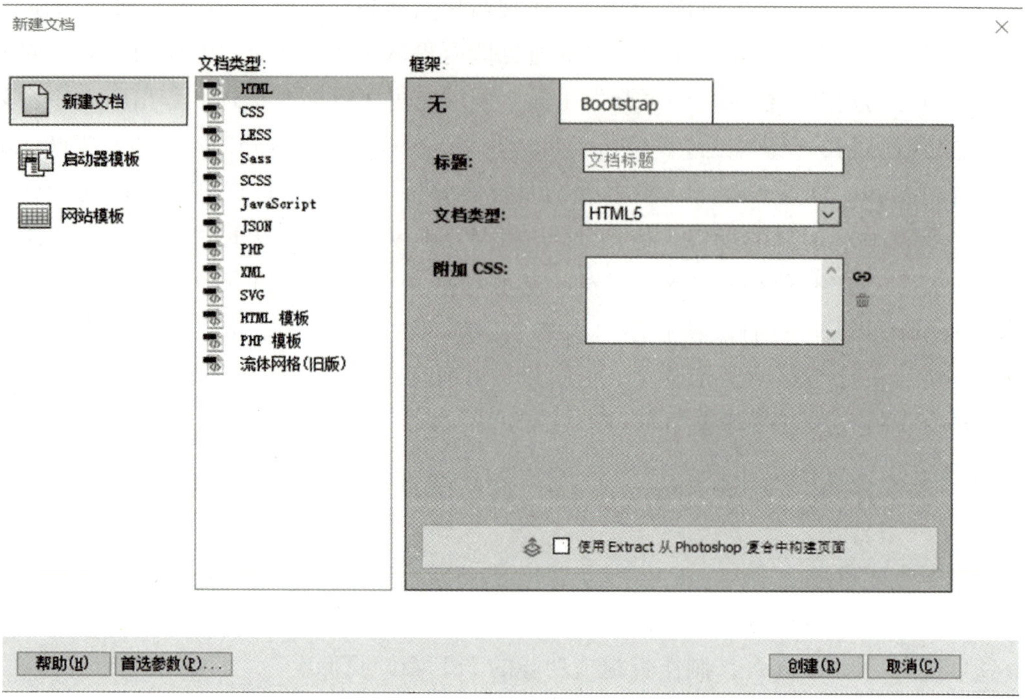

图 2－2　Dreamweaver 新建页面文件配置界面

（3）点击图中的 创建(R) 按钮建立一个 HTML5 页面文档，如图 2－3 所示。

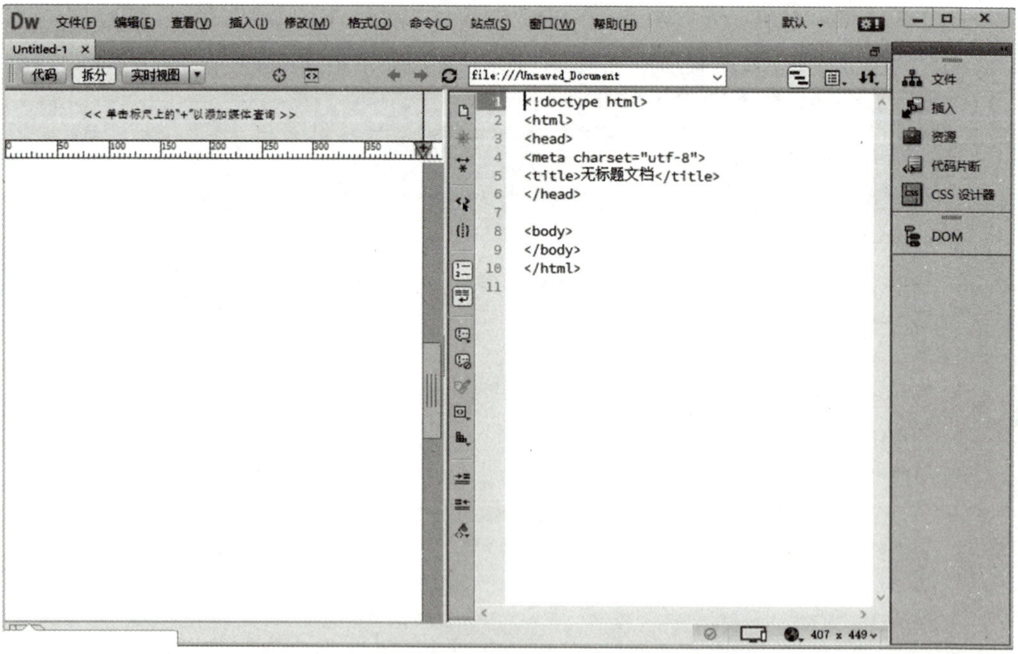

图 2－3　新建的无标题页面文档（自动生成代码框架）

（4）将代码中的“无标题文档”几个字改为“可拖拽的区块”。

在标记</head>之前插入下面的代码：

```
<style type="text/css">
    #div1 { width:488px;height:70px;padding:10px;
        border:1px solid #aaaaaa;}
</style>
<script type="text/javascript">
    function allowDrop(ev)
{
ev.preventDefault();
}

function drag(ev)
{
ev.dataTransfer.setData("Text",ev.target.id);
}

function drop(ev)
{
ev.preventDefault();
var data=ev.dataTransfer.getData("Text");
ev.target.AppendChild(document.getElementById(data));
}
</script>
```

在标记<body>和</body>之间插入如下代码：

```
<p>请将"武汉职业技术学院"拖拽到矩形中:</p>
    <div id="div1" ondrop="drop(event)" ondragover="allowDrop(event)">
</div>
    <br />
    <p id="drag1"  draggable="true" ondragstart="drag(event)" >
武汉职业技术学院
</p>
```

(5) 按组合键 Ctrl+S 将文档保存在桌面上，文件名为“drag.html”，如图 2-4 所示。

(6) 在桌面上双击图标浏览“drag.html”页面，如图 2-5 所示，用鼠标可以拖动“武汉职业技术学院”（图 2-5 左面）几个文字放在矩形框中（图 2-5 右面）。

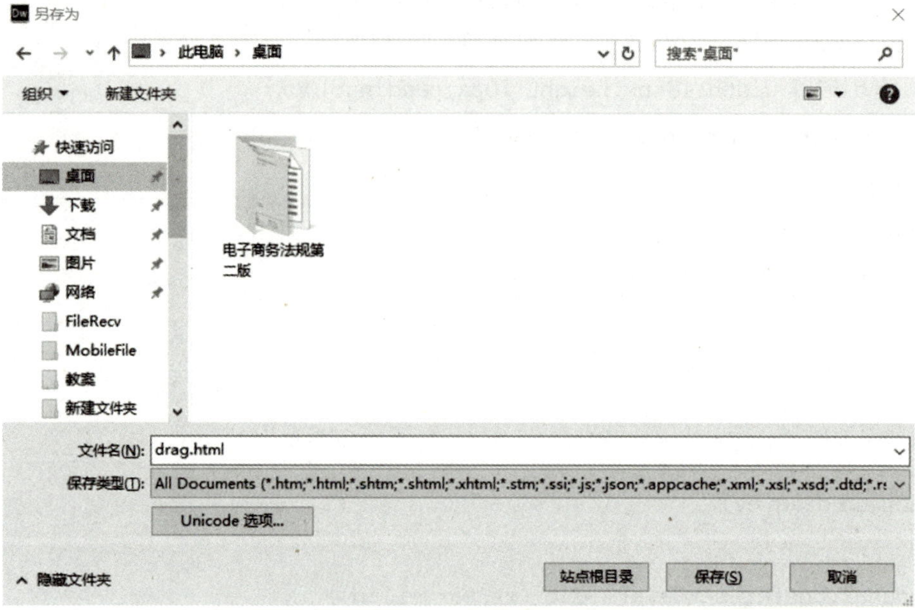

图 2-4　页面文档保存对话框

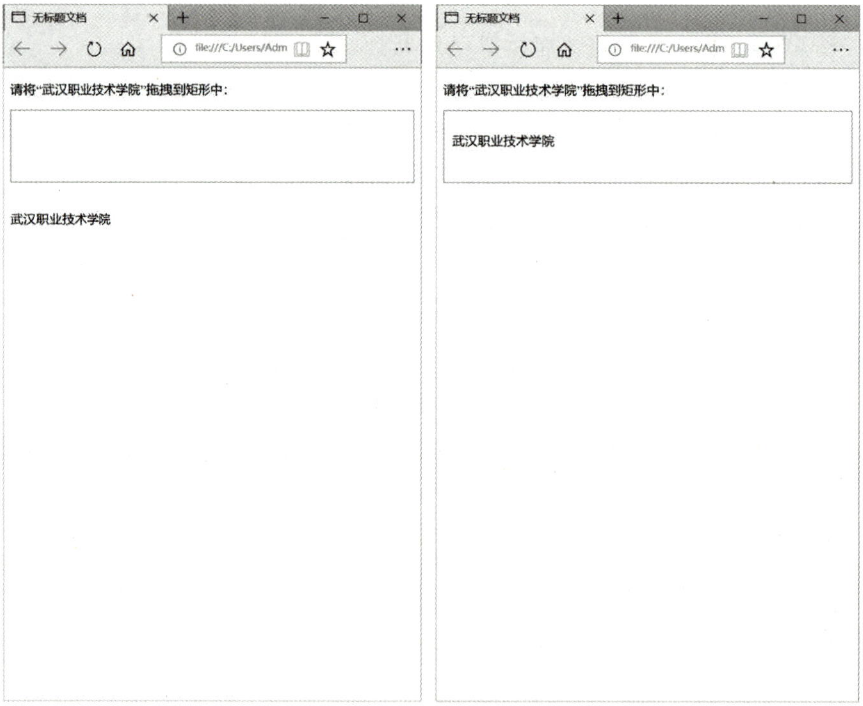

图 2-5　移动 Web 可拖拽的文字效果

移动商务是传统桌面电子商务的延伸。与传统桌面电子商务一样，移动商务也在必要的技术条件支持下才得以演进和发展的。这些技术包括移动通信和移动互联网技术、移动终端设备技术、移动操作系统、二维码技术、射频识别技术、近场通信技术、陀螺仪技术、基于位置的服务技术、HTML5 技术、云计算技术、大数据技术、物联网技术等。

第一节　移动终端与移动操作系统

移动终端（MT），也称为移动通信终端，是指可以在移动中使用的小型或微型计算机设备，包括手机、个人数字助理、平板电脑等。移动终端是能接受移动通信服务的机器，是移动通信系统的重要组成部分。用户通过移动终端使用移动通信服务业务，必须有极其关键的支撑系统——移动设备操作系统才能发挥作用。

一、移动终端设备

移动终端设备产品现在非常多，个人移动通信终端设备主要包括手机、个人数字助理、平板电脑、便携式计算机和 GPS 定位设备等。

（一）手机

手机通常被视为集合了个人信息管理和移动电话功能的手持设备。手机按性能不同分为智能手机和非智能手机，目前智能手机已发展到 5G 时代。

（二）个人数字助理

个人数字助理（Personal Digital Assistant，PDA），也叫掌上电脑。正如“掌上电脑”这个名字一样，它实际上也是“微型化”的电脑。个人数字助理和一般电脑的区别有两点：一是可以在移动中进行个人数据处理；二是在固定点进行个人数据处理和特殊场景应用。工业级 PDA 还在特殊领域发挥作用，如智能条码扫描仪、RFID 读写器、手持 POS 机等，广泛应用于鞋帽服装、快速消费品、快递、仓储、移动医疗等领域。

（三）平板电脑

平板电脑也叫平板计算机（Tablet Personal Computer，Tablet PC），是一种小型且方便携带的个人计算机，以触摸屏作为基本的输入设备。它拥有的触摸屏（也称为数位板技术）允许用户通过触控笔或数字笔来进行作业而不是传统的键盘或鼠标。用户可以使用内建的手写识别、屏幕上的软键盘、语音识别或一个真正的键盘（如果该机型配备的话）来输入。

（四）便携式计算机

便携式计算机是台式 PC 的微缩与延伸产品，也称笔记本电脑，是用户对计算机产品更高需求的必然产物。其发展趋势是体积越来越小，重量越来越轻，而功能却越发强大，其便携性和备用电源使移动办公成为可能，因此其市场容量迅速扩展。

（五）GPS 定位设备

全球定位系统（GPS）是在全球范围内实时进行定位和导航的系统。GPS 功能必须具备 GPS 终端、传输网络和监控平台三个要素，缺一不可。GPS 定位设备功能包括全球卫星定位、电子导航、语音提示和偏航纠正等。GPS 导航系统现在已经被广泛使用。

二、移动终端设备的技术特征

移动终端设备不同于传统的固定办公设备，它有许多特殊的技术特征。典型的移动终端设备一般包括输入工具、较小的显示屏幕、一定的计算和存储能力以及独立的电源。移动设备的主要特征有以下几个方面：

（1）移动设备的显示屏幕小，而大多数设备使用多义键盘，通过按键来确定具体语义，操作起来比较麻烦，可操作性差。

（2）移动设备都是依靠电池来维持的，而电池的使用时间很短。电池技术尽管一直在不停地发展，但容量还是一个限制因素。

（3）移动设备内存和存储容量比传统的固定设备要小，但目前也在不断增加。

（4）移动设备的安全性相对较差。

移动通信终端正逐渐向智能化方向发展，终端不仅是通信的工具，更是技术发展、市场策略和用户需求的体现，因此，受到移动互联网和物联网等大的战略发展方向的影响，移动通信终端将向通信终端融合化和各类物品通信化方向发展。

三、移动操作系统

操作系统（OS）是对计算机系统内各种硬件和软件资源进行控制和管理、有效地组织多道程序运行的系统软件，是用户与计算机之间的接口。以前人们广泛认为操作系统就是计算机所拥有的，但现在手机和平板电脑等移动终端也应用了操作系统，包括 Android、iOS、Windows Phone 等。

（一）Android 操作系统

安卓（Android）是谷歌（Google）于 2007 年 11 月 5 日宣布的基于 Linux 平台的开源手机操作系统，该平台由操作系统、中间件、用户界面和应用软件组成，图 2-6 所示的是 Android 操作系统的标识。Android 系统架构由五部分组成：Linux Kernel，Android Runtime，Libraries，Application Framework，Applications。

图 2-6 Android 操作系统标识

中国移动、中国联通、中兴通信、华为通信和联想等大企业纷纷使用了 Android 操作系统，而且 Android 手机系统是开放的，服务是免费的，因而使用 Android 手机的人也越来越多，Android 在中国的发展前景十分广阔。

（二）iOS 操作系统

iPhone OS 或 OS X iPhone 是由苹果公司为 iPhone 开发的操作系统，它主要是给 iPhone 和 iPod Touch 使用的，后在 2010 年 6 月 7 日 WWDC 大会上宣布改名为 iOS，其标识如图 2－7 所示。iOS 的系统架构分为四个层次：核心操作系统层（the Core OS Layer）、核心服务层（the Core Services Layer）、媒体层（the Media Layer）和可轻触层（the Cocoa Touch Layer）。

图 2－7　iOS 移动操作系统标识

从最初的 iPhone OS 演变至最新的 iOS 系统，并应用于 iPod Touch、iPad 和 iPhone，成为苹果最强大的操作系统，iOS 系统给用户带来了极佳的使用体验。

（三）Windows Phone 操作系统

Windows Phone 是微软为手持 PC 开发的通用操作系统，早期也称为 Windows CE 和 Windows Mobile。Windows Phone 是开放的、可裁剪的、32 位的实时嵌入式窗口操作系统。Windows Phone 系列操作系统主要包括 Pocket PC 和 SmartPhone。Windows Phone 软件分为四层：硬件层（存储和运行操作系统的存储单元）、OAI 层（建立操作系统与外部设备的通信）、操作系统服务层（提供操作系统的服务）和应用层（实现网络客户端和应用个性化等）。

相比其他智能手机操作系统，Windows Phone 的缺点在于其操控显得更复杂，系统运行速度较慢。比起 iPhone、Android 等产品，同样采用触摸屏操作的 Windows Phone 手机在操控体验方面差距明显，还有待改进。Windows Phone 操作系统的标识如图 2－8 所示。

图 2－8　Windows Phone 操作系统标识

（四）其他移动操作系统

除了上述三大移动操作系统外，市场上还存在其他移动操作系统，如 SIRIN OS、KaiOS、Ubuntu Touch、Tizen、华为 Harmony OS 鸿蒙系统等。

科技创新

科技自立还需更多“鸿蒙”

习近平总书记在党的二十大报告中提出“加快实施创新驱动发展战略”，强调“以国家战略需求为导向，集聚力量进行原创性引领性科技攻关，坚决打赢关键核心技术攻坚战”。华为“鸿蒙系统”的成功给了我们很好的启迪。

“鸿蒙，元气也”。在中国的古老传说中，当盘古劈开混沌元气之后，属于华夏文明的故事才正式开始。2019 年 8 月，华为正式发布“鸿蒙”操作系统，其名寄托的美好寓意，其身肩负的重要使命，瞬间燃爆了舆论场。

“鸿蒙”出世，像是给国人送上了一颗“定心丸”。一段时间以来，随着中美经贸摩擦的升级与反复，美国对我国高科技领域的警惕和遏制也愈发强烈。2018 年，美国商务部的一道禁令，让中兴通讯瞬间“休克”，让国人深感“缺芯”之痛。2019 年，美国再次出“杀招”，谷歌安卓随即响应施以“围剿”，一时间“少魂”之困让不少人忧心忡忡。在 3 个月后，传闻许久的“鸿蒙”系统正式公开，“科技自立”有了坚实的基础。

“手里有枪，咱腰杆子就硬”。微内核、分布式架构、一次开发多端部署……种种特性表明，“鸿蒙”不只是既有操作系统的“备胎”，更是一次超越眼前、放眼未来的全新尝试。众所周知，操作系统研发关乎国计民生且后期收益高，但巨大的前期投入与建立生态的难度，让成功概率几近于零——国外英特尔、三星、惠普中道“崩殂”，国内红旗 Linux、沃 Phone 无疾而终。无数巨头折戟沉沙，表明没有自研系统这条“生命线”，企业就注定要被“卡脖子”。正是出于这样的战略眼光，2012 年华为组建团队，默默研发“鸿蒙”，并终于打造出了诺亚方舟。当华为亮出麒麟、巴龙、鲲鹏、鸿蒙之后，正在猛烈施压的美国突然“变脸”，宣布推迟 90 天实施对华为禁令。没有多大意义，华为已经做好了准备！

实践反复告诉我们，一般技术可以引进，关键核心技术却是要不来、买不来、讨不来的。小到芯片、新材料，大到数控机床、发动机，中国成为制造强国的“必备”、迈向高质量发展的“刚需”，往往就是一些国家“出口管制清单”上的“常客”。如果不能实现这些核心部件的研发突破，“就好比在别人的墙基上砌房子，再大再漂亮也可能经不起风雨，甚至会不堪一击”。而华为在“极限施压”下所爆发出的强大生命力也再次证明：中国不可能买来一个现代化，只有坚持科技自立，一心一意攻关核心技术，才能把饭碗牢牢地端在自己的手里。

在“鸿蒙”系统里，授权许可证被命名为“木兰”——打破桎梏，勇敢淳朴。以这样的精神进行创新，我们必将自立于世界民族之林。

资料来源：https：//www. xuexi. cn/lgpage/detail/index. html? id=7264977711752434102.

第二节　二维码、RFID、NFC 与蓝牙技术

一、二维码技术

（一）二维码技术简介

当前，二维码的应用普及程度可谓空前。电子商务网站、商品的外包装、火车票、机票、各类消费场所以及电视上都可以寻找到二维码的身影。许多企业看好二维码的前景，纷纷投入到二维码的应用中。对于中小企业而言，在营销费用短缺的情况下，二维码可以作为企业的基础营销工具。图 2－9 所示是二维码扫码购物场景。

微课：移动技术创新

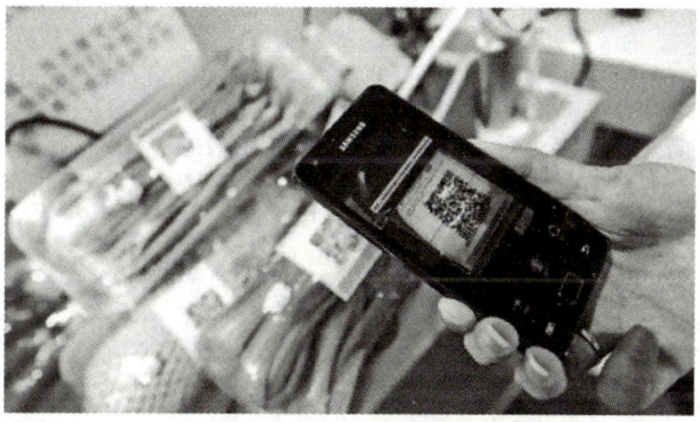

图 2－9　超市扫码购物场景

二维码（2-Dimensional Bar Code）是用某种特定的几何图形，按一定规律在平面（二维方向）上分布的黑白相间的图形记录数据符号信息的。QR 码是 1994 年由日本 Denso-Wave 公司发明的。QR 来自英文“Quick Response”的缩写，即快速反应的意思，发明者希望 QR 码可让其内容被快速解码。QR 码最常见于日本和韩国，是目前日本最流行的二维空间条码。

与普通条形码（一维码）相比，由于是几何图形文件，因此二维码可存储的信息量是前者的几十倍，并且在编码和译码时加上了密码，保密性更好，而普通条形码光凭肉眼就能读出粗细线的意义。二维码还可以打印和传真，大大减少了制作成本，而我们平常看到的普通条形码内容只是一个关键词，完整信息仍保存在数据库中，打印和传真件识别不出条码内容。再者，假如普通条形码严重折叠或出现了磨损的情况，那么它也无法被识读出内容，而二维码则采用了“错误纠正码”技术，在磨损率达到 50％的情况下仍能读出有效信息。

（二）二维码的原理

二维码的原理可以从矩阵式二维码的原理和行排式二维码的原理来讲述。

（1）矩阵式原理。又称棋盘式二维码，是在一个矩形空间通过黑、白像素在矩阵中的不同分布进行编码，如图 2－10 所示。在矩阵元素位置上，出现方点、圆点或其他形状点

表示二进制“1”，不出现点则表示二进制的“0”，点的排列组合确定了矩阵式二维码所代表的意义。矩阵式二维码是建立在计算机图像处理技术、组合编码原理等基础上的一种新型图形符号自动识读处理码制。具有代表性的矩阵式二维码有 Code One、Maxi Code、QR Code 和 Data Matrix 等。

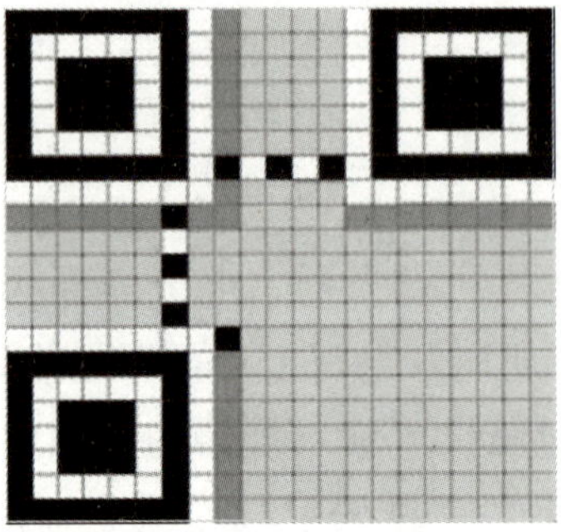

图 2－10　矩阵式二维码

在图 2－10 所示的 21′21 的矩阵中，黑白的区域在 QR 码规范中被指定为固定的位置，称为寻像图形（Finder Pattern）和定位图形（Timing Pattern）。寻像图形和定位图形用来帮助解码程序确定图形中具体符号的坐标。浅灰色的区域用来保存被编码的数据内容以及纠错信息码。深灰色的区域用来标识纠错的级别（即 Level L～Level H）和所谓的“Mask Pattern”，这个区域被称为“格式化信息”（Format Information）。

（2）行排式原理。又称堆积式二维码或层排式二维码，其编码原理是建立在一维码基础之上的，按需要堆积成两行或多行。它在编码设计、校验原理和识读方式等方面继承了一维码的一些特点，识读设备和条码印刷与一维码技术兼容。但由于行数的增加，需要对行进行判定，同时，其译码算法与软件也不完全相同于一维码。有代表性的行排式二维码有 CODE49、CODE 16K 和 PDF417 等。

（三）二维码技术在移动商务中的应用

“以二维码为入口的移动超市”是移动终端普遍应用和电子商务模式趋向成熟的标志和产物。“移动超市”将移动商务推向一个新的台阶，它主要研究和开发基于移动终端的移动交易和商家营销应用，借助二维码作为通道，使消费者能随时随地快速浏览真实商品，以便快速购物。另外，项目还将提供多种支撑商家营销的应用，以简单、高效、安全、便捷的创新营销模式，解决企业商家新客户开发、老客户维护、移动商务、会员营销、打折促销、新品推广、顾客和商家互动等传统营销困境，节约了企业成本，为商家的广告、销售、促销、活动和客户反馈信息采集提供了一体化解决方案。

用移动设备上的二维码扫描软件，可直接扫描二维码进入商家的手机网站，点击中意的产品，即可完成下单及支付，实现轻松购物。从解决企业商家、产业发展的角度来分析，“以二维码为入口的移动超市”的实施让企业商家的销售更具体、明确，营销更便捷、精准，企业商家投入非常低的成本，却获得很好的营销宣传效果，一站式解决了企业商家营销的多种困境，拉动企业收入规模增长，预计可直接或间接为企业增加20％～80％的收入。从解决消费者消费需求的角度分析，“以二维码为入口的移动超市”是一种消费革命，将改变消费者的消费习惯，让移动购物变得真实可靠，让用户作为产业链的一环参与到营销过程中，可实现双向交流，主动实现消费人群的精准定位。

二、RFID 技术

自动识别技术的发展促进了移动互联网应用的延伸，如物联网的发展。自动识别技术是以计算机技术和通信技术的发展为基础的综合性科学技术，它是信息数据自动识读、自动输入计算机的重要方法和手段，是一种高度自动化的信息或数据采集技术。自动识别技术近几十年在全球范围内得到了迅猛发展，初步形成了一个包括条形码技术、磁卡技术、IC 卡技术、光学字符识别、射频识别和声音识别及视觉识别等集计算机、光、磁、物理、机电、通信技术为一体的高新技术学科。其中，射频识别（RFID）技术对于移动商务具有积极意义。

（一）RFID 系统组成

RFID（Radio Frequency Identification）即射频识别，俗称电子标签。RFID 是一种非接触式的自动识别技术，它通过射频信号自动识别目标对象并获取相关数据，实现对静止或移动中的物品的识别。作为条形码的无线版本，RFID 技术具有防水、体积小、使用寿命长及存储数据容量大等优点。最基本的 RFID 系统由三部分组成，即标签（Tag）、阅读器（Reader）和天线（Antenna）。

电子标签是射频识别系统的数据载体，由标签天线和标签专用芯片组成。每个标签具有唯一的电子编码，实现被识别物体信息的存储。RFID 阅读器（读写器）通过天线读取和写入 RFID 电子标签上的信息。天线负责在标签与阅读器之间传输数据和信号。

（二）其他自动识别技术

常用的自动识别技术除了有条形码和射频识别技术外，还包括语音识别、生物识别、磁卡和接触 IC 卡。表 2－1 对这几种常用的自动识别技术进行了比较。

表 2－1 几种常用自动识别技术的比较

	信息容量	读写性能	保密性	环境适应性	成本	通信速度	识别速度	多标签识别
条形码	小	R	无	不好	最低	低	低	不能
语音识别	大	R	无	一般	较高	较低	很低	不能
生物识别	大	R	好	一般	较高	较低	很低	不能
磁卡	较小	R/W	一般	一般	低	快	低	不能
接触 IC 卡	大	R/W	好	一般	较高	快	低	不能
射频识别	大	R/W	好	好	较高	很快	很快	能

注：R 代表“只读”，R/W 代表“读/写”。

（三）RFID 技术的应用

自 20 世纪 90 年代以来，射频识别技术在全世界范围内快速发展。经过十几年的发展，射频识别技术在各行各业都得到了广泛的应用，具体见表 2-2。

表 2-2 RFID 技术应用

应用领域	具体应用
物流行业	包括运输业、仓储业、包装业、装卸业、物流信息业和加工配送业等。根据物流供应链管理的需要，在仓储、运输、装卸、包装、配送等应用场景，应用 RFID 技术进行运输管理、货物跟踪以及物流数据交换等，实现物流企业的 RFID 信息服务系统
公共管理	包括医药业、人员管理、门禁管理和交通领域等。药品上的电子标签能防范假药和降低处方误差等；RFID 与车牌识别技术的有效结合能对所有车辆实现高度自动化检查
生产领域	包括制造业、汽车业、农业等。生产领域使用电子标签，可以全面提高生产、制造和加工产业的管理效率
政府应用	包括电子政务和国防与安全等。RFID 可以使电子政府服务更灵活、有效和安全，而且在政府增强国防和安全体系方面发挥了重要的作用
消费者应用	包括图书馆和影视出租商店、个人福利与安全、体育与休闲、购物与餐饮和智能家居等。RFID 技术可以使图书馆管理员更方便地管理借书和控制借出的书籍，使顾客在购物与用餐时能快速结账付款，还可以方便人们的日常生活

随着技术的不断进步，RFID 产品的种类会越来越多，应用也会更加全球化。相信在未来的几年里，RFID 技术会越来越完善。

三、NFC 技术

NFC（Near Field Communication），即近场通信，是由飞利浦公司和索尼公司共同开发的。NFC 是一种非接触式识别和互联技术，可以在移动设备、消费类电子产品、PC 和智能控件工具间进行近距离无线通信。NFC 提供了一种简单、触控式的解决方案，可以让消费者简单直观地交换信息、访问内容与服务。NFC 技术允许电子设备之间进行非接触式点对点数据传输，在十厘米内交换数据，其传输速度有 106Kbit/秒、212Kbit/秒和 424Kbit/秒三种。NFC 工作模式有卡模式（Card emulation）、点对点模式（P2P mode）和读卡器模式（Reader/writer mode）。虽然 NFC 和蓝牙都是短程通信技术，而且都被集成到移动电话，但 NFC 不需要复杂的设置程序，并且 NFC 也可以简化蓝牙连接。NFC 技术不需要电源，对于移动终端或是其他移动消费性电子产品来说，NFC 的使用比较方便。图 2-11 所示为 NFC 典型应用场景。

首先，NFC 是一种提供轻松、安全、快速的通信的无线连接技术，其传输范围比 RFID 小，RFID 的传输范围可以达到几米甚至几十米，但由于 NFC 采取了独特的信号衰减技术，相对于 RFID 来说 NFC 具有距离近、带宽高、能耗低等特点。其次，NFC 与现有非接触智能卡技术兼容，目前已经成为越来越多主要厂商的正式标准。再次，NFC 还是一种近距离连接协议，提供各种设备间轻松、安全、迅速而自动的通信。与无线世界中的其他连接方式相比，NFC 是一种近距离的私密通信方式。最后，RFID 更多地被应用在生产、物流、跟踪、资产管理上，而 NFC 则在门禁、公交、手机支付等领域内发挥着巨

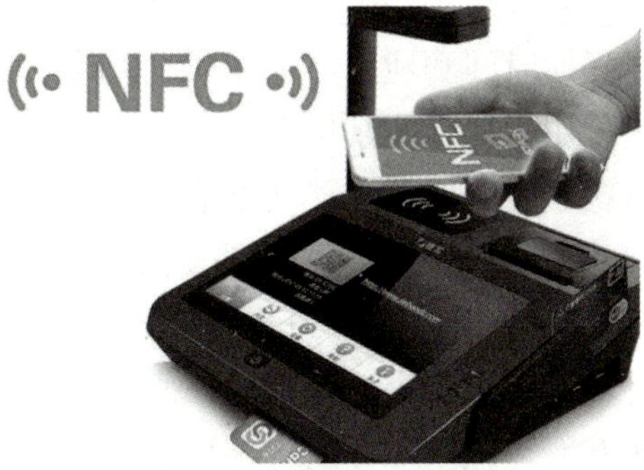

图 2-11　NFC 典型应用场景

大的作用。手机内置 NFC 芯片成为组成 RFID 模块的一部分，可以当作 RFID 无源标签使用——用来支付费用；也可以当作 RFID 读写器——用作数据交换与采集。NFC 技术支持多种应用，包括移动支付与交易、对等式通信及移动中信息访问等。通过 NFC 手机，人们可以在任何地点、任何时间，通过任何设备，与他们希望得到的娱乐服务与交易联系在一起，从而完成付款，获取海报信息等。NFC 设备可以用作非接触式智能卡、智能卡的读写器终端以及设备对设备的数据传输链路，其应用主要可分为四个基本类型：用于付款和购票、用于电子票证、用于智能媒体以及用于交换、传输数据。

四、蓝牙技术

蓝牙（Bluetooth）技术是一种短距离无线通信技术，它使得现代一些轻易携带的移动通信设备和电脑设备，不必借助电缆就能联网，能够实现无线上网。其实际应用范围还可以拓展到各种家电产品、消费电子产品和汽车等信息家电，组成一个巨大的无线通信网络。

蓝牙用于在不同的设备之间进行无线连接，如连接计算机和外围设备，打印机、键盘等，还可以让个人数码助理（PDA）与其他附近的 PDA 或计算机进行通信。目前市面上具备蓝牙技术的手机非常多，可以连接到计算机、PDA 甚至连接到免提听筒。

事实上，根据已订立的标准，蓝牙可以支持功能更强的长距离通信，用以构成无线局域网。每个蓝牙设备可同时维护 7 个连接，可以不断向附近的设备发送信息以便建立连接。另外也可以对两个设备之间的连接进行密码保护，以防止被其他设备接收。

第三节　基于位置的服务（LBS）技术

1993 年 11 月，美国女孩詹尼弗·库恩遭绑架之后被杀害，在这个过程中，库恩用手机拨打了 911 电话，但是 911 呼救中心无法通过手机信号确定她的位置。这个事件导致美国的 FCC（美国通信委员会）在 1996 年推出了一个行政性命令 E911，要求强制性构建一个公众安全网络，即无论在任何时间和地点，都能通过无线信号追踪到用户的位置。基于位置的服务就是这样一种为使用者提供与其位置相关信息的服务类型。位置信息服务是一项集成系统，是地理信息系统、空间定位、移动通信和无线互联网等技术的综合体，是通过无线通信网络来获取无线用户的位置信息（经纬度坐标或高程数据），在地理信息平台的支持下提供相应服务的一种无线增值服务。目前，无论是公众用户还是行业用户，对于获得位置及其相关服务都有着广泛的需求，包括移动商务、娱乐消息、交通报告、地图和向导、目标广告、交互式游戏、车辆跟踪等众多领域。

一、基于位置的服务简介

基于位置的服务（Location Based Services，LBS）又称为定位服务，是移动通信网络和卫星定位系统结合在一起提供的一种增值业务，通过一组定位技术获得移动终端的位置信息（如经纬度坐标数据），提供给移动用户本人或他人以及通信系统，实现各种与位置相关的业务。LBS 包括两层含义：一是确定移动设备或用户所在的地理位置；二是提供与位置相关的各类信息服务。LBS 意指与定位相关的各类服务系统，简称“定位服务”，另外一种叫法为 MPS（Mobile Position Services），也称为“移动定位服务”系统。

LBS 业务特点主要有：（1）要求覆盖率高。一方面要求覆盖的范围足够大；另一方面要求覆盖的范围包括室内。根据覆盖率的范围，定位服务可以分为三种覆盖率：覆盖整个本地网、覆盖部分本地网和提供漫游网络服务类型。除了考虑覆盖率外，网络结构和动态变化的环境因素也可能使一个电信运营商无法保证在本地网络或漫游网络中的服务。（2）要求定位精度高。手机定位应该根据用户服务需求的不同提供不同的精度服务，并可以提供给用户选择精度的权利。美国 FCC 推出的定位精度在 50m 以内的概率为 67%，定位精度在 150m 以内的概率为 95%。定位精度一方面与采用的定位技术有关，另一方面还要取决于提供业务的外部环境，包括无线电传播环境、基站的密度和地理位置以及定位所用设备等。

二、基于位置的服务的应用

目前，国内基于位置的服务主要表现为四大类形式的应用。

（一）签到（Check-in）模式

LBS 在国内最早的应用模式就是签到，模仿自美国的 Foursquare，虽然在具体功能上有所不同，但用户的主要行为逻辑是一样的，即通过签到与他人分享，产生衍生的应用。LBS 的应用先是涌现出了一大批独立的 LBS 应用网站，如切客网、街旁网、开开网、玩转四方，同时，LBS 还成为微博等社交平台的标配，用户可以在这类社交媒介上实现签到。在社交网站上，我们总会见到好友更新了“我在某某地”之类的信息，这就是所谓的签到。然而这只是表象，背后隐藏的是基于签到的各种有关营销的信息推送，这才是 LBS 最让商家愿意采纳的原因。签到是基于用户的新鲜感、满足感与成就感发展起来的，一旦用户对这种感觉失去了兴趣或觉得很麻烦，那么 LBS 的签到价值就会大打折扣。

（二）分享模式

大众点评和美团等是这类服务的代表。这类分享模式通过“周边搜索”等定位服务为与其合作的商家推荐和导入客流。同时，作为消费者也有不同的优惠可以得到，以此调动用户活跃度。另外，LBS 和旅游的结合是十分切合的。分享攻略和心得体现了一定的社交性质，其代表是切客网。

（三）LBS+团购模式

LBS 和团购两者都有地域性特征，但团购又有其差异性，两者如何融合？美国的 GroupTabs 给我们带来了新的想象：GroupTabs 的用户到一些本地的签约商家，如一间酒吧，到达后使用 GroupTabs 的手机应用进行签到。当签到的数量到达一定程度后，所有进行过签到的用户就可以得到一定的折扣或优惠。

（四）即时推送

所谓 Push 技术是一种基于客户服务器机制，由服务器主动地将信息发往客户端的技术。基于地理位置向用户实时推送是指通过检测用户位置向用户主动发送 Push 信息的方式。如 Getyowza 用户通过安装 Getyowza 提供的客户端，Getyowza 会根据用户的地理位置，给用户推送附近的优惠券信息。Getyowza 只在美国开展此项业务，用户安装软件之后可以设置推送距离（推送距离自己多少范围内的优惠信息），可以直接在谷歌地图上查看这些优惠信息，可以收藏自己喜欢的店铺，选择只接受自己收藏店铺的优惠券的推送信息。Getyowza 的优惠券不需要打印，直接给商户看便可以享受打折优惠。

LBS 的核心是“我在哪里”，但它的增值理念却在“这里有什么”上。因此，虽然目前 LBS 发展和盈利模式遇冷，但只要正确理解了增值理念，则可为 LBS 行业的发展带来新的机遇。把个人服务作为 LBS 应用发展的方向，将成为未来互联网商家竞争的关键点。谁能提供更优质的服务和更适合市场需求的服务，谁就能赢得优势，并在激烈的市场竞争中脱颖而出。移动位置服务被认为是继短信之后的“杀手级”业务之一，有着巨大的市场规模和良好的盈利前景，但实际进展比较缓慢。不过，随着产业链的完善，移动位置和位置服务市场有望日益壮大。

第四节　移动商务开发的新技术——HTML5 和 CSS3

HTML5 是 HyperText Markup Language 5 的缩写，HTML5 技术结合了 HTML 前期版本的相关标准并大幅更新，使其更加符合现代网络发展特别是移动互联网发展的要求。HTML5 在 2008 年正式发布。HTML5 由不同的技术构成，其在移动互联网中得到了非常广泛的应用，提供更多增强网络应用的标准，能够让移动应用功能通过 Web 浏览器实现，使消费者能够从包括个人电脑、笔记本电脑、智能手机或平板电脑在内的任意终端访问相同的程序和基于云端的信息。由于 HTML5 技术中存在较为先进的本地存储技术，因此其能做到降低应用程序的响应时间，为用户带来更便捷的体验。

一、HTML5 简介

HTML5 是 HTML 下一个的主要修订版本，现在仍处于发展阶段，目标是取代 1999 年所定的 HTML4.01 和 XHTML1.0 标准，以期能在互联网应用迅速发展的时候，使网络标准符合当代的网络需求。广义论及 HTML5 时，实际指的是包括 HTML、CSS 和 JavaScript 在内的一套技术组合。它希望能够减少浏览器对于基于插件的丰富性网络应用服务（Rich Internet Application，RIA），如 Adobe Flash、Microsoft Silverlight、Oracle JavaFX 等需求，并且提供更多能有效增强网络应用的标准集。

具体来说，HTML5 添加了许多新的语法特征，其中包括<video><audio>和<canvas>元素，同时集成了 SVG 内容。这些元素是为了更容易地在网页中添加和处理多媒体与图片内容而添加的。其他新的元素包括<section><article><header>和<nav>，目的是丰富文档的数据内容。新的属性的添加也是同样的目的，同时也有一些属性和元素被删除了。一些元素，如<a><cite>和<menu>被修改，重新定义或标准化了。另外，APIs（应用程序接口）和 DOM（文档对象模型）已经成为 HTML5 中的基础部分。HTML5 还定义了处理非法文档的具体细节，使所有浏览器和客户端程序能够一致地处理语法错误。

二、HTML5 的新标记

HTML5 提供了一些新的元素和属性，反映了现代网站中的典型用法。其中，有些元素在技术上类似<div>和<span>标签，但有一定含义，如<nav>（网站导航块）和<footer>。这种标签将有利于搜索引擎的索引、小屏幕设备页面设计以及视障人士的使用。同时，这些新的元素也为新版浏览器提供了新的功能，即通过一个标准接口实现某一特定的功能，如通过<audio>和<video>标签实现音频或视频播放。

同时，一些过时的 HTML4 标记将被取消，其中包括纯粹用作显示效果的标记，如<font>和<center>，它们的效果完全通过 CSS 实现。

尽管和 SGML 在标记上有相似性，但 HTML5 的句法却被设计成向后兼容对老版本的 HTML 的解析。它有一个新的开始行进行文档类型声明：<! DOCTYPE html>。这会触发和标准兼容的渲染模式，并且在 2009 年 1 月 5 日，HTML5 添加了 Web Form 2.0 的内容。

在 HTML5 中新增了很多标签，加强 HTML 标签的语义化，如<article><aside><header> <footer><audio><canvas><command><datalist><details><figcation><figure><hgroup><mark><meter><video><nav><output><progress><section>和<source>等，这些标签都有各自的意义，不再仅是 span 和 div。虽然 HT-

ML4 中也有很多语义化的标签，但不如 HTML5 丰富。除了这些新增的标签，还有一些此前就有的标签，但新增了类别，最具代表性的就是表单 form。如果浏览器支持 form 的新属性，那么就会自动调用相应组件，如在移动设备中“type=number/email/text”时，浏览器会调用不同版面的键盘，这样可以加快用户的输入，使用户的体验更好，如图 2-12 所示。

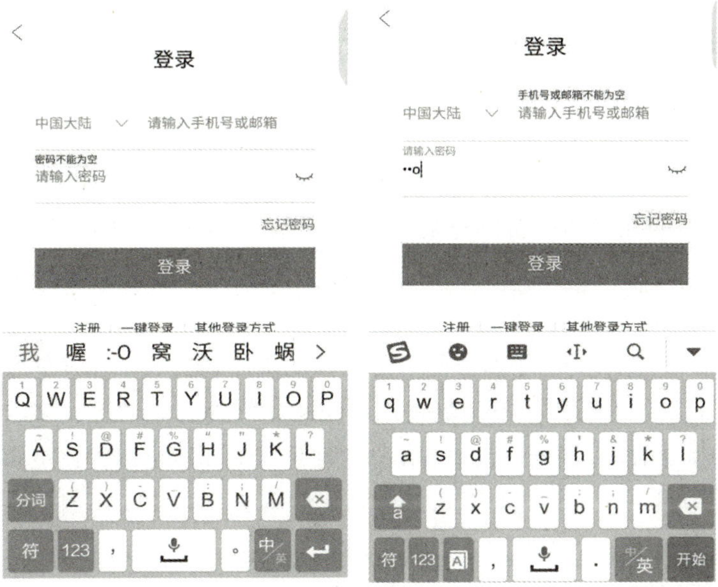

图 2-12　基于 HTML5 的表单控件快速输入实例

如果是 type=range，则会出现如图 2-13 所示的组件，供用户选择范围。

图 2-13　HTML5 表单 type=range 控件

如果是 type=date，则出现日期选择器，如图 2-14 所示。

图 2-14　HTML5 表单 type=date 控件

另外，除了 input 的 type 新增量类别外，还增加了一些很实用的属性，如 placeholder，我们知道，在 input 中常常会默认一些文案，当用户输入的时候会自动清除，HTML5 之前我们是靠 JavaScript 实现的，但有了 HTML5，我们可以轻松实现，只需要 placeholder= “默认文案”即可。

三、HTML5 与电子商务网络营销

对于电子商务网站，特别是那些严重依赖于 Flash 动画的商务网站，HTML5 是一个大福音。首先，搜索引擎的蜘蛛或机器人页面抓取程序将抓取站点和索引站点中的内容。所有嵌入到动画中的内容将全部可以被搜索引擎读取。在搜索引擎优化的基本理论中，这一方面将会驱动网站获得更多的点击流量。

同时，使用 HTML5 的另一个好处就是它可以增加更多的功能。对于 HTML5 的功能性问题，从全球几个主流站点对它的青睐可以看出。脸书（Facebook）已经推出基于 HTML5 的 iPad 应用平台；潘多拉推出基于 HTML5 的音乐播放器的新版本；游戏平台 Zynga 也推出了三款新的在移动设备浏览器上运行的基于 HTML5 的游戏等。每天都有基于 HTML5 的网站和 HTML5 特性的网站被推出。保持站点处于新技术的前沿，也可以很好地提高用户的友好体验。

最后，基于 HTML5 的电子商务网站可用性的提高，提升了用户的友好体验。从可用性的角度上看，HTML5 可以更好地促进用户与网站间的互动情况。多媒体网站可以获得更多的改进，特别是在移动平台上的应用。使用 HTML5 还可以提供更多高质量的视频和音频流。到目前为止，事实就是 iPhone 和 iPad 将不会支持 Flash，同时 Adobe 公司也在近期公开声明将停止 Flash 基于移动平台的开发，现在已经可以这么说：移动平台中的视频音频日后是 HTML5 的天下。

可以肯定的是，在移动商务网络营销领域，越来越多的搜索引擎优化师开始研究对于 HTML5 站点的优化，搜索引擎也会不断地更新算法以适应 HTML5 的发展。

四、CSS3

在 HTML5 逐渐成为 IT 界最热门话题的同时，CSS3 也开始慢慢地普及起来。目前，很多浏览器都开始支持 CSS3 的部分特性，特别是基于 Webkit 内核的浏览器，其支持力度非常大。在 Android 和 iOS 等移动平台下，正是由于 Apple 和 Google 两家公司大力推广 HTML5 以及各自的 Web 浏览器的迅速发展，CSS3 在移动 Web 浏览器下才能得到很好的支持和应用。

CSS（Cascading Style Sheet）即层叠样式表。在网页制作时采用层叠样式表技术，可以有效地对页面的布局、字体、颜色、背景和其他效果实现更加精确的控制。只要对相应的代码做一些简单的修改，就可以改变同一页面的不同部分，或页数不同的网页的外观和格式。CSS3 是 CSS 技术的升级版本，CSS3 语言开发是朝着模块化发展的。以前的规范作为一个模块实在是太庞大而且比较复杂，所以，把它分解为一些小的模块，更多新的模块也被加入进来。这些模块包括盒子模型、列表模块、超链接方式、语言模块、背景和边框、文字特效、多栏布局等。CSS3 作为在 HTML 页面担任页面布局和页面装饰的技术，可以更加有效地对页面布局、字体、颜色、背景或其他动画效果实现精确的控制。

（一）CSS3 新增属性

现在移动端两大阵营 iOS 和 Android 都是基于 Webkit 内核的，而 Webkit 内核对 CSS3 的支持走在了前面。CSS3 给我们带来了如文字阴影（text-shadow）、盒子阴影（box-shadow）、圆角（border-radius）、背景渐变（background：linear-gradient（＃000，＃fff））、2D 变换（transition）和动画（animation）等大家耳熟能详的常用属性，另外还有如 -webkit-mask、-webkit-text-stroke、-webkit-nbsp-mode、-webkit-tap-highlight-color、-webkit-box-reflect、-webkit-marquee、-webkit-box 等 webkit 内核私有属性，至于这些属性的其他浏览器支持程度，有兴趣的读者可以自己研究，这上面的每一个属性都有自己的使用场景，就看如何灵活运用。下面仅简单介绍几个属性。

1. display：-webkit-box

我们知道元素大致分为内联元素、块状元素和介于两者之间的元素，当然还有 inline-table 和 table-cell 等。对于如图 2－15 所示的情况，父元素被 1、2、3 均分，且 2 和 1 之间间隔 10px。

图 2－15　-webkit-box 实例

此时可以试试新的 display：-webkit-box，另外还有如下属性配合使用：

（1）-webkit-box-orient：子元素的排列方向为 horizontal、vertical、inline-axis、block-axis、inherit，其中默认值是 inline-axis，即横向排列。

（2）-webkit-box-flex：子元素之间的比例，仅作一个系数。

（3）-webkit-box-direction：子元素的排列顺序为 normal、reverse、inherit，其中默认值是 normal。

（4）-webkit-box-flex-group：以组为单位的流体系数。

（5）-webkit-box-ordinal-group：以组为单位的子元素排列方向。

（6）-webkit-box-lines：子元素是否换行，类似 word-wrap 和 word-break 的作用。

（7）-webkit-box-align：子元素垂直方向的对齐方式。

（8）-webkit-box-pack：子元素水平方向的对齐方式。

这些配合使用的属性我们全部保留默认设置即可。

HTML 代码：

```
<div class="box">
<ul class="item_list_clearfix">
<li class="child1">1</li>
<li class="child2">2</li>
<li class="child3">3</li>
</ul>
```

```
</div>
```

CSS 代码：

```
.box { width:600px;height:400px;margin:10px auto;padding:0;font-size:0;}
.item_list {display:-webkit-box;background:black;}
.item_list li{position:relative;height:100px;line-height:100px;
              text-align:center;font-size:16px;-webkit-box-flex:1;back-
              ground:#f00;}
.item_list li:first-child { background:#f00;}
.item_list li:nth-child(2){ margin-left:10px;background:#ff0;}
.item_list li:last-child { background:#c96;}
```

上述代码可以这样理解：父亲有一块地，要分给兄弟几个，除去老大和老二之间的分割线所占的那块，剩下的部分均分的份数由 li 的兄弟个数和 box-flex 的总数确定，现在有兄弟三人，每个人的 box-flex 都是 1，所以总份数=1´1+1´1+1´1=3。

如果对于上面的 CSS 代码稍作修改：

```
.item_list li:nth-child(2){ margin-left:10px;background:#ff0;
  -webkit-box-flex:2;}
```

那么现在老二的 box-flex 是 2 了，总份数就是 1′1+1′2+1′1=4，其中老大和老三各占一份，老二占两份，显示效果如图 2－16 所示。

图 2－16　修改后的-webkit-box 实例

2. -webkit-text-size-adjust：none

在移动页面设计中，有时竖屏显示效果不错，但是当横屏的时候，字体会变大，无论怎样设置字体大小都无效，这是因为浏览器默认会根据当前的屏幕和内容做调整，在 webkit 内核的浏览器中只需要-webkit-text-size-adjust：none 就可禁止自动调整，至于是否全局或局部使用要看自己的项目需求，示例如图 2－17 所示。

图 2－17　手机横屏显示效果问题

很明显，当手机由竖屏转向横屏的时候，主题区域的文字自动变大，跟自己设置的大小无关，设置了-webkit-text-size-adjust：none 后，横屏的效果就正常了，如图 2－18 所示。

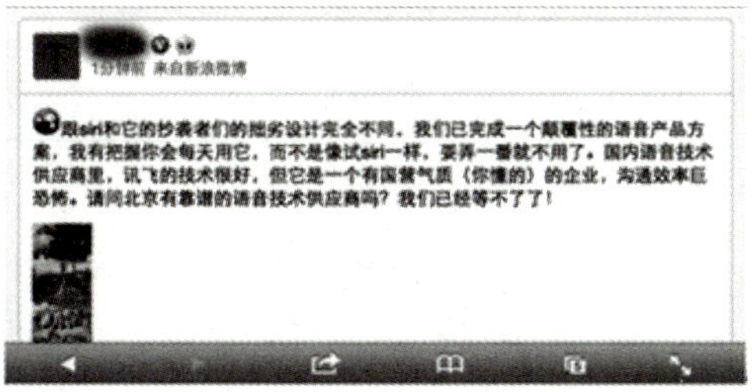

图 2－18　更正后手机横屏正常显示效果

这样，字体的大小就由我们自己设置了，是可控的。

3. 字级单位

常用的字级单位有 px、pt、百分比、em 等，CSS3 还新增加了 rem。用 em 和百分比的时候遇到的问题就是计算，而且当嵌套的层级太多时就会出现控制文字大小困难，而用 px 则成为固定大小的字体。现在使用 rem 完全不用担心这些问题，因为 rem 的参照对象只有根节点，只需设置根节点的大小，其他所有子节点都只需参照它来设计即可。下面是 px、em、百分比和 pt 的对比。只需设置 html 根元素字体大小为 75%，对应的 px 值就是 12，这样我们可以很方便地设置页面的宽、高和字体大小，当然单位是 rem，这样参考对象才会永远是 html 而不是父元素，当需要变化的时候，只需改变 html 的大小，其他的元素都会相应变化，这样使用 rem 单位控制页面字体大小就非常方便。

（二）移动页面的设计技巧

1. 禁止用户旋转设备

禁止用户旋转设备在浏览器里办不到，因为禁止开发者阻止浏览器的 orientation-change 事件。

2. 禁用自动识别电话号码

在开发项目的时候，经常会用到一些数字或真正的电话号码，但是又不想系统自动识别让用户可以直接拨打，那么只需在标签之间加入即可，但是有些特殊情况我们又需要让用户直接拨打，示例情景如图 2－19 所示。

页面中的电话号码“010-52918772”系统会自动识别，用户单击即可选择拨号。

3. 盒边框溢出

当指定了一个块级元素时，并且为其定义了边框，设置了其宽度为 100%。按照盒模型，就会发现该元素的左右边框各一个像素会溢出，导致出现横向滚动条，此时可以为其添加-webkit-box-sizing：border-box 来指定该盒子的大小，包括边框的宽度。

4. CSS3 绘图和 CSS3 动画

在 HTML5 和 CSS3 的世界里，很多图片都是多余的，我们可以尽情发挥自己的想象

图 2－19　自动识别号码的情景

力，让 CSS3 替代不必要的图片和不必要的 JavaScript 代码。另外，做 CSS3 动画时最好将动画代码提取出来单独命名。

目前，CSS3 是移动 Web 开发的主要技术之一，它在界面修饰方面占有重要的地位。由于移动设备的 Web 浏览器都支持 CSS3，因此对于不同浏览器之间的兼容性问题，它们之间的差异非常小。不过，对于移动 Web 浏览器的某些 CSS 特性，仍然需要做一些兼容性的工作。当前，CSS3 技术在移动商务网站开发中最适合使用的特性包括增强的选择器、阴影、强大的背景设置和圆角边框等。

第五节　云计算、大数据、物联网技术与人工智能

云计算的概念是 2006 年谷歌首席执行官埃里克·施密特提出的。从被提出之日起，云计算便因其极具革新的理念而被业界广泛地关注，因而成为整个 IT 行业中最为热门的核心话题之一。大数据时代的到来，是全球知名咨询公司麦肯锡最早提出的，麦肯锡称："数据，已经渗透到当今每一个行业和业务职能领域，成为重要的生产因素。人们对于海量数据的挖掘和运用，预示着新一波生产率增长和消费者盈余浪潮的到来。"近几年，"大数据"一词的持续升温也带来了大数据泡沫的疑虑，大数据的前景与目前云计算、物联网、移动互联网等是分不开的。互联网用户的互动，企业和政府的信息发布，物联网传感器感应的实时信息每时每刻都在产生大量的结构化和非结构化数据，这些数据分散在整个网络体系内，体量极其巨大。这些数据中蕴含了对经济、科技、教育等领域非常宝贵的信息，大数据的研究就是通过数据挖掘、知识发现和深度学习等方式将这些数据整理出来，形成有价值的数据产品，提供给政府、行业企业和互联网个人用户使用和消费。当前，全球新一轮科技革命和产业变革孕育兴起，带动了人工智能等数字技术加速演进，引领了数

字经济蓬勃发展，对科技、经济、社会等均产生深远影响。

一、云计算技术

云计算是由谷歌提出的一个网络应用模式，是指服务的交付和使用模式，通过网络以按需、易扩展的方式获得所需的服务。这种服务可以是IT和软件或与互联网相关的内容，也可以是任意其他的服务，它具有超大规模、虚拟化、可靠安全等独特功效。

（一）云计算的概念

1. 狭义的云计算

提供资源的网络被称为“云”。“云”中的资源在使用者看来是可以无限扩展的，并且可以随时获取，按需使用，随时扩展，按使用付费。这种特性经常被称为像水电一样使用的IT基础设施。

2. 广义的云计算

“云”是一些可以自我维护和管理的虚拟计算资源，通常为一些大型服务器集群，包括计算服务器、存储服务器和宽带资源等。云计算将所有的计算资源集中起来，并由软件实现自动管理，无须人为参与。这使得应用提供者无须为烦琐的细节而烦恼，能够更加专注于自己的业务，有利于创新和降低成本。

云计算的基本理念是“一切皆是服务（Everything as a Service)”。任何通过网络能够提供给用户的服务都可以成为云计算的应用形式，而用户在使用这些服务时采取“租用”（Pay Per Use）的形式进行付费。从形式上看，“云”以数据中心的形式存在，而数据中心由大规模计算机集群、管理这些计算机集群的软件、海量数据以及能够为用户提供特定计算服务的软件组成。在“云”中，所有的资源，包括构架、平台和软件都可以作为服务来提供。由于用户可以租用服务，节省了购买机器、平台和开发软件的费用，因此，云计算有着节省成本、快速服务和提高管理效率等优势。

目前，谷歌、微软、IBM、阿里巴巴等一些国内外大公司都已建立了自己庞大的云计算中心，在这些IT巨头的推动下，云计算正在以空前的态势迅速发展，并已经成为很多企业增长最快的业务之一。而亚马逊、优酷、脸书（Facebook）等这些著名的电子商务公司的积极参与，也进一步推动着云计算的发展。在可预见的未来，云计算将持续出现蓬勃发展的局面。

（二）云计算的服务模型

云计算的核心是提供服务，因此，云计算也称作“云计算服务”。目前，学术界和企业界提出的云计算服务包罗万象，有AaaS（Architecture as a Service，体系结构即服务）、CaaS（Computing as a Service，计算即服务）、DaaS（Data as a Service，数据即服务）、DBaaS（Database as a Service，数据库即服务）、HaaS（Hardware as a Service，硬件即服务）、IaaS（Infrastructure as a Service，基础设施即服务）、OaaS（Organization as a Service，组织即服务）、SaaS（Software as a Service，软件即服务）、PaaS（Platform as a

Service，平台即服务）和 TaaS（Technology as a Service，技术即服务）等。但根据云计算的发展来看，目前云计算提供的服务主要有 SaaS、PaaS 和 IaaS 等。

已经推出或正在酝酿自己的云计算服务，主要有谷歌的云计算平台、微软的 Azure 服务平台、亚马逊的弹性计算云（Amazon EC2）以及 IBM 的 Blue Cloud 和 Sun Cloud 等。

（三）云计算的优点和问题

云计算能够被各大企业和政府机构关注，并投入大量的人力、物力进行开发和利用，与其具有的巨大优势和特点是分不开的，被视为科技界的下一次革命。

1. 云计算的优点

云计算的优点主要体现在以下六个方面：

(1) 经济实惠。因为数据计算、数据维护和数据存储都在云端进行，所以对于租用云计算服务的企业和用户来讲，无须再花大量的成本来建设和维护自己的数据中心，节约了一大笔高昂的设备购置费用，并且不用担心设备的淘汰和升级问题。

(2) 方便易用。在云模式下，用户可以根据自己的需求和喜好来定制服务、应用和平台，而不必记住资源的具体位置，相关的资源存储在“云”中，用户在任何时间、任何地点都能以某种便捷、安全的方式获得“云”中的相关信息或服务。虽然“云”由大量的计算机组成，但对用户来说，只看到一个统一的“服务”界面，感觉就像使用本地计算机一样方便。

(3) 资源整合。在传统模式下，各个企业和政府机构的信息化建设都是自己开发程序、购买服务器和建设计算中心，而这些设备往往大部分时间都是闲置的，且数字资源难以共享。而云计算本身就是对大量 IT 资源的整合，构成庞大的资源池，资源统一灵活调配。在云模式下，通过租用云计算服务，各自为政的信息资源建设模式将会彻底改变，全球资源可以高度整合，可以实现真正意义上的共享。不管是物理意义上的计算机资源还是数字信息资源，云计算对资源整合后再进行重新配置，能发挥更大的经济效益和社会效益。

(4) 安全性更高。由于云计算服务商都是大型企业，有专业的团队来维护数据安全，因此比以往中、小企业及个人用户自己维护数据更安全，大大增强了资源的安全性和可靠性。同时，云计算使用数据多副本容错和计算节点同构技术，保障了服务的高可靠性，因此使用云计算比使用本地计算机更可靠。

(5) 超强的计算能力。云计算服务商都具有相当大的规模，亚马逊、IBM、微软、雅虎等公司的“云”均拥有几十万台服务器，而 Google 云已经拥有 200 多万台服务器。云计算的这种大规模使其具有超强的计算能力，而用户通过租用这些云计算服务，也就相当于拥有了具备超强计算能力的计算中心。

(6) 绿色环保。云计算的出现，将使无数企业不再需要建设自身的信息中心，完成一定量的计算任务所需使用的服务器数量比以前大大减少，为实现低碳经济和节能减排发挥了很大的作用。同时，通过虚拟机技术和虚拟化资源管理技术，实现了计算能力的自动伸缩扩展，对于无须使用的服务器，可以使其自动处于休眠状态，减少热量，节约电能，降低污染。因此，云计算拥有低能耗、低污染、高性能、高效益的特点，在全球倡导低碳经济的时代背景下，云计算成了“绿色”IT技术。

2. 云计算的问题

云计算的迅猛发展，为企业和用户带来了极大的便利，同时也因为其自身的特点，产生了一系列的问题，如数据安全、云计算标准、隐私权及知识产权等，只有妥善地解决这些问题，才能促使云计算更好地发展。

这些问题对于个人和企业来讲，都是非常重要的。分析当前云服务提供商的服务合同，不难发现，服务提供商并不认可数据所有者泄密事件中应承担的任何法律责任或义务，也不针对任何事件做出承诺。对于用户来说，选择云服务所面临的主要风险在于缺乏主体责任担当者和制度上的保障，这会在很大程度上影响用户对云服务的信心。

（四）云计算的关键技术

云计算的目标是以低成本的方式提供高可靠、高可用、规模可伸缩的个性化服务。为了达到这个目标，需要数据中心管理、虚拟化、海量数据处理、资源管理与调度、QoS保证、安全与隐私保护等关键技术加以支持。

1. 虚拟化技术

虚拟化技术实现了云计算基础设施服务的按需分配，是IaaS、PaaS和SaaS等所有云计算服务的支撑和基础。虚拟化是IaaS层的主要组成部分，也是云计算最重要的特点。虚拟化技术可以为云计算提供以下强大的优势：

（1）资源分享。通过虚拟机封装各用户的运行环境，可以有效实现多用户分享数据中心强大的硬件和软件资源。

（2）资源定制。用户利用虚拟化技术，配置私有的服务器，指定所需的CPU数目、内存容量和磁盘空间，可以实现资源的按需分配。

（3）细粒度资源管理。将物理服务器拆分成若干虚拟机，可以提高服务器的资源利用率，减少浪费，而且有助于服务器的负载均衡和节能。

（4）实现弹性、可靠的基础设施服务。当分配给用户的虚拟机不足以完成用户的计算任务时，可以通过虚拟机在线迁移技术，自动将参与用户任务的资源进行扩展；而当有部分虚拟机资源闲置时，又可通过关闭这些虚拟机，收回它们占用的资源，实现弹性的计算资源管理。

传统的虚拟机部署分为四个阶段，即创建虚拟机、安装操作系统与应用程序、配置虚拟机属性、启动虚拟机，整个过程花费时间较长。虚拟机快速部署技术通常采用虚拟机模板技术来简化虚拟机的部署过程。虚拟机模板预装了操作系统和应用软件，并对虚拟机进行了缺省参数的配置，可以有效减少虚拟机的部署时间。

2. 海量数据存储与处理技术（以Google为例）

云计算服务采用大规模服务器集群的数据中心为用户提供超强性能和超大存储能力的服务，所处理的数据通常以TB为计算单位。根据报告，早在2008年，Google每天所处理的数据就达到了 20PB（1PB=1024TB）。因此，海量数据的存储和处理技术是云计算服务的重要部分。

（五）云计算与移动商务

1. 云计算带来的新机遇

云计算应用于移动商务领域，将为众多移动商务企业的发展提供全新的技术基础和服务模式，尤其是中小企业将获得更廉价的资源、更广阔的发展机遇和更完善的服务。中研普华管理咨询有限公司发布的《2014—2018 年中国云计算行业全景调研与发展战略研究咨询报告》显示：云计算在我国尚处于市场导入阶段，但其发展的速度及影响力惊人。预计“十二五”期间，我国云计算产业链规模达 7 500 亿至 1 万亿元人民币。由此可见，将云计算应用于电子商务和移动商务，提供更加高效的商务运作模式，已不仅是一种设想，而是一种趋势。云计算将给移动商务带来全面的历史发展机遇，主要体现在以下几个方面：

（1）打破移动终端性能瓶颈。移动商务对终端的运算能力、信息传递和处理能力都有较高的要求，如果移动终端和移动通信网络无法可靠、安全地完成信息的传递和运算，那么移动商务就只是空谈。云计算恰恰解决了这些困扰，只要所有的移动终端都能顺利地接入“云”，移动终端之间的信息处理及传递、信息安全等问题都将迎刃而解。运用云计算的强大计算、处理和传输能力，移动终端的性能瓶颈将被彻底打破。

（2）提供全新的 IT 资源部署模式。云计算移动商务模式将涵盖信息技术服务、营销和管理等各个业务领域，提供移动商务交易和移动商务服务的综合性平台。云计算下的 IaaS、PaaS、SaaS 服务模式，让企业不再需要建设自身的信息中心，无须再投入大量的资金和人力、物力来进行信息中心的开发和维护。这些工作都将交给云计算服务商来为企业量身定制，企业因此可以专注于自身的核心业务。此外，云计算让移动商务企业的核心数据也能得到更妥善、更完整、更安全的保存。

（3）提供更加安全的数据存储模式。从事移动商务的中小企业都会为保证后台海量数据的安全而煞费苦心。但由于自身专业技术团队力量的薄弱，服务器被攻击、信息被窃取、数据被篡改等问题仍会频繁出现。而在云计算模式下，其数据存储的高度分散性、数据管理的高度集中性以及数据服务的高度虚拟化，能提供更加安全的数据服务。与此同时，云计算服务还会自动对数据进行统一管理、分配资源、均衡负载、控制安全，并进行可靠的安全实时监测。在某台服务器出现故障时，管理监测软件可以利用克隆技术或在线数据迁移技术，将数据快速复制到其他服务器上，并启动新的服务器继续提供服务，以保证服务的高可用性、完整性和安全性。

（4）提供商业智能级的经营决策模式。所谓商业智能（Business Intelligence，BI），是指利用相关决策分析工具，将企业中现有的数据转换为知识，帮助企业做出明智的业务经营决策。目前，大多数电子商务，包括移动商务企业，在商业智能领域遇到的困难主要来自以下几个方面：1）随着用户数量的增加，产生的海量数据要求有更强大的数据存储和管理能力，同时需要更强大的数据挖掘能力，这样才能帮助企业做出明智的商业决策。2）需求的不断变化和应用的复杂化、多样化，要求商业智能的实时性越来越高。这就需要移动商务企业后台具有更加快速、高效、稳健的运行性能，同时还应具有良好的扩展性。3）高成本也是制约移动商务企业，尤其是中小移动商务企业发展商业智能的一个重要因素。

云计算所提供的大型数据中心以及海量的数据存储、运算、分析、挖掘能力，为移动商务企业发展商业智能提供了良好的基础。而“租赁＋服务”的资源分配和交付模式，也为中小移动商务企业发展商业智能提供了巨大的成本优势。

2. 全新的移动商务模式构建

现阶段，将云计算运用于移动商务环境，构建新型的商务模式，其主要思想还是基于移动外包服务的应用。利用移动外包服务所提供的“按需分配”的能力，移动商务企业可以在需要的时候快速获得相关资源和服务，不但免去了移动商务企业自身前期建设和后期维护等方面的烦恼，而且服务提供商也能利用“云”同时为众多用户提供服务，实现更深层次的资源共享和技术外包服务。对目前云计算的应用发展趋势进行分析，基于云计算的移动商务模式构建将朝着以下两个方向发展：

（1）基于“供应链云”的全程移动商务模式。利用分布在全球范围内的“云”，可以构筑一个庞大的“供应链云”系统，利用这个系统可以实现以供应链管理为核心的全程移动商务模式。在这种模式下，利用云计算提供安全、可靠的数据存储服务和运算处理，极大地降低了对客户移动终端设备的要求，轻松实现所有用户的数据共享和资源合理分配，并能在客户有需要时，及时提供几乎无限制的空间和服务。

云计算服务提供商、云计算用户、政府主管机构及其各类产品及服务提供商（如云终端设备提供商、云计算系统集成商、软件基础设施提供商等）形成了一个全新的基于云计算的“供应链云”体系。该体系以整合企业资源为核心，以改善企业流程为焦点，以供应链和云计算管理为基本思想，在合理分工协作的基础上，充分使用已经建立的云计算平台服务，建立与重组企业核心业务流程，利用强大的“链式云”移动商务模式实现企业的战略目标。目前，如用友、金算盘、伟库等大型服务商都已经开始打造全程移动商务服务系统，基于“供应链云”的全程移动商务已经进入实践应用的阶段。

（2）基于“移动云”的移动商务模式。随着“移动云计算”“三网整合”等的发展，移动商务模式也将发生深刻变革。由于有了庞大的分布式“云”系统，其信息处理能力和运算效率等都会得到大幅度提高，而云计算为我们提供的“按需分配”的服务模式和 4G/5G 为我们带来的全新移动终端，将彻底打破移动商务存在的瓶颈。有了云计算，移动商务服务的安全将得到更好的保障，信息处理和数据传输也将变得更加简单。用户只要持有具备简单计算能力的移动终端，就可以随时随地接入为其提供服务的“云”，并及时、安全地获得移动商务平台的相关服务。

基于“移动云”的移动商务模式，不但解决了移动终端性能瓶颈的问题，还极大地提高了数据分享的便捷性和任务执行的高效性。在这种模式下，对手机等移动终端没有复杂的硬件性能要求，只要具备简单的跨系统平台就可以顺利连接“云端”，获取移动商务企业利用“移动云”所提供的信息和服务。

同时，移动商务企业自身也无须搭建复杂的移动商务平台，而只需要向云计算服务提供商申请租赁，就可以获取相应的“云服务”，从而快速实现其业务功能。“移动云”快捷高效的存储、运算、处理、共享能力，为移动商务的发展提供了全新的发展空间。

二、大数据技术

与云计算紧密相关的技术就是大数据技术。在互联网思维、互联网经济、移动互联和电子商务等新兴产业纷纷走上历史舞台的大背景下，越来越多的数据使得单纯扩展服务器硬盘容量、提升磁盘阵列性能等传统的存储数据的方式越来越不适应企业的实际需求，分布式计算平台成为时代的新宠，大数据时代来临了，大数据分析行业应运而生。

（一）大数据的概念

大数据（Big Data）又称为巨量资料，指的是所涉及的资料量规模巨大到无法通过目前主流软件工具，在合理时间内达到撷取、管理、处理并整理成为帮助企业经营决策的量化信息。大数据的特点可以归纳为“4V”：首先是数据体量（Volume）大，一般达到或超过10TB容量规模，但在实际应用中，很多企业用户把多个数据集合放在一起，形成了PB级的数据量；其次是数据类别（Variety）多，数据来自多种数据源，数据种类和格式日渐丰富，已冲破了以前所限定的结构化数据范畴，囊括了半结构化和非结构化数据；再次是数据处理速度（Velocity）快，在数据量非常庞大的情况下，也能做到数据的实时处理；最后是数据的真实性（Veracity）高，随着社交数据、企业内容、交易与应用数据等新数据源成为移动商务时代企业的关注点，传统数据源的局限被打破，企业愈发需要有效的数据信息，以确保其真实性和安全性。

（二）大数据分析技术

众所周知，大数据已经不只是数据大的事儿了，而最重要的现实是对大数据进行分析，只有通过分析才能获取很多智能的、深入的、有价值的信息。现在，越来越多的应用涉及大数据，而这些大数据的属性，包括数量、速度、多样性等都呈现出大数据不断增长的复杂性，所以大数据的分析方法在大数据领域就显得尤为重要，可以说是最终信息是否有价值的决定性因素。一般来说，大数据分析的方法主要涉及以下五个方面的内容。

1. 大数据可视化分析

大数据分析的使用者有大数据分析专家，同时还有普通用户，二者对于大数据分析最基本的要求就是可视化分析，因为可视化分析能够直观地呈现大数据的特点，同时也非常容易被读者接受。

2. 数据挖掘算法

大数据分析的理论核心就是数据挖掘算法，各种数据挖掘的算法只有基于不同的数据类型和格式，才能更加科学地呈现数据本身具备的特点，也正是因为这些统计方法我们才能深入数据内部，挖掘公认的价值。另外，也是因为有这些数据挖掘的算法我们才能更快速地处理大数据，如果一个算法得花上好几年才能得出结论，那大数据的价值也就无从说起了。

3. 大数据预测性分析能力

大数据分析最重要的应用领域之一就是预测性分析。从大数据中挖掘特点，通过科学地建立模型，然后代入新的数据，从而预测未来的数据。

4. 语义引擎

大数据分析广泛应用于网络数据挖掘，可以通过用户的搜索关键词、标签关键词或其他输入中，分析并判断用户需求，从而实现更好的用户体验和广告匹配。

5. 数据质量和数据管理

大数据分析离不开数据质量和数据管理，高质量的数据和有效的数据管理，无论是在学术研究还是在商业应用领域，都是保证分析结果的真实和有价值的重要因素。

（三）大数据分析的作用

大数据时代即将到来，那么大数据意味着什么？它到底会改变什么？仅仅从技术角度来回答，无法解惑。我们需要把大数据放在人的背景中加以透视，理解它作为时代变革力量的原因。

1. 大数据是变革价值的力量

一是体现在民生上，通过大数据看我们在人与人的关系上，做得是否比以前更有意义；二是体现在生态上，通过大数据看我们在自然与人的关系上，做得是否比以前更有意义。

2. 大数据是变革经济的力量

生产者是有价值的，消费者是价值的意义所在。有意义的才有价值，消费者不认同的，就卖不出去，就实现不了价值；只有消费者认同的，才卖得出去，才可以实现价值。大数据帮助我们从消费者这个源头识别意义，从而帮助生产者实现价值。

3. 大数据是变革组织的力量

随着具有语义网特征的数据基础设施和数据资源发展起来，组织的变革就越来越显得不可避免。大数据将推动网络结构产生无组织的组织力量。最先反映这种结构特点的，是各种各样去中心化的 Web 2.0 应用，如 RSS、维基和博客等。大数据之所以成为时代变革的力量，在于它通过追随意义而获得智慧。

三、物联网技术

“物联网”这个概念，早在 1999 年就提出来了，当时叫传感网。物联网概念的问世，打破了之前的传统思维。过去的思路一直是将物理基础设施和 IT 基础设施分开，一方面是机场、公路和建筑物，另一方面是数据中心、个人计算机和宽带等。而在物联网时代，钢筋混凝土和电缆将与芯片和宽带整合为统一的基础设施，在此意义上，基础设施更像是一个新的地球，所以也有业内人士认为物联网与智能电网均是智慧地球的有机构成部分。

（一）物联网概述

物联网（Internet of Things，IoT）也称为 Web of Things，是指通过各种信息传感设备，如传感器、射频识别技术、全球定位系统、红外感应器、激光扫描器、气体感应器等各种装置与技术，实时采集任何需要监控、连接和互动的物体或过程，采集其声、光、热、电、力学、化学、生物和位置等各种需要的信息，与互联网结合而形成的一个巨大网络。其目的是实现物与物、物与人、所有的物品与网络的连接，方便识别、管理和控制，提供安全可控乃至个性化的实时在线监测、定位追溯、报警联动、调度指挥、预案管理、安全防范、远程维保、在线升级、统计报表、决策支持和领导桌面（集中展示的 Cockpit Dashboard）等管理和服务功能，实现对“万物”的“高效、节能、安全、环保”的“管、控、营”一体化。

物联网把新一代 IT 技术充分运用在各行各业之中，具体地说，就是把感应器嵌入和装备到电网、铁路、桥梁、隧道、公路、建筑、供水系统、大坝、油气管道等各种物体中，然后将物联网与现有的互联网整合起来，实现人类社会与物理系统的整合。在这个整合的网络中，存在能力超级强大的中心计算机群，能够对整合网络内的人员、机器、设备和基础设施实施实时的管理和控制，在此基础上，人类可以以更加精细和动态的方式管理生产和生活，达到“智慧”的状态，提高资源利用率和生产力水平，改善人与自然之间的关系。

毫无疑问，如果物联网时代来临，那么人们的日常生活将发生翻天覆地的变化。然而，即便不谈隐私权和辐射问题，单把所有物品都植入识别芯片，现在看来还不太现实。人们正走向物联网时代，但这个过程可能需要很长的时间。

（二）物联网关键技术

物联网是继互联网后又一次技术的革新，代表着未来计算机与通信的发展方向。这次革新也取决于一些重要领域的动态技术创新，如从 RFID、EPC、传感技术到认知网络和云计算等。

1. RFID、EPC 和传感技术

RFID 技术在前文已经介绍，这里不再赘述。EPC6（Electronic Product Code）是一种编码及接口标准，专用于 RFID。传统的观点认为 EPC 是 RFID 中的一种技术标准，即 EPC 的载体是 RFID 电子标签。现今提到的 EPC 系统是在互联网、射频技术与计算机互联网的基础上，利用 RFID 和无线数据通信等技术构造一个物品信息实时共享的网络。

2. 物联网的认知技术

物体本身智能化，通过下放信息处理能力给网络边缘来增强网络的功能，这样为数据处理和增加网络弹性提供了更大的可能性；赋予网络边缘事物独立处理和决定的能力；智能意味着机器能对外界的刺激信息做出反应并通过学习和规划做出决策来应对外界的变化，即能够模拟人类的一些智能活动，感知当前网络条件，然后依据这些条件做出规划和决策，并采取行动。

3. 物联网云计算技术

物联网要求每个物体都与它唯一的标示符相关联，这样就可以在数据库中检索信息。因此需要一个海量的数据库和数据平台，以把数据信息转换成实际决策和行动。若所有的数据中心都各自为政，数据中心的大量有价值的信息就会形成信息孤岛，无法被有需求的用户有效使用。云计算试图在这些信息孤岛之间通过提供灵活、安全、协同的资源共享来构造一个大规模的、地理上分布的、异构的资源池。云计算是由软件、硬件、处理器加存储器构成的复杂系统。它按需进行动态部署、配置、重配置以及取消服务，在云计算平台中的服务器可以是物理的服务器或虚拟的服务器。

四、人工智能

随着人工智能技术的普及，人类社会正在从信息化时代步入智能化时代。从虚拟语音助手到自动驾驶汽车，我们在生活中已经能切身感受到人工智能所带来的便利，人工智能作为新一轮产业变革的核心驱动力之一，对社会和经济将产生深远的影响。

（一）人工智能概述

人工智能（Artificial Intelligence，AI），是利用数字计算机或者数字计算机控制的机器模拟、延伸和扩展人的智能，感知环境、获取知识并使用知识获得最佳结果的理论、方法、技术及应用系统。人工智能这一概念在 1956 年被提出，整体上历经三次繁荣期、两次低谷期。中国人工智能起步较晚，萌芽于 20 世纪 70 年代末，随着互联网的蓬勃发展及技术的创新和应用，近年来中国人工智能逐渐落地，进入快速发展时期，已发展成为国家战略。

“人工智能是技术，但不是具体的一项或几项技术，而是认识外部世界、认识人类自身、重新定义我们自己的思维方式。”人工智能领域的研究包括机器人、语言识别、图像识别、自然语言处理和专家系统等，归根到底还是计算机科学的一个分支，是数据“喂养”出来的决策机器。

人工智能有四个要素：算法、算力、数据、应用场景。随着以上四要素的进步与丰富，人工智能应用领域不断扩大，比如机器视觉、自动规划、智能控制、语言和图像理解等。

（二）人工智能发展历程

人工智能最早可追溯到 20 世纪的四五十年代，被誉为“人工智能之父”的艾伦·图灵，在其论文《计算机机器与智能》中提出了非常著名的图灵测试，即被测试的机器是否能够表现出与人类等价或无法区分的智能。

人工智能概念正式提出是在 1956 年，在美国特茅斯学院举办的夏季学术研讨会上，约翰·麦卡锡、马文·闵斯基、克劳德·香农等学者参与讨论“让机器像人一样认知、思考和学习”，这次会议上首次使用了“人工智能”这一术语，因此，业内也一般都认为 1956 年是人工智能元年。

在过去的六十多年里，人工智能发展跌宕起伏，经历了三次大的浪潮。20 世纪 50—80 年代是人工智能的起步阶段，这期间提出了人工智能的概念，取得了一些突破性的研究成果，如机器定理证明、跳棋程序、LISP 编程语言、首个聊天机器人等，但当时的算法理论、计算机的性能等因素，无法支持人工智能应用的推广。20 世纪 80—90 年代，这个阶段促使人工智能从理论研究走向实际应用，并在医疗、气象、地址等领域取得成功。2000 年以后，人工智能的理论算法在不断沉淀，主要是以统计机器学习为代表的算法，在互联网、工业等诸多领域取得了较好的应用效果。近几年，以深度学习为代表的人工智能算法，在图像分类和识别、语音识别、自然语言处理等领域取得了巨大的进步。

（三）人工智能对人类社会产生的影响

人工智能对企业变革影响最大，在未来 15 年内，人工智能和自动化技术将取代 40%～50%的岗位，同时也带来效率的提升。例如在工业制造领域，AI 技术将深度赋能工业机器，带来生产效率和质量的极大提升；采用 AI 视觉检测替代工人来识别工件缺陷。同时，人工智能也改变了我们的生活方式，我们的居住、健康、出行、教育、娱乐等方面的生活方式将从中受益，例如智能家居、智能医疗等。另外，人工智能在粮食保障、能源利用、气象预测、环境污染、自然资源保护等领域上应用，可有效改善人类生存环境，促进人与自然和谐共生。

正因为人工智能技术产生的巨大效益，国家政策、资本等大力支持，企业积极布局人工智能战略，增加研发投入、加快商业落地，使人工智能产业出现一片大好的景象。但在繁荣的背后，人工智能也面临诸多挑战。

科技创新

人工智能发展

作为一种变革性技术，人工智能是现代工业发展的产物，具有推动产业革新、提升经济效益和促进社会发展的巨大潜力。世界各国已经认识到人工智能是未来国家之间竞争的关键赛场，纷纷部署人工智能发展战略，以期占领新一轮科技革命的历史高点。

中国与一些发达国家相比，入局 AI 领域并不算早，然而对中国来说，人工智能绝对是一个历史性的战略机遇，对于缓解人口老龄化压力、促进经济结构转型以及应对可持续发展都至关重要。财新智库和《比较》编辑室联合发布的《2020 中国人工智能指数报告》显示，中国对 AI 初创企业的总投资额从 2014 年起急剧加速，位居全球第二。而中国对 AI 初创企业的早期投资额则大幅领先于美国、英国、德国等发达国家，晚期股权投资交易的数量虽落后于美国，但仍领先于其他发达国家。

从发展潜力来看，中国的 AI 产业前途广阔。《新一代人工智能发展规划》中提到，2020 年，AI 总体技术和应用与世界先进水平同步，人工智能核心技术市场规模超出1 500 亿元，到 2025 年，人工智能理论基础将有重大突破，核心技术市场规模超过4 000亿元。

世界的竞争格局将因人工智能而改变。在巨变的环境里，只有通过创新发展以人工智能为代表的新一轮战略前沿技术，成为新竞赛规则的重要制定者、新竞赛领域的重要主导者、新竞赛范式的重要引领者，才能制胜未来。

拓展阅读

5G 已来，互联网企业的机会在哪里？

作为产业互联网的重要基础设施，第五代移动通信网络技术（5G）将助力经济社会数字化、网络化、智能化发展迈上新台阶。随着 5G 商用步伐日益临近，新的智能终端将会崛起，新的生活模式将会产生，在新一轮科技浪潮下，互联网企业该如何抓住机遇，实现新的发展动能，给人们带来无限想象空间。

资料来源：翟尤．案例 5G 已来，互联网企业的机会在哪里．(2019-02-20) [2021-08-08]. https://www.sohu.com/a/295927343_455313.

5G 已来，互联网企业的机会在哪里

第六节 移动商务小程序

在移动互联网时代，微信、微博等社交 App 应用不可或缺，这些 App 提供的小程序开发功能切合了时代需要，已经成为政府、组织机构、企业以及开发者必争的互联网应用场景。特别是微信小程序必将再一次扩展微信强大的“连接力”，帮助我们解决现有服务痛点，或者发掘、衍生出新的商业模式，帮助行业、企业以及政府机构改善服务或实现“互联网+”转型。在移动商务运营的诸多形式中，小程序是极有特色的一种。从名字就可以看出，它胜在一个“小”字，虽然占用空间不大，但是“麻雀虽小，五脏俱全”，在小的前提下又能设计必备的功能，真可谓“小而美”的典范。小程序成为移动商务演进的主要推动技术之一。

一、小程序发展历程

在 2016 年 1 月广州举行的微信公开课上，张小龙宣布将推出应用号——类似于公众号，但比公众号更便捷、更好找，是更容易使用的形态，“应用号”就是微信小程序的前身。2016 年 9 月，微信小程序公布开启“内测”，因广受关注，内测消息刚一公布即刷爆朋友圈。2017 年 1 月，微信小程序正式上线，备受好评。无数企业、政府机构、服务商、开发者开始通过微信小程序更方便地开发移动互联网的各种应用。2017 年 4 月，微信推出专属的圆形小程序码，令人耳目一新。2017 年 12 月，微信小程序开放了小游戏类目，甚至在微信启动页面重点推荐小游戏“跳一跳”，使得小程序可以连接更丰富的场景。2018 年 3 月，微信正式开放小游戏类目公测，一周后小游戏开放发布。2018 年 9 月，微信上线小程序“云开发”能力，提供云函数、数据库及存储管理能力，进一步降低小程序开发门槛，大大提升小程序开发、调试效率。2019 年 3 月，微信开放好物推荐能力（好物圈），为小程序增加新的社交流量入口。2019 年 7 月，微信正式开放“一物一码”能力，使每一个商品都成为一个小程序入口，强化了小程序移动商务应用。2019 年 8 月，桌面 PC 版微信新推 Beta 版本，全面支持桌面 PC 版微信打开小程序，而且支持多开，这无疑增加了一个非常大的流量入口。

上述的微信小程序，缩写 xcx，英文 mini program，是一种不需要下载安装即可使用的应用，它实现了应用“触手可及”的梦想，体现了“用完即走”的理念，用户不用关心是否安装太多应用的问题。微信小程序上线并推广应用，用户可以通过二维码、搜索等方式体验到开发者们开发的小程序各种应用功能。

不仅仅是微信小程序持续、快速地从横向覆盖与纵向能力扩展方向发展，各个互联网巨头、手机大厂商等均看中小程序的连接线上线下的能力，大举进入并提供小程序开发平台。截止到 2019 年 8 月，已有微信小程序、QQ 小程序、快应用、百度智能小程序、支付宝小程序、淘宝轻店铺、头条小程序、抖音小程序、360 这九个小程序应用开发平台上线。

至此，可以说移动商务小程序应用时代已来临。

二、小程序的商业价值

小程序开发者可在微信等广泛应用的移动应用内搭建和实现特定的服务、功能。通过小程序全面开放的能力，企业与服务提供者被赋予了更多的连接可能，从而可以建立自己的品牌、流量，将商业机会带给整个产业链。

通过微信等应用小程序所提供的功能与服务，海量微信用户可以享受具有持续价值和高品质的服务。目前随着腾讯、阿里、百度等互联网巨头相继投入小程序的开发中来，小程序的发展更是得到了提升。而伴随企业数字化转型的加快，越来越多的企业选择了与小程序进行结合。

尽管小程序在开发上仍有一些限制，但小程序的优势是非常明显的——可以保留在使用列表中，可以在微信中直接搜索到，可以以卡片的形式进行分享等，这些小程序的特点为用户提供了前所未有的便捷体验。

在移动商务时代日益丰富的行业服务与应用场景覆盖过程中，小程序的商业价值也在进一步得到体现。可以说，小程序的真正商业价值在产业互联网。因为产业互联网中有无数的琐碎触点，这些触点只有依靠小程序才能解决，由此提升用户的整体体验。

判断商业价值的标准维度包括五个方面：经营情况、客户价值、品牌价值、现金流状况与企业风险。移动商务小程序为企业数字化转型赋能，为推进产业互联网助力，进而重塑企业的生态系统，助力商业价值体现。具体表现为：

（1）增强用户体验。利用移动商务小程序实现新产品、新服务，重新定义客户体验。例如，家乐福超市通过小程序，实现让每位顾客人手一把“扫码枪”，实现扫码购，用户无须排队即可自行结账。美团单车无须替换车身原有的 App 二维码，可直接通过小程序扫码打开车锁。

（2）提高运营效率。移动商务小程序可大幅度地降本增效。现阶段广泛使用的微信小程序支付将过程全面线上化，避免用户排长队。广东“粤省事”政务小程序将政府服务大厅搬到小程序里，大众可通过该小程序一站式办理业务，避免了来回奔波，节省了时间与费用，大大提高了办事效率。

（3）助力企业数字化转型。移动商务小程序以客户与效率为中心，可以实现用户、产品服务、内容等数据转化与留存，帮助人们全面开展数字化业务，为智能数据化运营打下基础。比如人民日报FM小程序利用人工智能赋能小程序，将原始素材自动生成音频，提升了内容生产效率，再结合大数据进行精准推荐，成功实行数字化运营。

（4）实现在线商务流量积累与效能提升。移动商务小程序作为线下流量的抓手，可以帮助商家实现用户流量的积累、沉淀与转化变现。移动商务小程序易于传播与分享，而且实现了交易闭环，体验流畅，结合公众号等生态，可以大幅提升经营效能。

三、微信小程序开发基础

微信小程序对开发者要求比较低，掌握HTML、CSS和Javascript后，再熟悉WXML、WXSS和WXS语法规则就足以应付开发需要了。HTML、CSS和Javascript前文已经介绍。WXML（WeiXin Markup Language）是框架设计的一套标签语言，结合基础组件、事件系统，可以构建出页面的结构。WXSS（WeiXin Style Sheets）是一套样式语言，用于描述WXML的组件样式。WXS（WeiXin Script）是小程序的一套脚本语言，结合WXML，可以构建出页面的结构。

成为微信公众平台的开发者，是小程序开发的首要条件。只有成为微信公众平台开发者，才可以使用公众平台的各种开发接口。

（一）成为微信公众号平台开发者

一般来讲，开发者的微信号就是小程序的开发者ID。要注意的是：微信号可以独立存在，而开发者ID不能独立存在，它必然要绑定于某个公众平台服务项目，如公众号或小程序。因此，若要成为开发者，还需要有公众平台服务（订阅号、服务号、企业号、小程序）账号或归属于某个公众平台服务的开发者。如果还没有公众平台小程序服务账号，需要先注册，注册入口为：https：//mp. weixin. qq. com/，点击首页右上角“立即注册”进行注册。经过以下步骤完成小程序服务账号注册：

（1）填写账号信息。

（2）邮箱激活。

（3）信息登记。

注意：目前小程序项目不仅开放给企业、政府机构、媒体及其他组织，也已支持个人开发者注册，但对个人开发者所支持的开发类目与API能力相对较少或受限，如暂不支持电子商务与网上超市等类目，暂不支持个人认证、支付与卡券等API。

完成注册后，可以登录公众平台（网址为https：//mp. weixin. qq. com/）并完善微信小程序信息（如小程序名称、头像、小程序介绍、服务范围等）。

然后就可以绑定开发者了。登录后进入“用户身份”页面，选择“开发者”进行绑定。

已认证的小程序最多可以绑定 20 名开发者，未认证的小程序最多可以绑定 10 名开发者。

虽然个人不能注册小程序账号，但这并不意味着个人不能进行小程序开发，这时可以通过已有的订阅号（或新注册的订阅号）开发小程序。步骤如下：

（1）使用订阅号账号，登录公众平台（用电脑在 https：//mp. weixin. qq. com/中登录），在左边菜单中，选择“开发”→“基本配置”，点击“开通”，成为开发者。

（2）在左边菜单中，选择“开发”→“开发者工具”，点选“Web 开发者工具”的“进入”，点选“绑定开发者微信号”。成功后可以看到个人头像。之后，开发者微信号可在 Web 开发者工具中进行公众号或小程序的开发与调试。绑定后，开发者手机的微信里会收到一条消息，需要接受邀请，才能成为真正的开发者。

（二）获取小程序 App ID

成功注册小程序账号后，会有唯一的 App ID。登录 https：//mp. weixin. qq. com，在页面左边的菜单中，点选“设置”→“开发设置”，可查看到微信小程序的 App ID。注意，这里不可使用公众号（服务号或订阅号）的 App ID。没有 App ID 也可以进行小程序开发练习，只是部分功能受限，且不能上传发布。要在手机上体验此 App ID 的小程序，默认只有公众平台小程序账号的管理员微信号可以；其他微信号还需要进行“绑定开发者”的操作，即在“用户身份”-“开发者”模块中，绑定需要体验该小程序的微信号。

（三）安装开发者工具包

作为开发者，需要有开发环境。这里需要下载安装开发者工具包。微信团队提供的开发者工具包有 Windows 32 位、Windows 64 位及 Mac 三种版本。官方下载地址为：https：//mp. weixin. qq. com/debug/wxadoc/dev/devtools/download. html。成功下载适当的版本后，在开发者的电脑上进行安装。下面以 Windows 64 位安装包为例，描述安装过程。双击下载的安装包，将出现安装向导。点击“下一步”，完成开发者工具包的安装。运行“微信 Web 开发者工具”，将会要求开发者使用手机微信扫码登录。

（四）创建一个小程序

在安装开发者工具的电脑上运行“微信 Web 开发者工具”，通过开发者的微信扫码进入后点击“添加项目”，填入前面我们获得的 App ID（无 App ID 可以忽略），并输入项目名称“Hello World”，选定本地文件夹作为“项目目录”。勾选“在当前目录中创建 quick start 项目”后，点击“添加项目”按钮，即已成功创建了我们的第一个微信小程序项目——Hello World。

Hello World 项目创建成功后，即进入并看到完整的开发者工具界面。我们创建的 Hello World 这个小程序只包含两个相互关联的页面：首页（index）与信息页（logs）。点击首页的头像就切换到信息页，在信息页点击“返回”可以再返回到首页。小程序的开发实际上就是实现这些页面的展示（视图），以及实现“页面上用户交互事件”“页面间切换逻辑”“数据存储及网络调用”等事务与逻辑处理的过程。

四、移动商务小程序商务能力范畴

从运营的角度看，移动商务小程序的能力范畴包含四个层面，即基础能力、扩展能力、场景和连接能力、变现能力。

（一）基础能力

移动商务小程序的基础能力是指用于实现业务需求功能的能力。对于业务需求功能可否实现，这部分能力非常关键，基础能力包括：网络、存储与数据、文件系统、视频、音视、直播、地图、画布、内容安全、硬件（蓝牙、NFC、Wi-Fi 等）、相机、账号、通信录、客服等。为使用这些基础能力来实现业务需求，微信团队提供了丰富的组件与 API 接口。在开发能带来原生体验的小程序时，基础能力是至关重要的。相对而言，这部分能力是开发者或服务商最关注的，但小程序运营团队也应了解小程序具备哪些基础能力。

（二）扩展能力

扩展能力是小程序提供者为降低开发门槛、加快小程序开发速度及协同发展第三方生态而推出的能力，包括但不限于云开发（如云函数、云数据库、云存储及云调用等）、第三方插件（如 OCR 支持、微信等社交应用同声传译等）、工具及性能优化等。例如，云开发为开发者提供完整的原生云端支持和微信服务支持，弱化后端和运维概念，无须搭建服务器，使用平台提供的 API 进行核心业务开发，即可实现快速上线和迭代。

移动商务小程序提供者提供了插件能力拓展，一般包括线上线下的插件服务，涵盖组件展示、支付、线下服务等。这使得移动商务小程序开发者可直接使用具备资质的插件服务，无须独立开发所有功能，质量也更有保证。同时对于某些需要资质的服务，使用有资质的插件则无须再单独申请资质，如视频服务。

比如，在微信开放社区的服务平台上，已经有第三方服务商提供大量的小程序插件服务，由此大大扩展了微信小程序的能力，且加快了微信小程序的开发过程。对于工具及性能优化，则帮助开发者或服务商不断完善小程序的开发效率、性能问题及体验优化。比如微信小程序助手就是一个非常好用的官方小程序管理工具，可以实现版本体验、项目成员管理、获取小程序码、查看小程序关键数据、性能分析等。微信小程序包大小已经放开至 12MB，以支持更复杂的功能。为减少小程序加载等待时间，可实现小程序分包加载，以优化加载性能。

同样，这部分扩展能力也是开发者或服务商需要密切留意的，移动商务小程序运营团队可以结合自身的业务需求，了解这部分扩展能力，进而判断是否可以将其应用到所需的业务场景中。

（三）场景和连接能力

移动商务小程序场景和连接能力指的是小程序适用于哪些场景，在哪里可以找到、连接小程序等。最常见的找到或连接到小程序的场景包括群、公众号、小程序码、App、附近的小程序、搜索、任务栏、历史列表等。小程序场景和连接的能力是运营团队最需要关注的，因为这涉及小程序的入口、流量（拉新、留存、促活及转化）。例如，可以通过以下场景来连接小程序进行用户拉新：

（1）微信公众号可以关联不同主体的小程序。

（2）微信公众号正文中可以添加小程序卡片。

（3）微信公众号可任意关联小程序，无须小程序管理确认。

（4）查看附近的微信小程序。

（5）使用社交立减金。

（6）微信小程序支持跳转 App。

（7）App 可直接打开微信小程序。

（8）搜索直达（微信小程序）。

移动商务小程序场景和连接的能力是运用运营招式的基础，由于小程序提供者是持续动态释放小程序能力的，因此其商务运营团队务必对场景和连接能力保持密切的关注，并及时应用。

（四）变现能力

变现能力就是移动商务小程序提供的创收能力。目前移动商务小程序变现能力主要是广告组件。对于微信小程序来说，只要小程序的 UV（Unique Visitor，独立访客数）达到 1 000 次/天，即可申请使用。对于服务商而言，开放平台社区上的服务平台也提供了展示机会，这也是变现途径之一。如果算上小游戏，那么安卓平台还有道具内购的变现能力。

除去平台本身，好的移动商务小程序当然有很多变现的方法，比如定制化推广。例如无码科技的“抽奖助手”，这款工具类小程序访问人次超过 6 亿，通过定制化推广合作、广告、增值服务和电商四种变现模式，运营者的月收入能达到百万级。

一般移动商务小程序提供者也包括“数据分析”功能。通过数据分析，其运营团队可获取到移动商务小程序的各项数据指标（访问页面、访问趋势、访问分布、访问留存、用户画像等），依据数据指标变化来优化调整小程序运营，也可以用于做转化变现的决策。

五、移动商务小程序运营

微信及 WeChat 的合并活动账户数在 2020 年就达到 12 亿。微信小程序的生态系统越来越有生命力，吸引了更多的开发者及服务提供商参与。其中长尾小程序数目同比增长超过 1 倍，小程序的品类亦趋多元化。例如，内容类小程序令用户在微信制作、上传及分享有趣的视频、音乐及信息时更为方便。微信小程序商务应用保持快速增长。微信几乎连接了全部移动网民，小程序也就天然地可连接覆盖全部网民。其他移动商务小程序提供者也不断地释放、扩充及升级小程序的能力，让小程序不仅可以连接物理形态的产品，也可以连接线上与线下服务，更可以与 App、公众号等联动，形成完备的网络生态，使之可以有极为丰富的使用场景，真正做到“触手可及”。

移动商务小程序有着长期分享的形态，可以通过社交裂变传播，覆盖所有移动网民，这也使得小程序在金融理财（支付）、旅游出行、移动购物、生活服务、实用工具、政务民生、游戏娱乐（小游戏）等各个场景中有着极大的运营价值。

以移动购物为例，对零售渠道而言，小程序是助力零售渠道运营能力升级的一个重要工具。作为直接触达用户的工具，小程序可以为企业解决流量获取、会员转化、流量增值、数据沉淀、体验改善等问题。而且进一步，零售渠道还可以利用小程序，让供应链上的各个企业优化升级运营流程；供应链上的各个企业可以利用小程序触达、转化更多用户，最终这些用户也会通过小程序的能力不停地被唤醒，达到多次复购和良性循环。

（一）移动商务小程序运营指标

移动商务小程序的基础运营指标主要有留存率、PV、DAU/MAU。

1. 留存率

根据微信小程序数据助手上的定义，留存率的算法是：指定时间内新增（指首次到访）用户，在之后的第 N 天（周、月）再次访问小程序的用户数占比。

假设某小程序第一天有 10 个新用户登录，其中 5 个在第二天都登录过，那么，次日留存率就是 50%，到了第七天，第一天的 10 个人中有 3 个用户登录了，那么七日留存率就是 30%。通俗地讲，留存率类似于用户回头率。回顾 App 时代的数据分析，留存率相当重要，没有留存率就没有任何商业价值。现今 App 流量成本已经成倍增长，与其去拉新，还不如留住老用户，提高留存率，这是一个更加高效、经济的运营导向。留存率的高低是决定竞争优势的关键。留存率高，用户活跃度也很高，而更多的活跃用户可以带来更高的竞争力和公司估值。

2. PV

PV（Page View，页面浏览次数）用于衡量用户访问服务的页面数量。这个指标历史悠久，自有互联网建站以来，就是很重要的指标。不过，进入移动互联网时代，这个指标有些弱化，容易被运营团队忽视。在移动商务小程序中，PV 这个指标仍然很重要，它可以给运营团队指出用户喜爱的页面（内容或服务）以及用户使用小程序的路径。另外，对于移动购物而言，这个指标往往与购买转化存在隐含的某种对应关系。

3. DAU/MAU

不过现在移动商务小程序各项数据中，留存率不再是指标之王，越来越多的数据开始被关注，其中 DAU（Daily Active User，日活跃用户）最为特别。

在微信小程序的数据统计算法中，无论是新用户还是老用户，只要点击进入小程序，就算一个活跃用户。DAU 与传统流量统计工具中的 UV 概念基本一致。无论是 DAU 还是 MAU（Monthly Active User，月活跃用户），都是依据用户点击做出的统计。这两个指标一般用来衡量服务的用户黏性以及服务的衰退周期。DAU/MAU 分别从微观和宏观的角度对服务的用户黏性做了权衡，也可以这么说，DAU 更像战术层面的表征，而 MAU 更像战略层面的表征。

不过应该注意留存率和 DAU/MAU 的关系。在移动商务小程序运营中，留存率和 DAU/MAU 显示出“双王竞争”的态势，这源于留存率和 DAU/MAU 的“亲密”关系。自移动互联网时代，留存率和 DAU/MAU 就经常被绑定在一起出现。无论是 App 还是小程序，都绕不开“拉新—转化—复购”的终极命题，而留存率和DAU/MAU通过不同纬度的数据解读了这个终极命题——DAU/MAU主要反映的是拉新和转化两方面的情况：拉新越多，DAU/MAU越高；日活越高，转化相对就高。留存率反映了转化和复购两方面情况：留存率高，老用户多，转化概率更大；没有留存，复购很难实现。可见，两者相辅相成，谁也不能少了谁。移动商务小程序领域的情况也一样，留存率和DAU/MAU谁更重要，取决于两大因素：商业模式和产品阶段。

总之，小程序生态日趋成熟，有众多入口触达用户，用户的小程序使用习惯也培养形成。就运营指标而言，要依据不同的场景类别、产品的商业模式与产品发展阶段，有所兼顾与侧重。

（二）移动商务小程序运营手段

移动商务小程序运营手段是指为了达到运营目标而采取的运营的策略、方式与方法。

（1）移动商务小程序运营要围绕运营目标展开。移动商务小程序运营目标的设定需要聚焦场景，也就是聚焦小程序具体是为哪些人提供哪些连接或服务。

（2）移动商务小程序运营手段本身，即采用什么样的工具、方式或方法，从哪里引入流量。移动商务小程序运营手段不是唯一的，而是多种多样的，需要组合来进行一体化联动运营。例如小程序零售一体化联动的运营，可以是通过短信、App、微博、公众号、小程序等触达用户，通过线上优惠分发、传播、扫码等或线下通过门店扫码购等进行下单购买，促成营销转化与会员发展。

（3）移动商务小程序运营需要评估、衡量与反馈。对于移动商务来说，小程序除了是人与人、人与服务、人与商品的连接载体之外，还是企业数字化的重要工具。要注意收集小程序运营的数据，以数据来评估运营效果，以数据来驱动优化产品体验，以数据来决策，提升服务能力。

实训项目二 二维码制作及营销技术应用

一、实训目标

（1）了解不同的二维码及其应用场景。

（2）掌握移动商务应用中不同种类的二维码制作方法。

（3）掌握二维码编辑及个性化方法。

（4）能够使用二维码进行移动营销。

二、实训环境

（1）连接互联网的个人计算机，安装Windows7或Windows10操作系统。

（2）4G/5G Android 或 iOS 智能手机，开通 4G/5G 网络或在 Wi-Fi 环境下。

三、实训背景知识

自从二维码出现以后，无论走到哪里，也无论是线上还是线下，总能看到大量的二维码，有商家的，也有个人的。二维码的火爆预示着移动营销时代到来了，于是出现了很多免费的二维码制作软件，图 2－20 所示的是二维码大师软件界面。本实训旨在从移动商务营销的角度出发，为读者深度解密二维码，并详细介绍二维码的具体实操方法，从中挖掘出二维码的真正潜能。

图 2－20　二维码大师软件界面

实训任务如下：

（1）制作文本功能二维码。

（2）制作名片功能二维码。

（3）制作网址二维码。

（4）制作短信功能二维码。

（5）制作 Wi-Fi 功能二维码。

（6）制作电话功能二维码。

（7）制作邮箱功能二维码。

（8）制作地图功能二维码。

（9）制作带 Logo 的二维码。

四、实训指导

（一）制作文本功能二维码

（1）输入网址“http：//www. liantu. com”进入联图网页面，在左侧导航栏单击图标，输入想要展示的内容，这里输入“O2O 电子商务异军突起”，输入文字后，右侧会产生相应文本二维码，如图 2－21 所示。当然，还可以在二维码下面设置不同风格的个性化文本二维码。

（2）用手机微信的“扫一扫”功能扫描该二维码，产生的扫描结果为“O2O 电子商

图 2-21　文本二维码制作

务异军突起”，如图 2-22 所示。

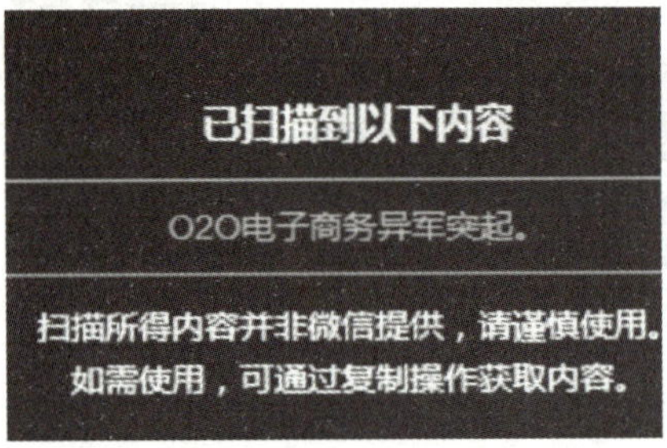

图 2-22　手机扫描生成的文本二维码后还原的文本信息

（3）如果单击图 2-21 右下方的“保存图片”按钮，可以将该二维码保存为图片形式，用于文本、海报和图片广告等营销设计中。

（二）制作名片功能二维码

（1）在联图网中，在左侧导航栏单击图标，按照要求输入个人信息，右边将会产生相应的名片二维码，如图 2-23 所示。

（2）用手机微信的“扫一扫”功能扫描该二维码，手机上产生的结果如图 2-24 所示。

图 2-23　名片二维码制作

图 2-24　手机扫描生成的名片二维码后还原的个人名片信息

（3）在手机上单击“保存”按钮后，将其信息保存在联系人列表中。

（三）制作网址二维码

（1）在联图网中，在左侧导航栏单击图标，按照要求输一个网址（网址、页面或产品链接），这里输入的是京东商城的链接地址，如图 2－25 所示。

图 2－25　网址二维码制作

（2）单击“保存图片”按钮，将其保存为一个图形文件，打开该二维码图片，使用微信“扫一扫”功能扫描该二维码，将在手机浏览器中打开京东商城购物网站，如图2－26所示。

图 2－26　手机扫描生成的网址二维码后进入京东商城网购平台

（四）制作短信功能二维码

（1）在联图网中，在左侧导航栏中单击图标，按照要求输入短信内容和手机号码后，将自动产生相应的二维码，如图 2-27 所示。

图 2-27 短信二维码制作

（2）使用 360 安全卫士中的“安全扫码”功能扫描该二维码，将直接进入手机短信发送界面，可以快速编辑并发送短信，如图 2-28 所示。

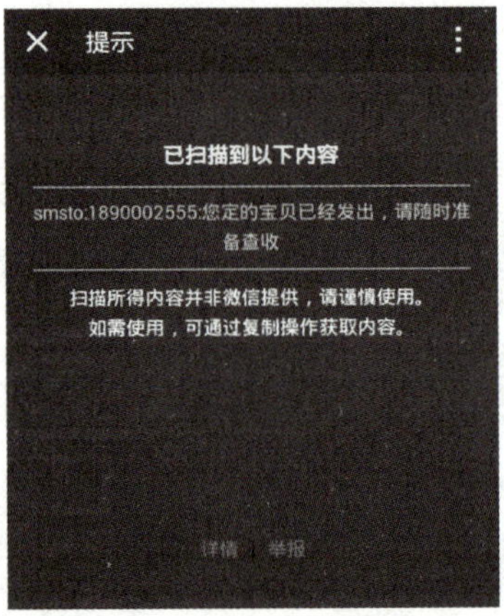

图 2-28 扫描生成的短信二维码出现的界面

（五）制作 Wi-Fi 功能二维码

（1）在联图网中，在左侧导航栏中单击图标，输入网络账号、密码，并在下拉列表框中选择加密类型，即可生成相应的二维码，如图 2-29 所示。

（2）使用 360 安全卫士中的“安全扫码”功能扫描该二维码，将尝试 Wi-Fi 连接，如图 2-30 所示。

（六）制作电话功能二维码

（1）在联图网中，在左侧导航栏中单击图标，输入手机号码即可以生成相应的二维码，如图 2-31 所示。

（2）用微信扫描制成的二维码，就可以显示相应的电话。

图 2－29　Wi-Fi 二维码制作

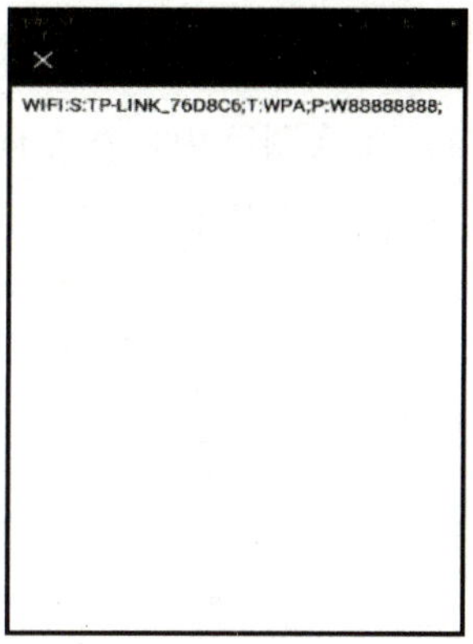

图 2－30　扫描生成的 Wi-Fi 二维码产生无线 Wi-Fi 账号信息

图 2－31　电话二维码制作

（七）制作邮箱功能二维码

（1）在联图网中，在左侧导航栏中单击图标，输入需要发送邮件的电子邮件账号后，将产生相应的二维码，如图 2－32 所示。

图 2－32　邮箱二维码制作

（2）使用微信扫描制成的二维码，将显示电子邮箱地址。

（八）制作地图功能二维码

（1）在联图网中，在左侧导航栏中单击图标📍，改变地图中的比例大小并选择某一地点进行标注，右边将产生相应的二维码，如图 2－33 所示。

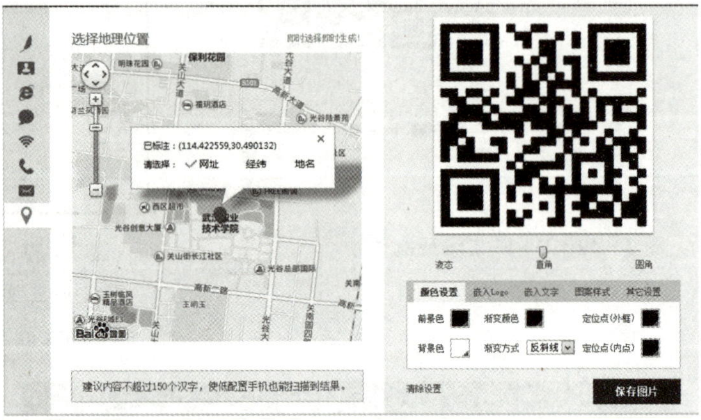

图 2－33　地图二维码制作

（2）使用手机扫描该二维码，将在手机浏览器中打开百度地图到所设定的位置，如图 2－34 所示。

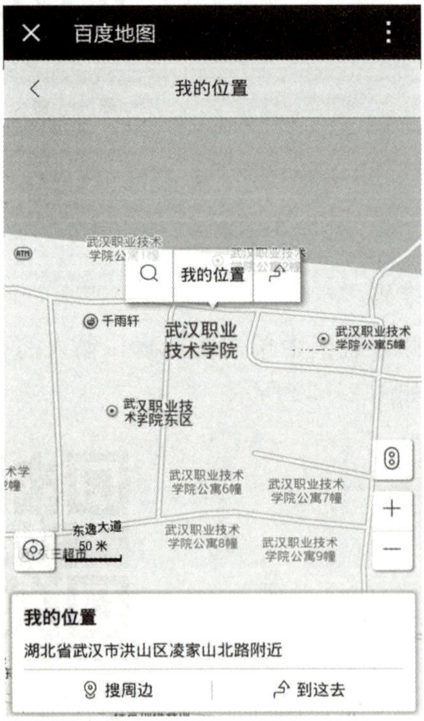

图 2－34　手机扫描生成的地图二维码直接导航到设定位置

（九）制作带 Logo 的二维码

准备好需要嵌入二维码的 Logo 图片，注意 Logo 图片应该是高纠错等级的图片，嵌入的 Logo 不能超过二维码图案区域的 30%。

（1）在联图网中制作一个地图二维码，在二维码下方单击“嵌入 Logo”选项卡，然后浏览并选择 Logo 图片文件，保存后即可生成带 Logo 的二维码，如图 2－35 所示。

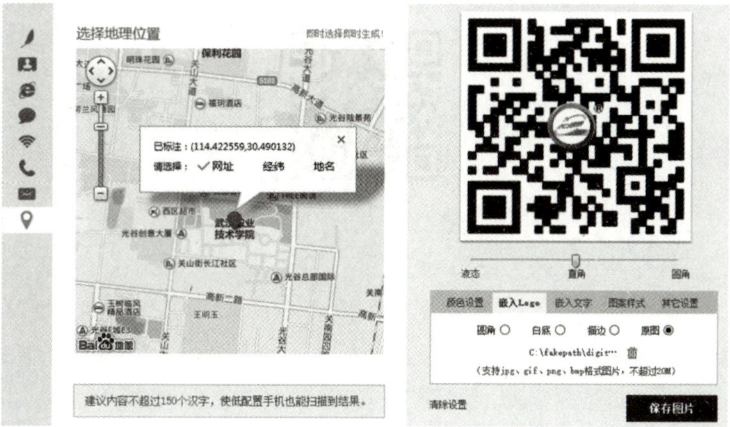

图 2－35　带 Logo 的二维码制作

（2）使用手机扫描该二维码，将在手机浏览器中打开百度地图到所设定的位置，如图 2－36 所示。

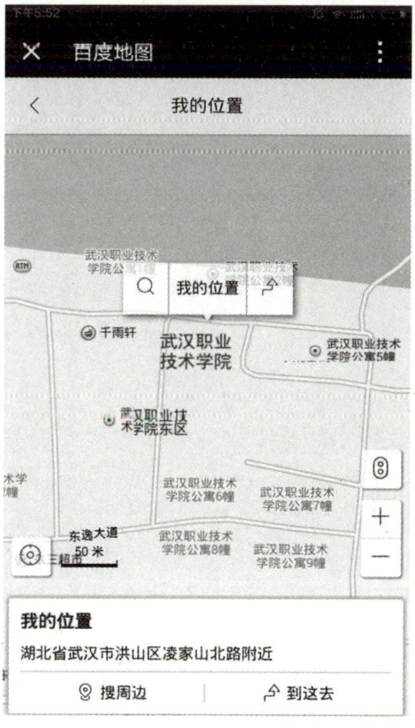

图 2－36　手机扫描生成的带 Logo 的二维码直接导航到设定位置

思考与练习

1. 移动电商常用的基础技术有哪些？
2. LBS 对于移动营销有什么意义？
3. 物联网与移动电商的关系是什么？
4. 如何使用二维码从线下向线上引导流量？

在线练习

第三章 移动支付

知识目标

了解移动支付的含义和流程；

熟悉移动支付的类型和常见的支付方式。

技能目标

能完成移动支付产品的申请、充值、查询、消费、转账等业务操作。

素养目标

具备家国情怀，自觉养成爱国意识；

培养正确的移动支付习惯，具备诚信和安全意识，保护移动支付用户的合法权益；

养成在移动商务环境下抵制不良的消费内容，守法尚理、理性节俭的正确消费观。

案例导入与预演

一、案例导入——支付宝

支付宝（中国）网络技术有限公司是国内领先的第三方支付平台，致力于提供“简单、安全、快速”的支付解决方案。2003 年 10 月 18 日，淘宝网首次推出支付宝服务。2004 年 12 月 8 日，浙江支付宝网络科技有限公司成立。支付宝旗下有“支付宝”与“支付宝钱包”两个独立品牌。

自 2014 年以来，支付宝成为全球最大的移动支付厂商，主要提供支付及理财服务，包括网购担保交易、网络支付、转账、信用卡还款、手机充值、水电煤缴费、个人理财等多个领域。在进入移动支付领域后，支付宝又为零售百货、电影院线、连锁商超和出租车等多个行业提供服务，还推出了余额宝等理财服务。此外，支付宝与国内外 180 多家银行以及 VISA、MasterCard 等机构建立了战略合作关系，成为金融机构在电子支付领域最为信任的合作伙伴。

随着移动支付越来越普及，在“春节”这个全民欢庆的传统节日，支付宝等第三方移动支付平台纷纷推出年终活动，为春节造势，为平台提升用户黏性。集五福（见图 3-1）、发红包，已经成为春节一道独特的风景线。自 2016 年支付宝首次推出“集五福”开始，这项活动就成为不少人每年春节必须参与的“保留节目”。虽然到如今不过短短 6 年的历史，但“集五福”的国民受欢迎程度确实不容小觑：从 2017 年开始，光是集齐五福的用户规模就已经突破亿级大关，2019 年和 2020 年分别有 3.27 亿和 3.18 亿的消费者集齐五福。支付宝数字生活平台发布新春数据报告显示，2021 年参与红包拜年的用户上涨近 270%，“红包”相关搜索量大涨 538%，60 岁以上老年人发红包增长 210%，收红包增长近 430%，江浙沪、广东地区几乎包揽了最爱发红包的前十名，北京是唯一入榜的北方城市；2.6 亿人在线上写福送福，看电影、本地游、云逛街等消费实现翻倍增长。

图 3-1 支付宝集五福

二、本章预演：注册使用手机支付宝

预演任务：

（1）注册支付宝账号；

（2）绑定银行卡；

（3）下载安装手机支付宝 App；

（4）手机支付宝应用。

预演步骤：

（一）注册支付宝账号

（1）进入支付宝网站（www.alipay.com），点击“立即注册”按钮，如图 3-2 所示。

图 3-2　支付宝官方网站首页

（2）输入注册信息，应按照页面中的要求如实填写，否则会导致支付宝账户无法正常使用。注意：支付宝账户分为个人、企业两种类型，应根据自己的需要慎重选择账户类型。企业类型的支付宝账户一定要有公司银行账户与之匹配。

（3）正确填写了注册信息后，点击“确认注册”，支付宝会自动发送一封待激活邮件到注册时填写的邮箱中。

（4）登录邮箱，点击邮件中的激活链接，激活注册的支付宝账户。

（5）激活成功，支付宝注册成功，即可体验网上安全交易的乐趣。

另外，支付宝账号也可以登录淘宝网站（www.taobao.com）注册，方法与上面类似。

（二）绑定银行卡

支付宝账号一般需要绑定银行卡才能正常使用，其目的是向支付宝账号充值或者将支付宝的资金转入银行卡。其步骤如下：

（1）支付宝实名认证。注册支付宝账号后，进入“我的支付宝”，点击“实名认证”选项，如图 3-3 所示。然后点击“立即申请”按钮，如图 3-4 所示。

图 3-3　“我的支付宝”页面

图 3-4　支付宝实名认证申请

（2）在信息页面中填写个人相关信息、上传身份证图片及银行卡信息，如图 3-5 所示，然后点击“下一步”按钮。

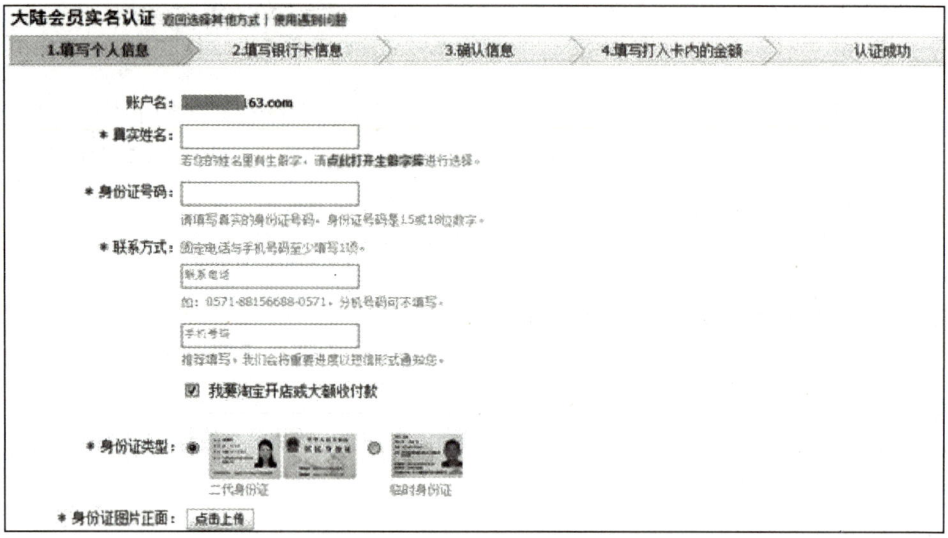

图 3-5　支付宝实名认证个人信息填写及身份证图片上传页面

（3）在“确认信息”页面点击“确认信息并提交”，1～2 天后支付宝会给银行账户打入一笔 1 元以下的确认金额，如图 3-6 所示。

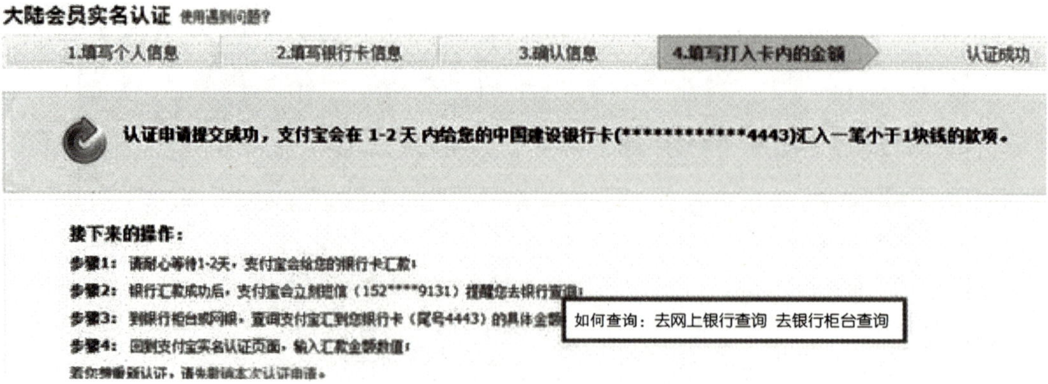

图 3-6　支付宝认证中试验汇款提示

(4) 收到打款金额，登录支付宝账户，点击“实名认证”，在“填写打入卡内的余额”页面点击“输入查询到的金额”，如图 3-7、图 3-8 所示。

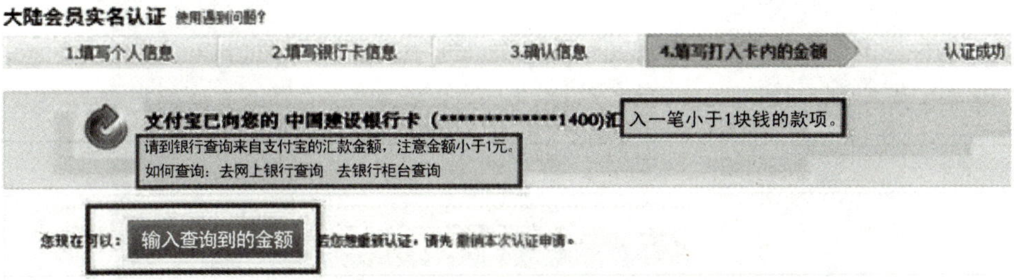

图 3-7 点击“输入查询到的金额”按钮

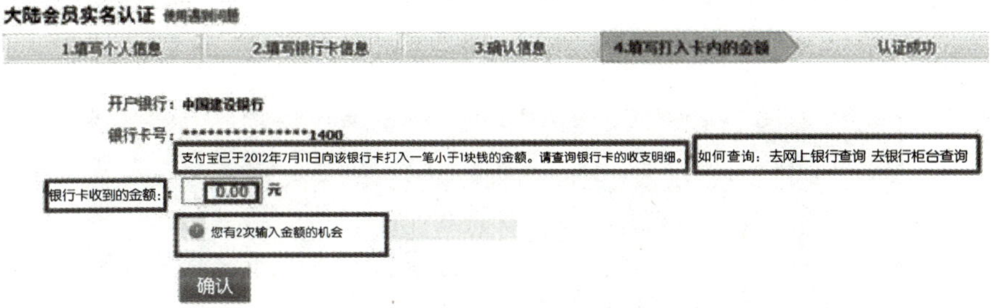

图 3-8 输入所收到的汇款金额验证

注意以下两点：若收到 1 元以下的银行入账通知，但是支付宝账户中没有看到确认金额汇入，是因为时间还没有到，普通银行卡需要 1～2 天（邮政储蓄银行需要 1～2 个工作日），请耐心等待；只有两次输入的机会。

(5) 输入的金额正确后，支付宝会即时审核用户填写的身份信息；如审核通过，即认证申请成功。

说明：(1) 付款、充值。同一个账户最多可以签约 18 张卡；一个支付宝账户只能签约一张浦发信用卡快捷支付和一张浦发储蓄卡快捷支付的银行卡。(2) 绑定提现银行卡：一个账户最多可以绑定 20 张提现银行卡。

(三) 下载安装手机支付宝 App

(1) 进入手机支付宝站点（https://mobile.alipay.com），点击“立即下载”按钮后，使用手机“扫一扫”功能扫描图中的二维码下载手机 App，并进行安装，如图 3-9 所示。

(2) 在手机上安装好支付宝 App 后，手机桌面会显示手机支付宝应用，打开应用就可以使用支付宝相关功能，如图 3-10 所示。

(四) 手机支付宝应用

熟悉使用手机支付宝功能，如充值、提现、付款、转账、手机充值、滴滴出行、扫一扫、咻一咻等。

图 3-9　扫码下载安装手机支付宝 App 页面

图 3-10　支付宝手机 App 图标及应用界面

第一节　移动支付概述

移动商务的主要优点之一就是能够实现随时随地的商务处理，方便、快捷是其特点，这就要求移动商务的支付方式也应该同样表现出方便、快捷的特点。可以想象，当我们坐在公交车上，利用手机和平板电脑等上网订购火车票，或在线欣赏一部影片，或聆听一首 MP3 歌曲时，却因现场无法支付而带来诸多不便，将是怎样的心情呢？支付处理的不便或效率不高带来的必然结果，是客户对所谓的移动商务兴趣大减。可见，移动支付处理得好不好将直接影响移动商务的拓展。移动电子支付是移动商务的重要环节，也是移动商务得以顺利发展的基础条件。

一、移动支付的含义

没有适宜的电子支付手段的配合，移动商务就成了真正意义上的“虚拟商务”，只能是电子合同，而不能成交。移动支付可以定义为借助移动终端设备（如手机、平板电脑、PDA 和移动 POS 机等），对所消费的商品或服务进行账务支付的一种服务方式。移动支付是移动金融服务的一种，必须安全可靠，其属于电子支付与网络支付的更新方式，主要支持移动商务的开展。移动设备可用于多种付款情况，如图 3－11 所示，可以购买数字产品（铃声、新闻、音乐、游戏等）和实物产品、公共交通（公共汽车、地铁、出租车等）、生活缴费（水、电、煤气、有线电视等）、现场消费（便利店、超市等）。移动支付可以在移动设备、自动售货机、票务机、POS 机等多种移动与固定终端上实现。例如，中国招商银行的手机银行服务（Mobile Banking Service）就包括移动支付的业务，可查询和缴纳手机话费以及水、电、煤气等各类日常费用，也可直接用手机完成商户消费的支付结算，是当今继信用卡之后最新的支付手段之一。

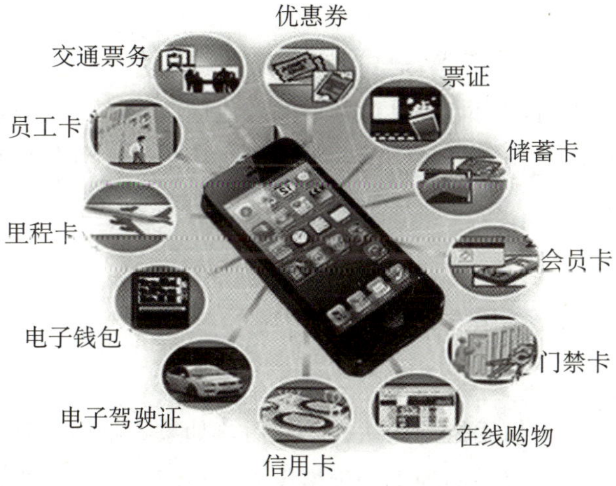

图 3－11　移动支付的场景

二、移动支付流程

移动支付与普通支付的不同之处在于交易资格审查的过程有所不同，移动支付需要移动网络运营商及所使用的浏览协议（如 WAP 和 HTML、信息系统 SMS 或 USSD 等）支持。在流程上，移动支付与一般的支付行为没有太大的区别，都要涉及四个环节：消费者、出售者、发行方和收款方。其中，发行方和收款方都应是金融机构，如图 3－12 所示。

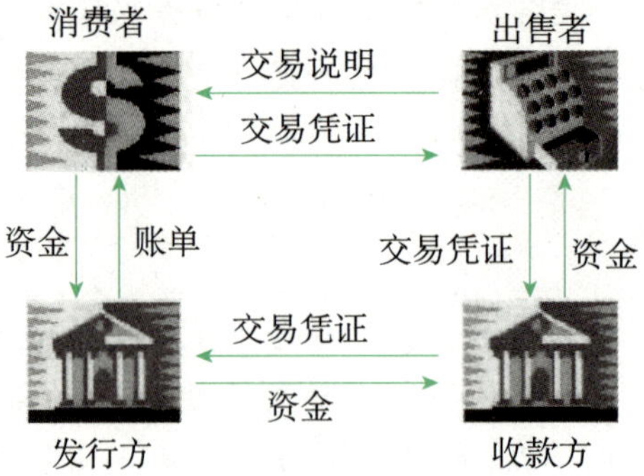

图 3-12　移动支付流程

（一）购买请求

消费者可以对准备购买的商品进行查询，在确定了准备购买的商品后，通过移动通信设备发送购买请求给商业机构。

（二）收费请求

出售者（商业机构）在接收到消费者的购买请求后，发送收费请求给支付平台。支付平台利用消费者账号和这次交易的序列号生成一个具有唯一性的序列号，代表这次交易过程。

（三）认证请求

支付平台必须对消费者和内容提供商账号的合法性及正确性进行确认。支付平台把消费者账号和内容提供商账号信息发送给第三方信用机构，第三方信用机构再对账号信息进行认证。

（四）认证

第三方信用机构把认证结果发送给支付平台。

（五）授权请求

支付平台在收到第三方信用机构的认证信息后，如果账号通过认证，则支付平台把交易的详细信息，包括商品或服务的种类和价格等发送给消费者，请求消费者对支付行为进行授权。如果账号未能通过认证，则支付平台把认证结果发送给消费者和商业机构，并取消本次交易。

（六）授权

消费者核对完交易细节后，发送授权信息给支付平台。

（七）收费完成

支付平台得到了消费者的支付授权后，开始在消费者账户和内容提供商账户之间进行转账，并且记录转账细节。转账完成后，传送收费完成信息给商业机构，通知其交付消费者商品。

（八）支付完成

支付平台传送支付完成信息给消费者，作为支付凭证。

（九）交付商品

商业机构在得到了收费成功的信息后，把商品交给消费者。

以上所讨论的流程是一种成功支付的方式，即消费者、商家、金融机构能在支付网关的支持下进行移动支付。如果在其中某一步发生错误，则整个流程就会停滞，并且系统会立刻向用户发出消息。

三、中国的移动支付现状及趋势

随着智能手机的普及和移动网络在国内的高速发展，在日常生活中使用移动支付的用户日益增多，移动支付已融入我们生活的方方面面。

（一）中国移动支付现状

当前我国境内移动支付市场的覆盖率高于发达国家，一二线城市市场已进入成熟期，消费者已普遍形成了使用移动支付取代现金交易和银行转账的消费习惯。未来农村地区将成为移动支付平台的提供者激烈竞争的目标市场。移动支付以扫码支付作为主要方式，主要应用于生活类消费场景中，呈现出小额高频的特点。在整个市场中，支付宝和微信形成双寡头垄断格局，银联云闪付则具有后发优势。未来，移动支付将进一步显示出市场下沉趋势，重点建设县域乡村市场，刷脸支付将更大规模落地，应用场景将向更多领域扩展，线上线下的资源需进一步有效整合，打造更为融合高效的产业生态环境。

（二）中国移动支付行业发展趋势

1. 移动支付相关政策频繁出台，行业发展更趋规范化

支付属于货币流通环节，对国家金融稳定和安全有着重要影响，但目前移动支付行业以市场为主导，第三方支付企业占据行业主导。目前政府出台条码互联、试点数字货币 DECP 等措施，目的是以官方资质加强市场监管和市场规范化。而数字货币的推出可能会对移动支付市场带来冲击，但目前第三方移动支付平台在市场普及和应用方面仍有较大优势，双方互为补充，推动中国移动支付市场规模稳定扩大。

2. 支付宝微信支付占据市场主导，创新型平台细分领域各显优势

现阶段中国第三方移动支付市场以支付宝和微信支付占据市场主导，两大平台凭借各自流量优势和场景覆盖完善度成为用户的主要选择。艾媒咨询分析师认为，虽然市场头部企业有较大领先优势，但两大平台优势主要体现在全面性上，细分支付领域和场景仍然具有发展机会。以苏宁支付、云闪付为代表的创新移动支付平台未来将更多挖掘细分领域机会，如联合 B 端企业、专注生活服务等，在各自优势领域发挥优势。

3. 移动支付场景覆盖日渐完善，市场下沉是必然趋势

在第三方平台的推动下，移动支付对日常生活场景的覆盖已趋于完善，其轻便、高效的特点和高普及率为普惠金融注入活力。但随着行业竞争激烈、领先支付平台的优势难以

撼动以及人口红利的消失，行业的增量相对有限。因此，未来市场下沉是移动支付行业的必然趋势。

4. 5G+物联网时代将至，移动支付迎升级发展

目前5G商业化应用已逐渐提上日程，移动支付发展的技术环境正在发生变化，5G+物联网的时代即将来临。技术更替的背景下，移动支付将迎来升级发展，包括支付场景、交互模式、支付效率、商业化探索将实现全面升级。

移动支付行业未来商业化路径将更趋多元化。首先，通过支付积累的海量用户，将成为继社交平台后另一重要廉价流量入口，为综合型互联网平台利用；其次，移动支付应用场景更广泛的情况下，对于消费行为的大数据挖掘价值更加珍贵；最后，平台能够以支付为触点，发展信贷等金融服务。

职业伦理

斩断伸向移动支付用户的黑手

现在，越来越多的手机App推出付费会员服务。有的人只是为了体验一下会员服务，结果在下一个会员周期“自动”被续了费。有的App在开通会员时，在不起眼的地方默认勾选了“自动续费”，当用户发现这一问题后，想要退订自动续费时，发现退订比开通的流程更复杂。还有一些App的免密支付安全保障并不到位，容易导致个人财产损失。近年来，随着移动支付的快速发展，在改进用户体验、便利群众的同时，风险也发生新的变化和转移。移动支付市场的不断扩大，一些不法分子逐渐将黑手伸向移动支付用户。其作案手段专业化、团伙化，通过网络联系，一些素未谋面的不法分子也可以分工协作，逐渐形成黑色产业链。

近年来，国内关于用户隐私信息被窃取的事件时有发生。网络黑色产业链已经呈现低成本、高技术、高回报的爆发性增长态势，越来越多的网络黑产分子通过拖库、撞库盗取用户个人信息，给网民造成了金融资产和个人信息安全等多方面的危害。

由此，在积极推进移动支付服务创新的同时，要加强交易监测和风险识别，保障支付业务安全，保护用户的合法权益。在延伸推广的时候，要做好现金支付以及移动支付相关产品的宣传和安全教育，培养正确的支付习惯，有效防范风险。平台和支付经营者应该通过技术和制度建设，确保金融消费者的支付安全。诚信和安全是移动支付发展的两大基石。

第二节 移动支付类型

自2011年第三方支付牌照下发以来，央行已累计发放250张支付机构牌照，支付主体变得多元化，业务范围也变得多元化，具体涵盖了互联网支付、移动电话支付、银行卡收单、预付卡发行与受理、货币汇兑等众多支付业务类型。从本质上来看，移动支付是通过移动网络与金融系统相结合，将移动通信网络作为实现手机支付的工具和手段，为用户提供商品交易、缴费和银行账号管理等金融服务的业务。移动支付的实质是资金的转移，核心是支付账户，介质是移动终端，如手机等。移动支付就是允许用户使用其移动终端（通常为手机），对所消费的商品或服务进行账务支付的一种服务方式。移动支付按业务模式可以分为第三方移动支付平台、手机银行、手机钱包和手机信用平台四类，这也是一种常见的分类形式。

一、第三方移动支付平台

第三方移动支付平台是第三方支付平台在移动端应用，指与银行（通常是多家银行）签约，并具备一定实力和信誉保障的第三方独立机构提供的交易支持平台。第三方移动支付是买卖双方在交易过程中的资金“中间平台”，是在银行监管下保障交易双方利益的独立机构。在通过第三方移动支付平台的交易中，买方选购商品后，使用第三方移动平台提供的账户进行货款支付，由第三方通知卖家货款到达、进行发货；买方检验物品后，通知付款给卖家，第三方再将款项转至卖家账户。作为网络交易的监督人和主要支付渠道，第三方移动支付平台提供了更丰富的支付手段和可靠的服务保证。目前国内处于支配地位的第三方移动支付平台是手机支付宝和微信支付，云闪付作为后起之秀，目前处于行业第三位。

（一）支付宝

支付宝成立于 2004 年 12 月，致力于为用户提供“简单、安全、快速”的支付解决方案，当前已经成为全球领先的第三方支付平台，自 2014 年第二季度开始成为当前全球最大的移动支付厂商。支付宝主要提供支付及理财服务，涉及网购担保交易、网络支付、转账、信用卡还款、手机充值、水电燃缴费、个人理财等多个领域。

支付宝手机客户端是支付宝官方推出的集手机支付和生活应用于一体的手机软件，通过加密传输、手机认证等安全保障体系，为用户提供随时随地使用淘宝交易付款、手机充值、转账、信用卡还款、水电燃缴费等功能。支付宝主要在 iOS、Android 设备上使用。

（二）微信支付

微信支付是由腾讯公司于 2014 年 3 月推出的支付功能，是集成在微信客户端的支付功能，用户可以通过手机完成快速的支付流程。微信支付以绑定银行卡的快捷支付为基础，向用户提供安全、快捷、高效的支付服务。

用户只需在微信中关联一张银行卡，并完成身份认证，即可将装有微信 App 的智能手机变成一个全能钱包，之后购买合作商户的商品及服务，用户只需在自己的智能手机上输入密码，无须任何刷卡步骤即可完成支付，整个过程简便流畅。

（三）云闪付

云闪付是一种非现金收付款移动交易结算工具，是在中国人民银行的指导下，由中国银联携手各商业银行、支付机构等产业各方共同开发建设、共同维护运营的移动支付App，于2017年12月11日正式发布。

云闪付App具有收付款、享优惠、卡管理三大核心功能，云闪付App与银联手机闪付、银联二维码支付同为银联三大移动支付产品。作为各方联手打造的全新移动端统一入口，银行业统一App“云闪付”汇聚各家机构的移动支付功能与权益优惠，致力成为消费者省钱省心的移动支付管家。消费者通过“云闪付”App即可绑定和管理各类银行账户，并使用各家银行的移动支付服务及优惠权益。2020年8月，云闪付App用户数突破3亿大关。

二、手机银行

手机银行又称为“移动银行”，即通过移动通信网络将客户的手机连接至银行，实现通过手机界面直接完成各种金融理财业务的服务系统。用户将手机号和银行卡账户进行绑定，在进行银行卡账户管理、转账汇款、缴费业务、手机股市、基金业务、外汇业务、黄金业务、信用卡还款等金融服务时，无须至银行排队，只要用手机发送相应短信，经系统识别确认后，便可直接从银行卡账户划款支付。手机银行是货币电子化与移动通信业务的结合，以无线通信技术为手段，在人们应用无线通信手段进行信息交流的基础上，将银行业务应用到手机功能中，特别是通过短消息、WAP等方式，使手机银行真正成为人们身边的银行。无论什么样的银行业务，都要有移动支付系统作为重要的技术支撑。手机银行所提供的功能如图3-13所示（以工商银行为例），这使得人们随时随地都可以通过手机终端完成日常的支付业务。

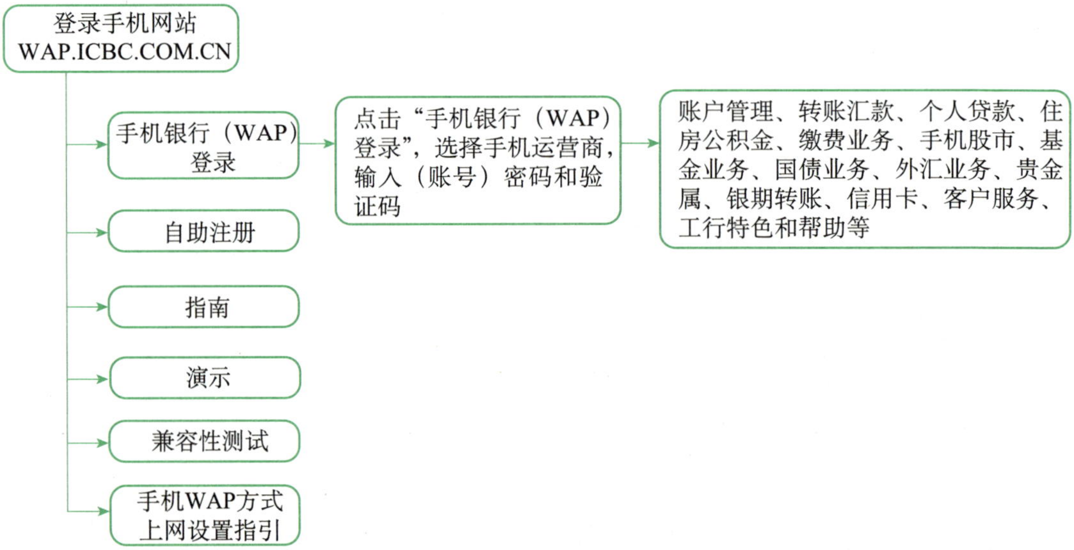

图3-13　工商银行手机银行业务流程

在我国，很多商业银行都推出了手机银行业务，主要通过WAP和短信方式进行操作，如中国工商银行、中国农业银行等就可通过WAP形式进行账户管理、投资理财（基金、证券、黄金、外汇)、缴费业务、信息查询等金融服务，还可通过短信进行账户查询、转账汇款、缴纳话费、网上购物支付和手机捐款。图 3－14 显示了手机银行的小额支付流程。

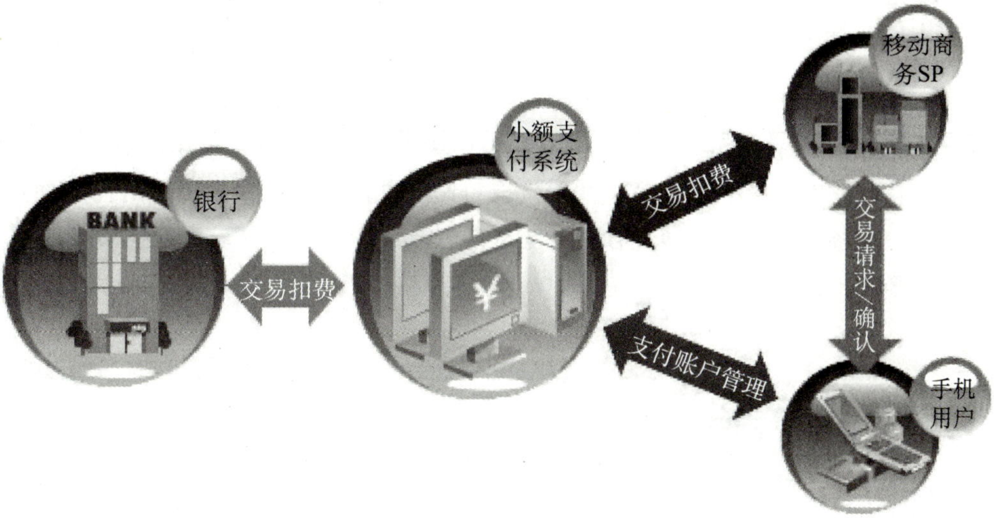

图 3－14　手机银行小额支付流程

三、手机钱包

手机钱包是综合了支付类业务的各种功能的一项全新服务，它是以银行卡账户为资金支持、手机为交易工具的业务，就是将用户在银行的账户和用户的手机号码绑定，通过手机短信息、IVR、WAP 等多种方式，用户可以对绑定的账户进行操作，实现购物消费、转账和账户余额查询，并可以通过短信等方式得到交易结果通知和账户变化通知。

中国移动率先推出了手机钱包业务，中国移动手机钱包是中国移动和银行系统合作推出的为客户提供移动金融服务的业务。这项业务的主要功能就是通过将用户的手机号码和其银行信用卡账户进行绑定，使用户通过手机就能随时随地对其银行信用卡账户进行查询以及转账、缴费、交易等支付操作。实际上，手机钱包并非中国的独创，国外很早就已经开始了这方面的尝试和商业应用。很多欧美国家已经在小型购物、支付交通费用和购买水电等方面引入了手机钱包方式，在一些地区，手机钱包甚至已经占据了与现金支付和信用卡同等重要的位置，成为最流行的支付方式之一。

手机银行和手机钱包的主要区别如下：

(1) 手机钱包由移动运营商与银行合资推出，以规避金融政策风险；手机银行由银行联合移动运营商推出，移动运营商为银行提供信息通道，它们之间一般不存在合资关系。

(2) 申请手机银行需要更换具有特定银行接口信息的 STK 卡，这就容易受到银行的限制，难以进行异地划拨；而手机钱包则不需要更换 STK 卡，受银行的限制也较小。

(3) 手机钱包需要建立一个额外的移动支付账户，而手机银行只需要原有的银行卡账号。

(4) 手机钱包主要用于支付，特别是小额支付；而手机银行可以看作是银行服务方式的升级，利用手机银行，用户除了可以进行支付，还可查询账户余额和股票、外汇信息，完成转账、股票交易、外汇交易和其他银行业务。

四、手机信用平台

手机信用平台的特点是移动运营商和信用卡发行单位合作，将用户手机中的 SIM 卡等身份认证技术与信用卡身份认证技术结合，实现一卡多用功能。例如，在某些场合使用接触式或非接触式 SIM 卡可以代替信用卡，用户提供密码即可进行信用消费。

现阶段，在我国推广手机代缴费和手机钱包比较可行，可接受的用户群体和使用范围比较广泛，中国移动和中国联通也各自独立（或联合银行）推出了这两种方式的业务，新的业务将越来越丰富。

第三节 典型的移动支付方式

一、扫码支付

扫码支付是一种基于账户体系搭起来的新一代无线支付方案。在该支付方式下，商家可把账号、商品价格等交易信息汇编成一个条码或者二维码，并印刷在各种报纸、杂志、广告、图书等载体上或者直接在手机上发布。用户通过手机客户端扫拍二维码，便可实现与商家移动账户的支付结算。最后，商家根据支付交易信息中的用户收货、联系资料，就可以进行商品配送，完成交易。支付宝和微信支付是扫码支付的主要移动支付服务商。

二、近场支付

近场支付也称为 NFC 支付，是指消费者在购买商品或服务时，即时采用 NFC（Near Field Communication）技术，使用手机射频、红外、蓝牙等通道，实现与自动售货机以及 POS 机的本地通信，实现短距离小额支付。移动近场支付被视为移动支付中最重要也是最容易实现的一种支付方式。该技术由 RFID 射频识别演变而来，并兼容 RFID 技术，其由飞利浦、诺基亚、索尼、三星、中国银联、中国移动、捷宝科技等主推，主要内置于手机等手持设备中。但是 NFC 在国内普及多年效果却不是十分明显，很多人并不知道如何使用，而且 NFC 的普及成本也较大。中国银联联合国内 15 家商业银行、Apple Pay 和 Samsung Pay 为用户提供的“云闪付”就是 NFC 支付，未来将与支付宝和微信支付等为代表的“二维码”扫码支付进行激烈竞争。

三、指纹支付

指纹支付是采用已成熟的指纹系统进行消费认证，通过指纹识别即可完成消费支付。

支付宝、微信支付以及民生银行手机银行等都与相关的手机供应商合作，推出了指纹支付功能。支付宝钱包 8.4 版本上线，iPhone 手机的指纹支付功能也已开通。只要是 iPhone 5S 及以上型号的用户并且操作系统在 iOS8 以上，便可在 App Store 中升级支付宝钱包至最新版，开通指纹支付功能。民生银行手机银行个人版或小微版客户，如果使用 iPhone 5S 及以上手机或其他苹果移动终端且开通 Touch ID 功能，就可开通指纹支付服务。随后微信 6.2 版本也推出了指纹支付功能，绑过卡的微信支付用户开通微信指纹支付即可使用。指纹支付难度较大，如果实现指纹支付，必须单独设计相应的软件并且与不同的手机供应商合作，同时对于一些想要保护隐私的客户来说，指纹的录入可能并不是最好的支付方式。不过，使用指纹支付更加快捷方便，省去了输密码的时间。

四、声波支付

声波支付是利用声波的传输，完成两个设备的近场识别。如图 3－15 所示。声波支付的具体过程是：在第三方支付产品的手机客户端中内置有“声波支付”功能，用户打开此功能后，用手机麦克风对准收款方的麦克风，手机会播放一段“咻咻咻”的声音；然后售货机听到这段声波之后就会自动处理，用户在自己手机上输入密码，售货机就会“吐出”商品。

图 3－15　声波支付

五、人脸识别支付

人脸识别支付系统是基于脸部识别系统的支付平台，它于 2013 年 7 月由芬兰创业公司 Uniqul 推出。人脸识别支付系统不需要钱包、信用卡或手机，支付时只需要面对 POS 机屏幕上的摄像头，系统会自动地将消费者面部信息与个人账户相关联，整个交易过程十分便捷。2018 年 12 月 13 日，支付宝宣布推出一款全新的刷脸支付产品——“蜻蜓”，直接将刷脸支付的接入成本降低 80%。支付宝人脸识别支付如图 3－16 所示。

图 3－16　支付宝人脸识别支付

六、虚拟货币支付

虚拟货币是指非真实的货币。知名的虚拟货币如百度公司的百度币、腾讯公司的Q币和Q点、盛大公司的点券，新浪推出的微币（用于微游戏、新浪读书等）。目前全世界发行有上百种数字货币，2013年以来流行的虚拟货币有比特币、莱特币、无限币、夸克币、泽塔币、烧烤币、便士币（外网）、隐形金条、红币、质数币。

我国也已推出自己的虚拟货币——数字人民币。

1. 比特币

比特币（Bitcoin）是一种P2P（Peer to Peer，点对点）虚拟货币，类似于Q币，它以文件的形式储存在电脑里，可以用它购买一些虚拟物品，如果对方接受，也可以用比特币购买现实物品。比特币与Q币和现实货币最大的不同点在于，它不属于任何国家或任何组织和个人，任何人只需有一台联网的电脑就能参与其中。在比特币的世界里，货币的自由度达到空前高度。而因为系统产生比特币的速度和数量有限，许多急着使用比特币的用户宁愿用现实货币与其他人兑换，如此一来，比特币就开始流通。

2. 数字人民币

由于纸币的发行、运输、存储等各个过程均耗费人力和物力，而随着移动互联网时代的到来，货币无纸化可以节省货币的发行和流通成本，给人们的生产生活方式带来便利。由此，商务部2020年印发《全面深化服务贸易创新发展试点总体方案》，其中公布了数字人民币试点地区：在京津冀、长三角、粤港澳大湾区及中西部具备条件的试点地区开展数字人民币试点。据新华网消息，目前数字人民币已经完成了顶层设计、标准制定、功能研发、联调测试等工作，将先行在深圳、苏州、雄安新区、成都及冬奥场景进行内部封闭试点测试。2021年，数字人民币推广在全面提速，截至2021年12月31日，数字人民币试点场景已超过808.51万个，累计开立个人钱包2.61亿个，交易金额875.65亿元。

职业伦理

大学生非理性消费

大数据信息时代下，网络借贷平台逐渐兴起，大学生的消费水平虽然有限，但是并没有减弱他们对物质的需求欲望，互联网金融各种借贷平台的不断兴起，生活中充斥的信贷信息刺激着大学生的尝鲜心理，加上网络信贷平台门槛低、方便快捷的特点，为缺少收入来源但消费意识极强的大学生提供了资金渠道。大学生非理性消费的现象越来越普遍。大学生容易受网络上的各类新鲜事物的诱惑，同时在消费主义的影响下，很多时候容易产生攀比性、盲目跟风型的超前消费行为。

作为一名当代大学生，我们应该摆正对消费的态度，增强自身金融素养，对每个月的花销做好预算，科学避开超前消费主义的桎梏，谨防产生攀比心理，抵制不良的消费习惯，养成守法尚理、理性节俭的正确消费观。

实训项目三 民生银行手机银行

手机银行是将无线通信技术与银行业务相结合，以为客户提供在线的、实时的服务为目标，将银行业务中的某些业务转移到手机上，以银行服务器作为虚拟的金融服务柜台，客户利用移动支付终端，通过移动通信网络与银行建立连接，在银行提供的交互界面上进行操作，从而完成各种金融交易。本实训任务是注册及熟悉手机银行的商务应用。

一、实训目标

（1）了解手机银行的相关知识。

（2）能够申请使用手机银行。

（3）能够熟练、安全地使用手机银行进行网上交易支付。

二、实训环境

中文 Windows XP/7/10 操作系统与 IE 浏览器，连接 Internet，能上网的手机或平板电脑。

三、实训背景知识——手机银行及其业务

手机银行（Mobile Banking Service）是利用手机办理银行相关业务的简称，是继网上银行之后，依托移动通信技术迅速发展起来的一种银行电子服务渠道。原则上说，只要是通过移动通信网络将客户手机连接至银行，利用手机界面直接完成各种银行金融业务的服务系统都可称为手机银行。我国移动银行业务在经过先期预热后，逐渐进入了成长期，如何突破业务现有发展瓶颈，增强客户的认知度和使用率已成为移动银行业务产业链各方关注的焦点。

我国基于 GSM、CDMA 和 4G/5G 网络实现的手机银行有 STK、SMS、USSD、KJAVA、BREW、WAP 等不同方式。这些手机银行在用户界面、操作方式以及实现途径等方面有非常大的区别。随着 4G/5G 智能手机的普及，手机银行应用越来越广泛。

四、实训指导

（一）民生银行手机银行简介

民生手机银行是专门为智能手机和移动终端客户量身打造的移动金融服务平台。新版手机银行创新推出我的民生、手机银行、生活服务等金融服务专区，为客户提供丰富实用的金融服务。民生手机银行包含自主设置个性化功能服务，方便用户根据自身金融消费需

求，任意选择和设置常用功能区，以提高业务处理效率，其具体功能如下：

（1）手机银行。为用户提供账户查询、转账汇款、跨行资金归集、投资理财、信用卡、二维码收付、无卡取现、网点预约、回单验证、私人银行、短信银行、贷款服务等丰富的移动金融服务。

（2）生活服务。为用户提供话费充值、水电燃气和取暖费等日常生活缴费、特惠商户、飞机票火车票购买、全国各地影院影讯查询和在线选座购买影票、积分商城、游戏点卡等移动增值服务。

（3）更多服务。为用户提供民生客服、客户之声、安全提示、去 App 评价等更多服务，方便用户及时查询和了解各类信息，并随时反馈意见建议。

（二）下载民生银行客户端

在手机的应用商城搜索“民生银行手机银行”并下载。

（三）民生银行手机银行注册

用户可以通过手机银行客户端自助注册，也可通过个人网银或到营业网点柜台签约开通，下面以客户端自助注册为例进行说明。

（1）准备好民生借记卡、信用卡、活期一本通、定期一本通账户之一，在手机中打开安装好的民生银行手机客户端，进入登录界面，选择自助注册功能，如图 3－17 所示。

图 3－17　民生银行手机银行登录注册入口

（2）认真阅读并勾选“我已阅读并同意以下协议”复选框进行确认，输入签约账号与交易密码，单击“下一步”按钮。然后，设置登录密码和预留信息，获取并输入短信验证码，单击“提交”按钮，即可签约成功，如图 3－18 所示。

说明：客户端自助注册成功的手机银行客户未开通对外转账支付交易，如需使用，请登录个人网上银行或到营业网点开通对外转账支付功能，并进行限额设置。

（四）民生银行手机银行的使用

（1）在手机客户端登录民生银行手机银行，应用界面如图 3－19 所示。

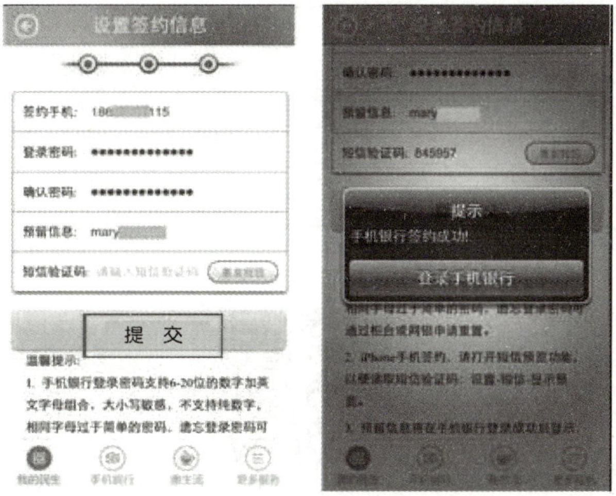

图 3-18 设置手机银行账号信息

（2）选择“转账汇款”功能，然后选择“跨行汇款”选项卡，即可实现手机汇款，如图 3-20 所示。

（3）单击界面下方的“惠生活”，选择“民生缴费”选项卡，尝试手机缴费，如图 3-21 所示。

图 3-19 民生银行手机银行应用界面

图 3-20 民生银行手机银行转账汇款界面

图 3-21 民生银行手机银行缴费功能

（4）尝试民生银行手机银行的其他功能。

五、拓展训练

根据自己的银行账户，开通工商银行、建设银行、农业银行、招商银行等手机银行业务，并进行商务支付活动体验。

思考与练习

1. 简述移动支付流程。
2. 简述移动支付的发展现状。
3. 移动支付方式有哪些?
4. 移动支付和移动商务有什么关系?
5. 比较支付宝与微信支付的异同和便捷性。

在线练习

第四章 移动商务经营模式

知识目标

了解移动商务的运营模式。

技能目标

能根据具体的行业和企业，分析其移动商务的运营模式。

素养目标

培养并践行社会主义核心价值观；

培养从业人员的法治意识和职业道德；

增强互联网风险防范意识，防止“免费套路”等非法网络营销行为侵害自身权益；

作为移动商务从业人员，做合法“微商”，打造风清气正的在线商业环境。

案例导入与预演

移动商务是伴随智能手机市场兴起而快速发展起来的行业，有着天然的便捷性，加上互联网的快速传输，本地化服务又将迎来一次大展身手的机会。各种生活服务网站纷纷转战移动互联网，同时推出了各种版本的手机端应用。比如大众点评手机客户端、手机淘宝、饿了么、滴滴出行等。

一、案例导入——大众点评及其移动本地化生活平台

大众点评于 2003 年 4 月成立，是中国领先的城市生活消费平台和独立第三方消费点评网站。借助移动互联网、信息技术和线下服务能力，大众点评为消费者提供值得信赖的本地商家、消费评价和优惠信息，以及团购、预约预订、外送、电子会员卡等 O2O 闭环交易服务，覆盖了餐饮、电影、酒店、休闲娱乐、丽人、结婚、亲子、家装等几乎所有本地生活服务行业。

大众点评手机客户端是在中国极受欢迎的本地生活 App 之一，已成为广大城市消费者的必备工具。“点亮精彩生活”是其使命，因此团队的奋斗目标是：深刻理解消费者与商户需求，为其创造非凡体验和最大价值，并引领本地生活方式。

大众点评拥有 PC 端、App、M 站、微信等多元入口。数据显示，截至 2016 年第二季度，大众点评月活跃用户数超过 2.5 亿，点评数量超过 1.5 亿条，收录商户数量超过 2 000万家，覆盖全国 2 500 多个城市及全球 200 多个国家和地区的近 1 000 座城市。大众点评月综合浏览量超过 200 亿，其中移动客户端的浏览量超过 85%，移动客户端累计独立用户数超过 4 亿。目前，除上海总部之外，大众点评已经在北京、广州、深圳等 250 多个城市设立分支机构。

二、本章预演

预演任务：

体验大众点评手机客户端和其他平台移动本地生活的便捷性。

预演步骤：

（一）下载安装大众点评手机客户端 App

（1）在手机的应用商城搜索“大众点评”，安装大众点评手机客户端。

（2）打开大众点评客户端，注册大众点评会员（或者使用 QQ、微信等账号）。

（3）登录进入大众点评手机客户端。

（二）大众点评本地化生活体验

（1）进入大众点评手机客户端，根据自己的需要体验移动商务本地化生活的便捷性，如图 4－1 所示。

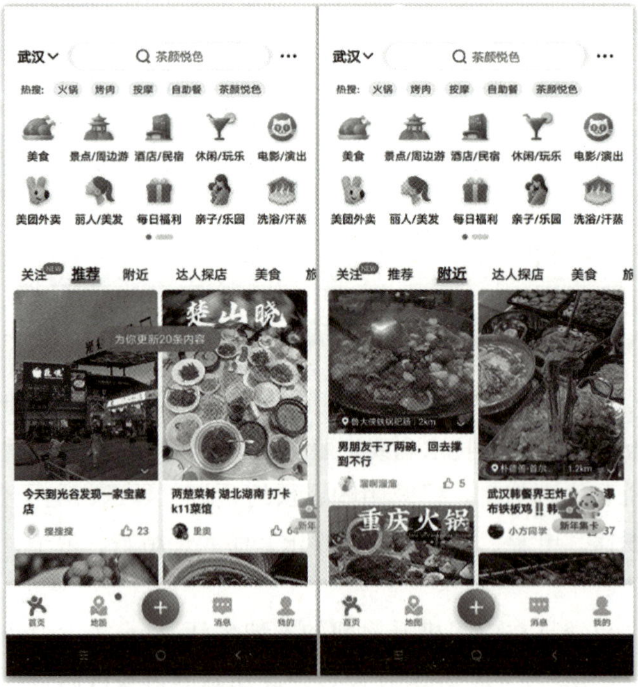

图 4－1　大众点评手机 App

（2）除了大众点评外，美团、饿了么、滴滴出行等也是移动商务本地化生活平台，可以按照自己的需要分别进行体验。

（三）项目预演小结

体验大众点评、饿了么、美团、滴滴出行和其他本地化移动电子商务平台，填写下面的表格，并在同学间交流。

	提供的本地化生活服务	优点	缺点
大众点评网			
饿了么			
美团			
滴滴出行			
其他			

注意：请认真体验，尽量从多个不同的角度填写上面的表格。

第一节　O2O 模式

现在各类手机应用的用户规模不断上升，场景更加丰富。早在 2017 年，手机外卖应用开始迅速增长，用户规模达到 2.74 亿，较 2016 年增长 41.4%。截至 2020 年 12 月，我国网上外卖用户规模达 4.09 亿。移动支付用户规模达 7.9 亿，线下场景使用特点突出，超过 7 亿网民在线下消费时使用手机进行支付。研究显示，手机购物并非 PC 购物的替代，而是在移动环境下产生增量消费，并且重塑线下商业形态促成交易，从而推动网络购物移动化发展趋势。移动互联网的迅速发展，为移动商务带来了巨大商机，并且未来市场发展潜力巨大。艾瑞咨询分析认为，中国电子商务发展已经步入快速发展时期，通信和硬件条件对市场的推进作用将逐渐被品牌和服务所取代。随着移动商务平台建设得更加完善和手机网民电子商务意识逐步增强，中国移动商务市场进入市场大规模爆发的阶段。正是看好移动商务的发展潜力，淘宝、当当等传统电子商务企业，中国移动、中国电信等电信运营商纷纷布局移动商务领域，寻求新的利润增长点，其中，O2O 电子商务的市场前景和地位日益显现。

一、O2O 模式概述

2011 年 8 月，美国试用品营销、广告服务商 TrialPay 的创始人亚历克斯·兰佩尔（Alex Rampell）率先提出了 O2O 的概念。O2O（Online to Offline）模式就是将线下商务的机会与互联网结合在一起，即线上订购、线下消费模式，让互联网成为线下交易的平台，把线上的消费者带到现实的商店中去，真正使线上的虚拟经济和线下的实体经济融为一体。这样企业可以通过在线招揽客户到其线下的实体经营场所购物或消费，而消费者可以在线筛选企业的产品或服务，交易可以在线结算。O2O 模式的核心很简单，就是把线上的消费者带到现实的商店中去——在线支付购买线下的商品和服务，再到线下去享受服务。通过打折，提供信息、服务等方式，把线下商店的消息推送给互联网用户，从而将他们转换为自己的线下客户。此外，O2O模式的关键点就在于，平台通过在线方式吸引消费者，但真正消费的服务或产品须由消费者在线下体验，这就对线下服务提出了更高的要求。

一个标准的O2O模式的交易流程如图4-2所示。

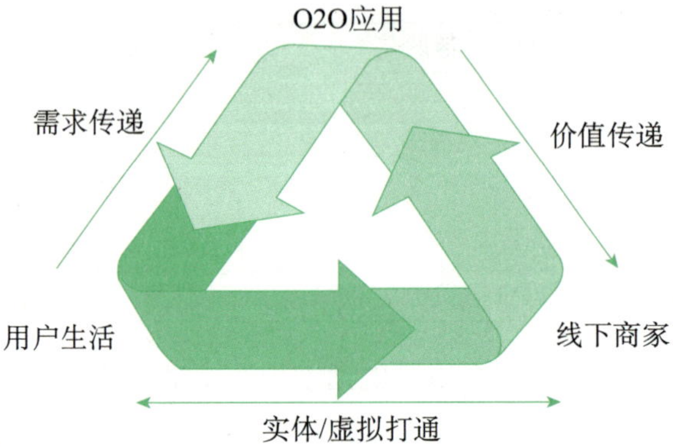

图4-2 O2O模式交易流程

(1) 线上平台（移动网站、移动App应用、PC网站等）通过与线下商家沟通，就商品或服务及开展经营活动的时间达成协议。

(2) 线上平台通过各种渠道和推广手段将准备开展的经营活动向自身的用户进行推介，用户则向线上平台付款而获得线上平台提供的商品或服务消费“凭证”。

(3) 用户持“凭证”到线下商家获取商品或享受服务。

(4) 用户获得商品或享受服务后，线上平台与线下商家进行结算，线上平台获得一定比例的佣金，线下商家获得提供商品或服务的款项，完成交易。

O2O模式是电子商务业务针对用户个性化、情景感知等特点及移动网络强大的定位与搜索能力在商业模式方面取得的重大突破。随着物流、支付等问题的解决，社交网络、LBS、二维码的有效结合，移动商务将会给用户带来更多更丰富的购物体验。O2O模式将带动整个移动互联网产业的发展，而移动互联网也将成为O2O发展的重要助推剂。

二、O2O模式分类

互联网的迅猛发展为O2O提供了无限想象的空间。消费者通过手机连接互联网，在O2O网站、App商店、社交网店，或通过在线下实体店或传单上扫描条形码、二维码等方式，查找和获得自己需要的产品和服务，然后利用手机支付进行购买，再到线下实体店进行消费。随着SNS的迅猛发展、LBS应用的普及以及二维码技术的成熟和应用，O2O模式更趋多元化，表现出旺盛的市场需求。按本地服务的介入程度，O2O可以分为轻型O2O和重型O2O。

（一）轻型O2O

电子商务平台解决人与商品的关系，而本地生活消费平台即O2O解决人与服务的关系。轻型 O2O 本地服务介入程度浅，如大众点评、美团等。它的优势是资产相对较轻、属网络型应用、易于跟踪数据、流量购买相对容易、团队构成单一、文化冲突较少。

轻型 O2O 面临的挑战是对服务体验缺少真正的控制，容易进入同质化竞争，初期商家合作中议价能力较低，佣金获取面临一定挑战。例如，大众点评的触角延伸到了线下的传统商铺，开始涉足线下商品的 O2O 团购。如图 4－3 所示，大众点评的 O2O 团购鞋类商品的用户，可在线下门店试穿后通过手机扫描二维码进入点评页面在线购买。

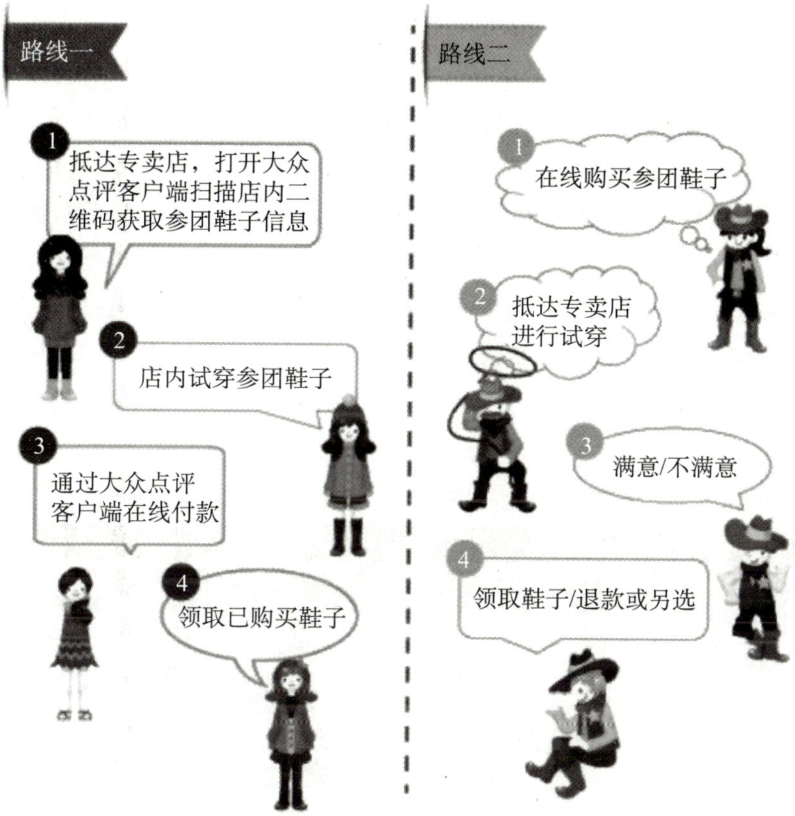

图 4－3　大众点评线下商品经营团购路线

大众点评的 O2O 团购实际上跟虚拟团购业务没有什么本质的区别，只是把虚拟业务换成了穿戴类的实物，并且让消费者主动来到店铺。可以想象一种场景，当某个消费者来到一个台球室，掏出手机开始购买这个台球店铺的团购券的时候，同样可以立刻购买，立刻体验。大众点评的做法对传统商家而言，最直接最明显的特点是减少了物流配送环节的费用。商家可以把这部分的费用分摊到店铺的租金成本上，进行打折。

从本地生活消费来讲，服务的对象就是消费者和店家，而消费者有三大需求：找信息、找优惠和享受服务。移动互联网对大众点评最大的价值在于，它是形成 O2O 闭环的关键。这就好比物流对于电子商务的意义，电商和 O2O 都是连接“买卖”双方，电商是“零售＋物流”，物流把商品带到消费者家里；而 O2O 是“服务＋移动”，即“移动把互联网带到了服务中”。

（二）重型 O2O

线下服务业的标准化程度低、规范化程度低、从业人员 IT 水平低、业务定位随时间和市场改变等因素，导致了重型 O2O 本地服务的出现。重型 O2O 本地服务的介入程度较深，如安居客、美餐、神州租车、到家美食会等。重型 O2O 的优势包括对服务体验有较强的控制和保障，在商家合作中有较强的议价能力，能很快收到佣金，能提供个性化服务，而且不易被复制。重型 O2O 面临的挑战主要包括实体资产比重大、规模化难度大、推广有较大限制、团队构建难度高。

例如，神州租车公司成立于 2007 年，从 2013 年起，一直坚持只开直营租车分店的神州租车启动全新区域扩张战略——“百城千店”加盟计划，宣布在 66 大直营城市之外，将通过加盟的方式覆盖三四线城市，核心是地级市和全国百强县，使其在 2014 年 3 月前发展到 400 多家加盟店，并利用这个网络来做成一个覆盖全国的二手车买卖 O2O 平台。一开始，神州租车采用直营店的模式，很难覆盖所有的城市，管理难度比较大。因此，神州租车随后发布了云战略，即以“云概念”和“云计算”为基础，通过规模化采购车辆和铺设密集的服务网点，建立丰富的资源池，利用高科技手段充分共享车辆资源，从而精准地向客户提供随时随地、应有尽有、按需付费、简单便捷的用车体验。现在，神州租车在国内 300 余个主要城市设有 1 100 余个服务网点，服务个人客户过千万、企业客户数万家，是目前中国汽车租赁行业的领跑企业。图 4－4 所示为神州租车平台。

图 4－4　神州租车平台

租车行业是重资产，是一种基础的生活服务行业，其最核心的特质是“本地化”。本地服务的便捷性，是租车服务中不逊于价格的另外一种核心体验。重视线下，立足本地化，提高地理渗透率，将服务推到客户身边，是租车 B2C 公司目前突破价格战困局的唯一选择。应该说，在短时间内，或者较长一段时间内，互联网巨头们基本上无暇顾及一些小城市，它们基本上都把火力集中在一线城市，因而借这个机会发展起来，即使日后互联网巨头们的战略延伸到了二三线城市，本地的创业团队也是有实力与其抗衡的。

随着 4G/5G 网络的日益成熟和智能手机的大量普及，越来越多的用户开始通过手机获得各种服务，传统 PC 未来必然被智能手机所替代。O2O 只有抓住移动互联网带来的机遇，才能真正获得爆炸式的发展。

三、O2O 模式的盈利点分析

O2O 已经逐渐成为电子商务业投资的热点领域，正吸引着众多企业的加入，其中也不乏成功企业，如大众点评、携程网、搜房网、去哪儿、酒店达人等，它们发展得如火如荼，在人们工作和生活中发挥着重要作用。一旦形成强大的 O2O 平台，其盈利模式将更加清晰、多元化，从而支撑企业的发展和 O2O 平台的良性发展。O2O 的盈利模式是比较清晰的，有面向用户收费的，也有面向商家收费的，更有通过广告来收费的。总体来说，O2O 模式的收入来源主要有以下几种。

（一）销售佣金收入

O2O 运营企业通过打造 O2O 平台，聚焦了大量的商家，平台通过提供打折、优惠券、促销等活动吸引线上客户到线下商家购买商品，由于线上资源增加的顾客并不会给商家带来太多的成本，这样商家在销售产品中能获得更多利润，O2O 运营企业根据商品销售或代理向商家收取销售佣金。例如，在豆瓣网，用户看到一本书后就可以单击其右侧的链接，或者将其添加到购书单，到网上书城里进行购买，豆瓣收取佣金。

（二）广告收入

O2O 运营企业通过业务运营、业务模式的创新，结合社交、LBS 等移动互联网应用，丰富 O2O 平台的应用，为消费者提供互动、良好的客户体验，平台一方面聚集海量商户资源，另一方面聚集大量的商家，通过线上巨大流量，聚集消费者，然后把这些流量导入给商家，通过关键字搜索、电子优惠券等形式开展广告，O2O 运营企业可以借此向商家收取广告费。同时，O2O 运营企业聚集了海量的用户消费行为、消费能力、消费习惯、消费需求等数据，通过数据分析为商家开展精准营销，在正确时间将与之需求相适应的商家信息推送给潜在用户，从而向商家收取精准广告推送收入。广告收入是 O2O 运营企业的主要收入来源。大众点评通过“点评模式”聚集了海量的用户资源，采取精准广告模式向商家收取广告费，从而为商家开展关键字搜索、电子优惠券、客户关系管理等多种营销推广。大众点评的关键字搜索类似于谷歌和百度，输入关键词，会有相关的商家信息出现，在此类搜索热词附近，大众点评推出竞价排名，并向消费者明确这是广告。这类广告模式，并没有给用户的体验效果带来直接的负面影响，反而成为满足用户需求的针对性信息，拓宽了大众点评网的营收渠道。

（三）数据服务收入

当 O2O 平台每天访问量达到上百万次或上千万次时，O2O 平台积累了海量的用户数据，成为电子商务企业最大的“金矿”。大数据商业价值主要表现在：对每个消费群体制定有针对性的策略和行动，运用大数据模拟实境，发掘新的需求和提高投入的回报率；提高大数据成果为商家等生态系统伙伴服务，提高商家整个管理链和产业链的投入回报率，O2O 运营企业可以将用户数据集成开发客户关系管理（CRM）系统，进行数据分析和挖掘，开展有意义的消费行为分析，制定有针对性的营销方案，为商家商业模式、产品和服务创新提供服务，从而向商家收费。

（四）增值服务收入

O2O 运营企业应当借助自身的平台优势和媒体优势，与商家合作进行多元化业务的开发，挖掘一些增值业务。例如，国外有一家网上订餐商店 OpenTable，不仅能为消费者提供快速、便捷的网上订餐服务，还能为商家提供订餐软件系统，帮助商家进行订餐管理，优化业务流程，降低经营成本。而 OpenTable 可以向商家收取这套软件的“初装费”，以获得收入。

（五）其他收入

比如，大众点评根据汇聚大量的用户点评内容和商家信息，加以整理汇集成册，每年发售一册餐馆指南书籍售卖，每本定价 20 元左右，书价也不贵，在上海、北京、广州等 20 多个城市，该餐馆指南书籍销售量达到每年 10 万册，这也是收入来源之一；再加上书上刊登广告，盈利模式更加丰富。

上述是当前 O2O 模式的主要盈利点，针对不同 O2O 运营企业，在制定盈利模式时，要根据企业发展所处的阶段、平台运营状况灵活确定，收入来源可以是上述几种方式的组合。

第二节 平台模式

在移动互联网时代，“平台”这个词可谓耳熟能详。不仅是运营商，而且以互联网公司为代表的内容提供者、终端厂商等，都打破了传统的产业链分工限制，开始尝试直接面对客户。这个时候，平台就成了一个新的手段，可以借助平台将用户所需的各类应用和信息整合和推送，实现盈利。于是，移动互联网时代给了所有的参与方一个新的自由空间，大家纷纷选择搭建自己的平台，或者联合在一个优质平台之下，形成新的产业体系。就这样，移动互联网产业实际上已经成了一种平台化的产业。

一、平台模式概述

“平台”是指在平等的基础上，由多主体共建的资源共享、能够实现共赢的、开放的一种商业生态系统。传统的经济观念是追求大而全，或者是“螺蛳壳里做道场”式的小而全。但现代市场经济是市场细分化的产物，细分化的显著特征再也不是“凡事不求人”，而是“别人能干得更好，那就让别人去干”。因此，平台经济模式应运而生，平台经济不仅是一种新的产业形态，也是一种新的商业模式。当今世界，“新”和“快”比“大”和“全”更加重要：“你不要完善完善再完善、规模规模再规模，如果没有新和快，等你拿出来，什么都晚了。”

移动互联网发展到今天，平台开放的商业模式已经成为主流，各个垂直领域都出现了平台型服务商：苹果的应用商店平台，谷歌的 Search API、Google Map API、Opensocial API 等一系列还在不断增长的 API 列表以及 Android 操作平台，Facebook 的 F8 开放平台，腾讯的社区开放平台和微信开放平台，新浪的微博开放平台，阿里巴巴的电子商务开放平台，360 安全平台等，不胜枚举。

平台就是为合作参与者和客户提供一个合作和交易的软硬件相结合的环境。平台模式是通过双边或多边市场效应和平台的集群效应，形成符合定位的平台分工。在这个平台上有众多的参与者，有明确的分工，大家都可以作出自己的贡献，每个平台都有一个平台运营商，它负责聚集社会资源和合作伙伴，为客户提供好的产品，通过聚集人气，扩大用户规模，使参与各方受益，从而达到平台价值、客户价值和服务最大化。

二、互联网平台模式的四个条件

从形式上看，超市就是一种交易平台，各种商品和顾客在这里集中交易，而超市提供场地、环境、收银、促销等各种服务。股票交易市场同样是一种平台，无数买家和卖家在这里对接，而交易市场则提供信息服务和交易服务。

美国运通卡也是一个平台运营商的经典案例。它与传统的信用卡盈利渠道不同，主要盈利来源于运通卡用户的消费商家返点和年费，而不是银行产生的利息，运通卡将这部分利益让渡给了银行。在这个前提下，各大银行就有动力帮助运通发卡，这成了运通卡通向最终用户的渠道。而随着运通卡发卡量的增大，越来越多的商户被吸引加盟，于是就形成了良性循环。运通卡成为一个平台，用户和商家都依赖于运通卡广阔的渠道和营销服务获得利益。

平台模式要健康运营，取得成功，应具备开放、共赢、平等、共享四个必要条件。

（一）开放

所谓开放，平台不一定依托互联网，但互联网是最佳的开放平台，有着数据库和信息化管理方面的优势，与互联网结合可以最大化地扩大参与主体。平台型企业越开放，它与其他企业或个人的连接就越多。在一个网状社会，“个人”跟“企业”的价值，是由连接点的广度和厚度共同决定的。企业连接越广、连接越厚，其价值就越大，这也是纯信息社会的基本特征，是由信息含量决定价值。所以开放变成一种生存的必要条件，你不开放，就没有办法去获得更多的连接。

（二）共赢

平台型企业若要获取盈利，平台生态圈就必须达到一定规模。而要达到一定规模就必须吸引主体参与者，那么共赢就必须成为一个前提。因此平台的交易结构设计必须基于多方共赢的考虑。平台模式下的共赢需要认识“多边性”的特征。单边无法构建出一个平台，搭建平台的首要工作就是定义双边或多边的群体。比如淘宝、招聘网站属于双边模式（供需双方），搜索平台属于三边模式（供需双方＋广告方）。

（三）平等

平台必须是一个平等的平台。对于传统商业来说，渠道管控是一贯的思维。但是互联网思维不是这样的。这是由技术决定的，就像生产力决定生产关系。一个网状结构的互联网，是没有中心节点的，它不是一个层级结构。虽然不同的点有不同的权重，但没有一个点是绝对的权威。所以互联网的技术结构决定了它内在的精神，是去中心化，是分布式，是平等，是互动。平等是互联网非常重要的基本原则。

（四）共享

共享就是对于生产资料、资产及资本的共同开发和使用。平台思维的共享有两个特点：

（1）互动性。无论是从互联网还是从大数据的角度，共享一定是双向的，只有互动的才创造价值。比如 Facebook 和微信这样的产品，它们最大的特点是多向互动，任何人跟任何群体之间，都可以在瞬间发生互动交流，共享强调的重点就是双向互动的正循环，双方都给对方贡献了数据价值。

（2）共用平台。在互联网中经常出现开放源代码的词汇，开放源代码就是一种共享机制。开放源代码协作是一条能够通过相互协作孕育重大创新的途径。开放源代码的途径是使用平台的技术，即搭建一种典型的公用平台使得开源技术提供者和使用者可以共建共享。另外一种共用平台，便是云技术服务，如云存储、云计算等。这种平台未来会像电网和通信一样成为社会的基础设施。

移动互联网发展到今天，市场情况非常符合这四项基本条件，因此平台模式出现也就是必然的。在互联经济的背景下，平台化商业模式呈现快速发展之势，出现在社交网络、电子商务、移动通信、搜索引擎、线上游戏等诸多领域。在全球最大的 100 家公司中，60 家公司的大部分收入均来自平台商务。在网络效应下，平台上往往出现规模收益递增现象，强者可以掌控全局，而弱者只能分一杯残羹。

三、平台模式的分类

平台的竞争，也渐渐形成了不同的模式，可以按照平台的业务属性以及运营主体来划分。

（一）按业务属性分类的平台模式

当前应用型平台模式是移动互联网平台模式的主流，应用型平台模式主要有：

（1）新媒体平台模式，如新浪、搜狐、Twitter、微博、微信以及各类媒体 App 应用等。

（2）垂直应用平台模式，主要是专注某类产品或某一类目标市场而打造的平台，如阿里巴巴、优酷、盛大文学、我买网、唯品会等。

（3）电子商务平台模式，如京东商城、当当网、淘宝网、苏宁易购等。

（4）综合服务平台模式，即通过与产业链合作伙伴合作，为客户提供多种产品和服务的平台。如腾讯就是综合服务平台模式，腾讯不仅提供即时通信服务，还向客户提供游戏、音乐、视频、安全软件、支付等各类服务；百度也属于综合服务平台。

当前，由垂直应用平台向综合服务平台和媒体平台转变是一大趋势。对于进入移动互联网的企业来说，一开始选择垂直应用平台模式是最佳策略，只要集中资源，坚持专注，做专、做精、做深，就一定能在垂直市场处于领先地位。

（二）按产业链运营主体分类的平台模式

按照产业链运营主体分类，平台模式主要分为终端商、互联网公司和移动运营商三类平台模式。

（1）终端商的平台模式。智能终端本身就是一个平台，它汇聚操作系统、浏览器，内嵌各种应用和客户端，如今智能终端的功能越来越强大，消费者可随时随地上网，使用购物、音乐、影视、阅读、游戏、交友等各种应用，当然这些应用未必是由终端平台商自己开发的。

智能终端竞争很大程度上就是操作系统之间的竞争，只要掌握了操作系统，也就获得了更多的用户规模，而掌握了平台的主动权，终端平台模式就能成功。谷歌为生产商和应用开发者免费开放 Android 开源系统，终端厂商以 Android 操作系统为基础，开发出不同款式的终端手机。同时，内容开发者也可以开发出不同的软件应用，通过谷歌平台销售给用户。

对于终端平台商来说，只有以终端厂商、软件开发企业、消费者多赢为目标，通过整合产业链合作伙伴，强化自主创新，开发自己的应用商店，实施软硬件融合，终端平台模式才能真正建立起来。

（2）互联网公司的平台模式。互联网公司平台模式的最大特点就是基于做大核心应用提升平台价值并向其他服务延伸。像百度就是专注搜索核心应用，通过技术创新、商业模式创新、客户体验创新以及平台开放，使得搜索信息更加精细化，“即搜即用”的实现让用户的搜索体验大幅提升。

（3）移动运营商的平台模式。移动运营商拥有网络，因此其搭建的平台也必须与自己的网络绑定。移动运营商可以通过开放自己的一部分能力，如短信、计费以及位置服务等能力，给内容开发者开发相应的应用；同时也可以发展移动互联网业务（如我国三大运营商成立基地，大力拓展手机视频、阅读、音乐、电子商务等业务）和打造自己的应用商店，通过提供平台，聚集合作伙伴和应用开发者，通过平台聚集丰富的应用，满足客户多元化需求和长尾需求。移动运营商的平台，面向的操作系统可以有很多，终端也可以有很多，但是用户一般只能是自己网络的用户。

对于开发者和终端商而言，自由度越大，对于用户的控制力则越强。中国移动的 MM 商城、中国电信天翼空间就是这一模式的代表产物。

目前来看，三种平台模式各有特点，差异化比较大。终端商的平台模式无论是操作系统还是终端，都是单一的，既有封闭的，也有开放的。互联网公司的平台模式是开放的，它的优势是其拥有的核心应用，并在此基础上打造的互联网平台，互联网公司是平台的领导者。移动运营商的平台模式也是完全开放的，但由于运营商既不掌控终端、操作系统，又没有内容优势，因此，运营商的平台模式比较脆弱。运营商的平台模式要成功，就必须做好战略定位，聚焦垂直应用，只有通过战略创新、模式创新、市场创新、机制创新才能实现成功。

四、平台模式的战略定位

移动互联网平台化商业模式的最大特点就是汇聚产业链上下游企业，平台模式的成功必将释放巨大的经济价值，这对促进移动互联网产业发展、繁荣社会文化经济、提高人们物质文化生活品质具有重要意义。移动互联网企业实施平台模式，把握自身的战略定位十分重要，通常平台模式有以下几种选择。

（一）成为完全的平台中介者

也就是说，自己搭建一个交易平台，通过强化平台运营和管理，汇聚内容开发者以及其他合作伙伴，自己不开发任何产品和服务，应用完全由合作伙伴和开发者提供，并通过合作分成、前向内容收费、后向广告收费等方式实现盈利。360 在其开放大会上多次强调 360 开放所有业务、全部流量及用户数据，并且“只做平台，不做应用”，不与合作者争利，这对于开发者而言具有不小的吸引力。

（二）建立具有独特优势，成为差异化的垂直平台

如今，几乎在移动互联网所有业务领域都有市场成功者和领先者，对于进入移动互联网的企业来说，不能盲目跟风，要结合自身资源能力和优劣势，做好市场研究和客户需求分析，选择垂直细分市场为切入点，从而构建与市场领先者的差异化平台优势，这样企业才有立足之地。如在线旅游市场，携程无疑是行业的领先者，对于后来者来说，只有差异化定位才有生存空间。相比携程全面出击的一站式策略，同程艺龙则不断强化“订酒店”的业务定位，突出“订酒店，用艺龙”的宣传口号，同程艺龙这种以小而专抗击大而全，踩对了市场的点。同样，2006 年 10 月成立的途牛旅游网，提供的是“旅行线路预订服务”，面向大众旅游客户，通过“网站＋呼叫中心＋手机客户端”提供标准化的多种旅游线路选择服务和个性化的旅行线路预订服务，然后在此基础上拓展“吃住行游购娱”全面

的配套预订服务，彻底地对在线旅游产业的商业模式进行了革命，从而使企业呈现良好的发展态势。

（三）对原有平台提供支持服务，成为平台的平台

搜房网通过在我国各主要城市的本地化站点建设，不断汇聚有买房需求和租房需求的客户流量，并利用这种需求汇聚的影响力，向各实体中介公司兜售发布房源信息的接入端口程序。搜房网不参与任何实际的房屋交易，通过房源信息的快速更新形成了良性循环。搜房网的收入主要包括广告、行业出版物、职业培训、网站资源共享的授权以及面向中介公司出售营销工具、建立网络平台、提供解决方案等。这种模式就是为房产中介提供平台，同时，更好地为用户提供了便捷的服务。

（四）对现有平台提供延伸增值服务，成为“综合平台供应商”

平台模式的发展一般先是从满足客户核心需求的垂直应用平台做起，当垂直平台规模做大了、品牌做强了，在此基础上通过流量导入拓展和延伸业务服务领域，往往能取得巨大的成功。这方面的例子有很多，如UC优视科技原来是做手机浏览器的，如今成为手机浏览器第一品牌，通过实施战略转型，由手机上网人口向人口服务平台转变，如今UC平台能为用户提供资讯、游戏、音乐、电商、娱乐等多种服务，成为一个综合服务平台。

（五）开创全新的平台

当前，在互联网领域，如果按照既有的游戏规则来竞争，可能永无出头之日。对于移动互联网企业，要有勇于创新、开创全新业务领域的精神，打造全新的业务平台。但关键点在于：一要切实满足客户需求，对客户真正有价值；二要通过技术创新实现产业的拓展和延伸，提高竞争门槛；三要实行产品创新，真正推出客户想要的产品；四要实行商业模式的变革。这里全新的创新不是炒什么新概念，而是实实在在的创新，全新的创新，甚至是颠覆性的创新。为适应电子商务个性化和定制化的消费趋势，C2B模式越来越受到电子商务企业的重视，它是对现有B2B、B2C和C2C电子商务模式的突破和延伸，具有广阔的市场前景。捷足先登者，必将在未来电子商务市场处于领先地位。

五、生态系统与平台模式完美结合

移动互联网的机会不胜枚举，但平台将是贯穿始终的主线。从操作系统、浏览器到应用商店，平台正在变得广泛而重要。所谓平台，实质是信息的增值通道，谁把握了这个通道，谁就掌握了通往移动互联网财富之路的话语权。我国移动互联网正从以运营商主导的时代向内容与应用为王的时代过渡，在移动互联网产业中，最为关键的就是平台运营商。眼下，围绕着方寸间的手机屏幕，平台之下迎来了许多争食者。其中，运营商、谷歌、苹果和手机浏览器厂商分别代表了不同的平台运营的理念。而在它们中间，谁才能代表移动平台的未来，移动互联网将由谁主宰虽还未成定数，但各方都在试图摸索出一条能够控制住未来移动互联网最大财源的通道，而在其中，平台无疑成为兵家必争之地。

平台模式能否取得成功，关键在于平台经营。平台经营是移动互联网的核心，平台经

营关键是通过开放共享广泛聚集合作伙伴和第三方开发者，形成平台企业、合作伙伴、第三方开发者共赢的局面。

可以看出，打造有价值的开放平台的本质就是建立良好的生态系统。生态系统的建设是平台经营的核心，也是平台经营制胜的法宝，没有良好的生态系统，平台经营难以成功；平台经营与生态系统建设两者途殊同归，目标一致，密不可分，互为一体。当然，平台经营的内容更加宽泛，除了包括生态建设这一重要内容外，还包括战略定位、目标市场选择、市场营销、品牌推广、渠道建设、产品创新等。平台经营和生态系统建设是移动商务商业模式创新的核心内容，也越来越受到众多传统企业和互联网企业的青睐，如阿里巴巴、淘宝、苹果、谷歌、亚马逊等。那么平台经营和生态系统建设如何实现完美结合呢？本书认为，应从以下几方面进行考虑：

（1）明确平台经营和生态建设目标是一致的，是统一的。它们的共同目标就是做大做强平台，实现互利共赢，共同繁荣，从而实现企业业务持续发展。

（2）更加强化平台经营和生态系统建设的运营过程的有机统一，实现高效运营。提升平台价值和打造良好的产业生态系统目标的实现有赖于高效的运营管理。过程往往比结果更为重要。平台经营的运营过程和生态建设的运营过程在实践中是有机统一的，因为平台经营中最重要的内容是企业间合作、内容运营、盈利模式、API开放管理、合作管理、制定平台激励机制等，这些正是生态系统建设的内容。因此，在运营过程中，强化两者的有机统一是必需的。

（3）无论是平台经营还是生态系统建设，要从做业务开始，专注于把业务做大做强。业务做不好，平台经营和生态系统建设只能是空中楼阁。因此，提高客户感知、做大业务规模、提高流量、提高业务的影响力是打造生态系统和推进平台经营的基础，这需要平台企业在客户体验、商业模式和盈利模式上进行创新。

（4）创新合作模式，提高平台的产业集聚能力。创新合作模式，加强与合作伙伴合作，实现共赢发展，是打造良好产业生态系统的关键。实现合作模式创新，关键要做到以下几点：一是强化核心能力建设，不断提高聚合产业链上下游合作伙伴的能力。面对移动互联网巨大机会，这就需要更加专注、更加深入，不能将核心能力外包。二是做好合作需求分析，严格合作伙伴选择标准，有效选择合作伙伴，最广泛地开展合作。三是把握能力开放的本质，实现共同繁荣。能力开放主要包括客户、数据、产品、软件和服务等，做好能力开放一定要对开发者有用，一定要对丰富平台内容和服务有价值，一定要能节约开发者的开发成本，一定要能提高用户平台黏性。四是实行积极的分成模式，提高合作伙伴积极性，提高合作伙伴的忠诚度。如淘宝为了扶持合作者，调动开发者的积极性，形成一个巨大的商业生态圈，将原有的5：5分成比例进一步向合作者倾斜，改为3：7分成，特别优质的合作伙伴还能拿到整个收益的80%，目的是让开发者赚到更多的钱。

总之，平台为进入移动互联网的企业包括电信运营商创造了无限的机会，没有广阔的平台空间，生态系统建设就没有很好生长的土壤，企业永远无法做到真正的强大。在移动互联网时代，企业要永续经营，成功转型，生态系统建设、平台经营乃至盈利模式创新将是企业制胜的法宝。

科技创新

“沱沱工社”　产业扶贫助力乡村振兴

“天是蓝的，水是清澈的，农作物摘下来是可以直接吃的，大地是可以亲吻的。”这是2008年董敏决定创立沱沱工社时一个朴素的愿望。十多年来，沱沱工社每年向消费者提供1.8亿吨有机蔬菜，坚持“授人以渔”“产业扶贫”的方式助力乡村振兴，用行动坚守着初心。

沱沱工社是董敏的二次创业项目。2008年已经实现财富自由的她选择了没有一点经验也是最难的农业，“当时就没想着赚钱的事。我认为，财富的最终价值是造福社会。”董敏说，通过自身的专业能力，让农业生产者能够专注于原产地生态深耕，收获好的农产品，让他们的劳动受到尊重和理解，同时，消费者回报良心农业，实现吃得好和吃得放心，这就是沱沱工社存在的意义。

“有机农业是典型的‘三好事业’，对环境好、对人好、对农业好，能够促进农业的可持续发展。”一路走来，沱沱工社的发展与精准扶贫、乡村振兴等国家战略紧密结合，用消费扶贫、产业扶贫等“授人以渔”的方式帮助很多贫困地区的人们脱贫致富。

自建农场，助农脱贫

2009年，沱沱工社在北京平谷区建立了1 050亩集有机种植、林下养殖、观光休闲、农耕体验、蔬菜宅配、科普教育、健康餐饮于一体的“放心食品前端农场”，自营种植有机蔬菜，养殖有机家禽、家畜。2018年，沱沱工社从生鲜电商转型为品牌农业供应商，与山姆、盒马等多家企业开展合作，联手打造“农超对接”平台。

沱沱工社不仅以更高的价格租用农民们的地，还雇用农民在农场工作，按照产业工人的标准给他们上社保。截至目前，沱沱工社农场员工中的当地贫困农户占比保持在40%以上。

除农场自营蔬菜外，沱沱工社还在北京门头沟山区号召农民采摘野菜、红头香椿、扫帚苗等农特产品，通过回收、消费这些农特产品，鼓励当地农民用劳动创造财富。这一做法也带动了北京周边4～5个农业园区的发展。

2017年，沱沱工社在农业部及北京市农委的带领下，对口扶贫河北丰宁，建立了有机蔬菜生产基地，年销售各类蔬菜5 500多吨，帮助了数千户贫困农民，通过发展生态农业获得脱贫，让扶贫更有智慧。

订单农业模式，帮扶11万人脱贫致富

甘肃陇南地区拥有生产橄榄油天然的地质条件，生产的橄榄油品质达到世界一流，但却一直苦于“卖不出去”。沱沱工社引导白龙江沿岸14个乡镇6家合作社167个行政村24 520户农户种植橄榄树，带动区域18.6万亩油橄榄种植基地建设。截至目前，企业累计支付收购资金已超过8亿多元，加工和生产能力达到国产橄榄油的80%以上，与广大种植户形成了企业技术指导、农户专业管理、签订契约合同、按质敞开收购的订单农业模式，带动帮扶解决了11万人口的脱贫致富问题，其中包括3 743户贫困户。这一计划的实施，不仅解决了当地农民生计问题，还保护了当地的环境生态保护，留住青山绿水。现在，沱沱工社的产品中保持20%的比例来自贫困地区。

创新营销模式，打开农产品销路

全国重点贫困县阜平县的马兰村由20多个小自然村组成，这些小村如星星般分散在东西长25华里的山沟里，村民们生活十分艰苦。由于交通不便，当地生态环境被保护得非常完整，尤其是散养的马兰橡子黑猪，符合有机标准，是当地特色。但由于资金和技术以及传播资源的匮乏，村民难以将这群生长在玫瑰花园的猪仔以更有机、更环保的方式售卖出去。

于是，沱沱工社决定推动马兰村开展“橡子黑猪”生态循环养殖项目。沱沱工社利用自身的生产标准、销售渠道，以及符合如今用户习惯的社区化和社群化的新型营销方式——让沱粉认领猪仔，一次性成功认领了30余头猪。按照当地平均2头猪养活一家人的基数来计算，一次认购，沱沱工社帮助了近20家贫困农户解决了他们一年的生计问题，为橡子黑猪产品打开了销路，实现了对当地农民的扶贫增收。

资料来源：https：//baijiahao. baidu. com/s? id=1736224950869611423&wfr=spider&for=pc.

第三节 免费模式

俗话说“天下没有免费的午餐”，但是在移动互联网时代，这句话好像已经被彻底颠覆了。手机用户时时都在使用着免费的Android系统、免费的微信通信软件、免费的360手机卫士、免费的移动地图软件，等等，免费已经成为移动互联网的主流。同时，免费已经成为移动商务企业在竞争中获胜的法宝之一。

一、免费模式概述

早在20世纪初期，“免费”的商业模式就十分盛行。例如，剃须刀厂商通过免费派送剃须刀具，从后续销售刀片中盈利，就形成了典型的捆绑销售模式；早期的电视节目也是免费向观众播放的，通过第三方——广告商预付的广告费来盈利；咖啡厅免费为顾客提供Wi-Fi上网，其3美元一杯的拿铁咖啡每天都供不应求；1996年，在微软与网景之间爆发了历史上最为奇特的商战之一：双方争着把浏览器免费送到客户手中；在中国，电信运营商在用户安装宽带时免费提供ADSL调制解调器；银行提供免费的银行卡；等等。腾讯QQ、微信、电子邮箱、360软件等免费网络工具或网络服务给人们的工作和生活提供了很大的便利，甚至在一定程度上改变了人们的工作和生活的行为方式：利用互联网可以收看免费的电影以及收听海量音乐；大量的门户网站和专业类细分网站免费为人们提供了无穷无尽的信息资源。诸如此类的免费商业模式数不胜数，可见“免费”的商业模式并非是一个新生事物，而是通过不断地改变其模式形式来呈现，免费似乎改变了人们数千年来的等价交换法则。20 世纪末的互联网革命诞生了互联网经济，互联网经济的发展使它越来越成为免费经济的代名词，以数字时代的“免费”商业模式踏上了历史的舞台。2004 年提出“长尾”理论的经济学家克里斯·安德森惊叹：“这个世界太疯狂，全世界都在发送免费的午餐。”

移动互联网时代，用户需求在变，业务类型在变，盈利模式在变，唯一不变的就是用户规模，只有先把用户留住，才能再考虑如何在用户身上挣钱。在对价格非常敏感的中国互联网市场，免费是移动互联网企业赢得海量用户的重要手段。因此，以免费模式吸引用户、做大规模受到众多移动互联网企业的青睐。

二、免费商业模式产生的原因

从传统经济学来看，商品的价格＝成本＋利润。在一个完全竞争的市场里，一个产品的长期目标价格趋向于该产品的边际成本。这里的边际成本表示当产量增加一个单位时，总成本增加多少。一般而言，随着产量的增加，总成本的增量是递减的，从而边际成本下降，这就是所谓的规模效应。随着互联网经济的发展，免费模式受到众多互联网企业的垂青，从而产生了新型的商业模式——免费。

（一）数字产品的成本特征

对于数字产品而言，它的成本结构比较特殊，生产第一份产品需要投入很大的研发和创造成本，但第一份产品出来后，复制的成本极低。比如现在越来越多的微电影，当初创作者花费很多的灵感和精力做创意、拍摄和后期制作，而在完成后，传播和复制的成本就几乎可以忽略不计，上传到优酷后，可以让很多的网友看到，几乎没有发行成本。据说微软开发 Windows 95 花费了 2.5 亿美元，因此它的第一张光盘就已经花费了这么多的成本，但第二张和第三张的成本就只有几美分。由此可见，数字产品具有很高的固定成本和极低的边际成本。再比如杀毒软件，一个部门花了一年的时间研发完成，这是固定费用，但一旦上线后传播和复制的成本就变得极低，用户自行下载即可，下载一千万份和下载一万份对企业来说都一样（服务器和带宽等成本越来越低，不考虑在内）。也就是说，该款软件达到一定的销量后，边际成本可以认为是 0。通俗地讲，对 360 杀毒这样有着几亿用户的产品来说，多你一个不多，少你一个不少，你成为 360 杀毒的用户对 360 来说成本为 0。因此从经济学的角度来看，数字产品的免费模式是有理论依据的。

数字产品具有较高的固定成本和极低的边际成本特征。如在线阅读，通过网络传递内容的成本非常低，免费则能吸引众多的读者。如果网站平均每个页面设置两则广告，广告千次点击量可为网站带来 5～20 美元的广告收入，这就意味着每次有人点击这个页面，就可以拿到 1～4 美分的广告费，而维护这个页面的费用却是极低的。

以传统的经济学理论分析，在企业产品具有大量固定成本而边际成本相对较小的时候，该企业只有通过大量的后期产品生产及销售，以获得规模效应，从而赚取利润。对于这类产品而言，由于后续生产的边际成本远远小于初始生产开发的固定成本，因此产品的数量越大，其平均成本越小。在销售价格至少大于边际成本的情况下，随着销量的增加，总利润会呈现大幅上涨的趋势。正是这种高固定成本低边际成本的生产关系体现了互联网时代数字产品生产的基本特征。

与传统产品的销售和消费模式相比，消费者或者受众在接受数字产品和服务时所花费的成本很低，产品的传递成本、储存成本几乎都下降为零。消费者只需花费搜寻成本以及学习成本，而这两项成本对于大多数数字产品而言也是很低的。随着谷歌、百度、360 搜索、搜狗等搜索技术的不断进步，未来搜索成本将会不断下降，网络用户可以准确而便捷地查找到自己所需要的数字产品。正是基于互联网数字产品的这种生产及消费成本的特征，使得互联网数字产品的制造商往往选择前文所述的免费商业模式来销售商品，以期取得更大的市场份额，从而通过大量低边际成本的后续商品销售来实现前期投入的回收，并最终获得收益的最大化。

（二）注意力经济促成免费商业模式

美国学者迈克尔·戈德海伯（Michael H. Goldhaber）在 1997 年最早提出“注意力经济”的概念，他在《注意力购买者》（*Attention Shoppers*）一文中指出，“注意力经济”是指如何更有效地配置企业现有的资源，以最低成本去吸引用户或消费者的注意力，通过培养其潜在的消费群体，以期获得最大的未来无形资产，即经营消费者的注意力。当今社会是一个信息极大丰富甚至泛滥的社会，互联网的出现更是加快了这一进程，信息以及同质化的产品非但不是稀缺资源，相反是大量过剩的。消费者去寻找这些信息或产品就需要耗费时间和精力，以便建立对所需商品的了解和信任，而消费者的这种时间和精力的耗费又会随着信息的泛滥而不断增加。因此，相对于过剩的信息，消费者的注意力开始变得十分稀缺，从而使得吸引消费者的注意力成了互联网经济的显著特征。特别是当数字产品极低的边际成本使得传统的定价策略在数字产品市场上失效时，吸引消费者注意力就成为成功获取最终收益的关键。在互联网经济中，互联网企业为了盈利就必须将注意力转化为经济价值，互联网媒体既需要吸引大众的注意力，同时又要完成注意力价值的交换，所以互联网经济是在吸引大众注意力的基础上创造价值。在注意力经济时代，拥有大量的客户就掌握了大众的注意力，庞大的客户群就成了公司最大的资产。这种将客户群纳入公司资产的做法改变了传统经济对于资产的认识，与稀缺经济的理论方法有很大的不同。正如目前中国最大的互联网公司腾讯当初所采取的商业模式，在通过“免费”的产品“诱饵”成功获得消费者的注意和认可后，再通过这些产品的后续经营利润去收回当时的大量固定投资和免费产品的成本。当奇虎 360 以免费杀毒软件赢得数以亿计的注册用户后，其后续的盈利模式则变得简单而又清晰了。可以说奇虎 360 公司的成功正是在于有效地吸引了当时电脑用户的注意力，在市场竞争尚未白热化之时及时地获得了消费者的注意力，从而获得了市场的绝大份额，为其后续的企业经营发展创造了非常有利的条件。因此，在移动互联网时代，如果网络经营企业成功地掌握了大众的注意力，那么企业离成功就不远了。

（三）免费商业模式是提高“网络效应”的有效手段

互联网存在网络效应，在互联网经济中，伴随着使用人数的增加，信息产品或服务的效益才会逐步增加，从而产生规模效应。当信息产品具有网络效应时，通过实行免费模式来扩大用户规模、提升网络价值成为互联网公司一项基本策略。

所谓网络效应，是指一个网络的价值取决于该网络用户的数量，用户数量越大，网络的价值就越大，即一种产品越是受到人们的欢迎，人们对它的评价就越高，需求量也就越大。网络效应会产生滚雪球效应，一旦网络用户达到一定的数量后，网络的用户人数越多，就会吸引更多的用户加入网络，从而产生需求方规模经济，即产品的效用随着使用人数的增加而增大。这种网络效应也称为直接网络效应。试想，当某个消费者使用某公司的邮箱或者通信工具时，而其余大部分人都不使用这一工具，那么该消费者如何能与别人顺利完成沟通和交流呢？互联网公司就是利用直接网络效应来扩大产品的客户群，以吸引更多的注意力。美国著名的流量信息网站 Alexa 曾就各大门户网站的访问流量与经济价值进行过深入的比较分析，一个显著的结果即是某个网站的访问量越大，则该网站的商业价值越大，这种价值初期表现在该网站的广告费用及网页版面收入上，随即则更深层次地反映在该网站的证券市场市值及评估价值等具体价值之中。

还有另外一种网络效应，即间接网络效应。间接网络效应的作用机制有所不同，它是指同一个网络下多个相关产品的关系，即其中一种网络产品用户数量的增加会带动相关产品需求增加，产品之间有可能存在互补效应，也有可能只是同一网络下或同一品牌下的产品。随着相关产品需求的增加，产品之间会形成正反馈效应。这种互补产品销量的增加从形式上和传统经济理论中互补产品的原理相似，但效果要更为明显。当消费者习惯于使用某网络企业的一种商品时，他也往往会被该企业的其他商品所吸引。因此，互联网企业就可以通过其中一种免费产品来扩大自己的客户群，用其他的产品或者升级产品来获取价值。在这种情况下，产品的效用取决于互补产品的品种多少、质量好坏和价格高低。互补产品的品种越多、质量越好、价格越低，产品本身给消费者带来的效用价值就越高。可见，互联网企业就是充分利用间接网络效应将注意力转化为价值。互联网企业深知网络效应的重要性，很多企业在产品推向市场的早期，为了产生网络效应，都采取了种种措施，免费就是其中的一种。例如，淘宝网在成立之初，为了迅速扩大市场就采用了免费的策略；同样，2008 年奇虎 360 推出的安全卫士也高调宣布 360 杀毒软件永远免费。这种种免费策略的选择，其目的均在于直接或间接地扩大网络效应，从而使企业最终从消费市场中获得更大的份额。

三、互联网免费商业模式的分类

在互联网经济中，人们确实享受到了种种免费的好处，但作为互联网企业最关心的问题必然是企业的盈利模式与盈利能力。互联网企业在短期内基本均倾向于通过免费迅速占领市场，扩大“客户资产”以引起注意力，从而形成网络效应，但是长期来看，互联网企业必须建立自己的盈利模式，以达到最终利润最大化的目的。因此，每种免费模式下一定会有互联网企业根据不同经营战略需要所选择的商业模式。以下是互联网经济中几种常见的免费商业模式。

（一）免费+收费的模式

免费+收费模式又称为免费增值模式（Freemium Business Model），它是互联网最常见的一种商业模式。免费+收费商业模式最早由美国风险投资人弗雷德·威尔森（Fred Wilson）提出，这种商业模式是企业为用户提供免费服务，借助口碑营销、良好客户体验聚集大规模用户和流量，然后向用户提供增值产品和服务，以实现企业的盈利。在Web平台，免费成为一种普遍的商业模式，相比于Web平台，在移动平台上，从免费到收费模式是一种更自然的过渡方式，使实行收费成为可能。从Web时代到后Web（Post-Web）时代，随着技术与用户行为的改变，商业模式也在悄然变革。用户行为已经开始从Web时代的浏览器主导逐渐演绎到现在的App，人们越来越多地采取订阅的模式来消费内容。因此，在Web时代盛行的免费模式，在移动互联网时代，将逐渐变成一种免费+收费的商业模式。当一个网络或平台拥有足够多的用户和流量时，它就不必担心赚不到钱，因为总有少数人去购买他们的收费产品，而且庞大的用户规模和流量提升了平台的广告价值，盈利模式逐步多元化。

免费增值模式的兴起有两种主要推动力量。一方面，业务多元化的发展使得交叉补贴被越来越多地使用；另一方面，在移动互联网领域，随着用户规模的不断扩大，每个用户的边际服务成本加速下降，并趋近于零，这为免费增值模式提供了基础。

免费增值模式是目前移动互联网企业普遍使用的商业模式。在国内，知名的互联网企业如百度、腾讯、奇虎360等，都是这种模式的践行者。众所周知，360是杀毒软件永久免费的开创者，对于普通用户而言，360就是杀毒软件的代名词，而360是怎样利用庞大的用户规模实现盈利的呢？

实际上，360的盈利与其安全产品并没有直接关系，免费的安全产品只是吸引用户的诱饵，其是以安全产品为入口，将海量用户牵引到其他前端产品，如浏览器、安全桌面等，再将浏览器用户进一步转化为导航站及游戏用户，通过带给第三方流量和用户，从第三方获得收入。正是提供免费产品所起到的广告和导向作用，才能使付费产品有如此大的潜在市场。

（二）免费+广告的模式

这种模式又称作“三方市场”或“双边市场”，就是由第三方付费来参与前两方之间的免费商品交换。“免费+广告”模式的一个典型例子就是电视媒体：电视媒体负责向观众免费播放新闻、娱乐节目以及广告，而广告商向电视媒体支付广告费，广告产生了较好的效应可以扩大广告商的产品或者服务的销量，最终弥补广告费；媒体运营商用广告费收入来弥补运营成本并获得利润。观众虽然免费收看了电视节目，但是只要观众中有极小的一部分人在观看广告后购买了广告发布商的产品，那么广告发布商就能获取广告效用的回报。

再比如，谷歌和百度，都属于搜索类网站，它们的共同特点是为广大网民免费提供方便、快捷的搜索服务，从而聚集了大量的用户和流量，谷歌和百度并不直接从使用者身上赚钱，而是向发布信息的企业收取费用。因为大量上网用户使用谷歌、百度搜索服务，为谷歌、百度创造了巨大的“注意力”，“注意力”就是价值，从而吸引无数企业在这两个网站上投放广告。

中国用户更偏向于免费应用软件的使用，这是由于中国消费者在互联网时代形成的消费理念与免费习惯导致的，国内手机用户要养成付费下载的习惯还需要一个较长时间的培养过程。在这种背景下，移动应用免费下载＋广告植入模式，就责无旁贷地成为推动移动应用产业在中国成长以及快速实现收益的另一根救命稻草。根据贝叶思调研结果显示，目前国内的移动应用开发者中 70％以开发免费应用为主，仅有 30％的开发者及团队以开发付费应用为主。移动应用的“免费＋广告”模式，可以大大降低手机用户参与的门槛，因为免费可以让中国的移动应用市场积累起庞大的用户市场规模，成为行业发展初期的最佳选择。“免费＋广告”模式将成为移动应用“付费下载模式”的有力补充，更符合中国手机用户的习惯，也更容易解决移动应用开发者的商业模式和成为移动应用开发者盈利模式的重要手段之一，从而盘活整个产业链。

移动互联网“广告＋免费”模式之所以走向历史舞台，是因为开放的传统宽带互联网已经培养了广大网民免费化的消费心理，转入移动互联网时代，由于传统宽带互联网业务与移动互联网业务具有很多的相似性，因此免费化的消费心理也逐渐影响到移动互联网的用户行为。从整个产业的发展角度来看，针对前向用户的免费应用和服务将会培育出更大的有效用户规模，从而对后向广告主更具吸引力，而移动互联网本身所固有的个人化及社会化特征也是广大广告主们愿意花大资金投入的重要原因。

（三）非货币市场模式

非货币市场模式来自个人行为的外部性。由于互联网信息传播的成本很低，人们上网的时间几乎是免费的，唯一花费的就是时间成本，这也是互联网能迅速普及的一个重要原因。如今互联网已经成为一个大的平台，人们可以在互联网上完成各种各样的互动，用来满足自己各种需求，或者进行交换。只要存在一个大型的平台，就存在交换的可能性，人们通过交换各取所需，彼此增加对方的福利。例如，为了满足自己的表达欲或者增加在某个组织的认同感，人们倾向于在网上发表自己的观点，或者告知他人一些信息。随着大量人群在互联网社区的聚集，在网络效应的作用下就会吸引更多的人参与进来，从而形成更大规模的聚集，使互联网具有一定的公共性。个人行为的外部性给其他人带来效用的提高，从而使公众处于一个有利的外部性平台上，这就是互联网络商业模式的非货币市场模式本质。

移动互联网中关于非货币市场模式比比皆是。如抖音具有丰富视频内容，积极打造用户创造内容（UGC）平台，用户可以通过互动方式上传内容，用户创造内容将是未来互联网传播的主导力量。再如用户在旅游景点拍照上传与朋友分享，同时也上传了其所在的地理位置，从而帮助更多的潜在游客了解其周边的景色；大众点评是一个典型的 UGC 移动网站，用户可以对使用过的餐馆、娱乐场所进行点评，提供相关用餐资讯，这些信息对其他用户挑选餐馆有着很好的参考价值。在大量用户点评的基础上，大众点评深入挖掘自身的营销和渠道优势，推出了点评卡等多种服务，用户凭此卡可在其联盟店享受一定的折扣优惠，这实际上是一种劳动交换。可以看出，点评的用户越多，对提高相应网站或服务的价值、品牌的作用就越大。大众点评凭借其平台优势拓展服务领域，通过增值服务、线下服务、佣金收入和广告等实现了盈利。

总之，科学技术的进步成就了互联网，也得益于互联网的广泛应用。新型的“免费”商业模式不断地攻城略地，向传统的商业模式发出强有力的挑战。环顾四方，一片片的商业沃土上遍插“免费”的大旗，这已经是一个用户对“免费”习以为常、商家视“免费”为盈利模式的时代。可以预言，免费的商业模式最终将成为改变人们生活及消费模式的重要因素。

法治护航

防范互联网“免费”套路行为

银保监会消费者权益保护局发布的2022年首期风险提示，提醒消费者注意防范侵害金融消费者知情权、自主选择权、公平交易权、财产安全权的网络“套路”行为。比如在贷款产品网络营销中，有息费不透明、虚假宣传、莫名收费等类似“套路贷”行为；在保险营销中，有以“首月0元”“免费保障”等为噱头的误导投保“套路保”行为。

在互联网保险营销中，保费交纳前轻后重、层层递增等“套路保”行为也是以“免费”或“优惠”之名进行诱导。比如片面宣传“首月0元”“首月1元”“免费领取”，以“零首付”等套路给人优惠错觉，实际上是将保费分摊至后期，消费者并未真正享受到保费优惠。此外，还有炒作“限售、限时、限量”，不如实、不准确介绍产品责任、功能和保险期间，或以银行存款、理财产品等其他金融产品名义宣传销售保险产品等销售误导行为。有的消费者就因所谓“免费”“限时”等套路，被误导投保了不需要甚至是完全不了解的保险产品。

针对上述风险或问题，银保监会不断完善制度、强化监管力度，联动相关单位齐抓共管，有力整治突破道德底线、漠视群众利益的行为。此外，从广大消费者角度，如何增强风险防范意识，防止“免费套路”营销行为侵害自身权益，银保监会消费者权益保护局作出以下提示：

第一，警惕隐瞒风险、模糊费用等网络虚假宣传套路，根据自身风险承受能力和需求购买网络金融产品。

第二，警惕过度负债风险，合理合规使用个人消费信用贷款。

第三，警惕网上非法“代理维权”侵害，谨慎对待网络签字、授权等重要环节，选择合理合法途径维权。

第四，警惕网上的“债事服务”等名义的诈骗侵害，正确看待、依法解决债务问题。

第四节　C2B 模式

C2B 是以聚合消费者需求为导向的反向电商模式，起源于 1998 年美国 Priceline 客户自我定价系统，在旅游、航空淡季市场非常受欢迎。Priceline 在 1999 年第一季度通过 C2B 就卖掉了 19.5 万张机票，最高峰一天卖掉 6 000 张；同年 3 月，Priceline 在纳斯达克上市，受到投资者的热捧。C2B 发展需要庞大的社交平台做组件，在移动互联网时代得到了蓬勃发展。2013 年 1 月，阿里巴巴集团在杭州举行的“C2B 定制研讨峰会”上对外宣布，启动 C2B（消费者驱动）战略，推出大规模定制产品平台——聚定制，将在家电、家居、旅游、电信等行业发力，未来通过聚定制平台将更有效聚合需求，消费者将能购买到个性化的高性价比商品。

一、C2B 模式概述

C2B（Consumer to Business）模式指消费者对企业的交易模式。狭义上的理解是有别于 B2C 的反向电子商务模式，通过聚合分散但数量庞大的用户从而形成一个强大的采购集团向商家集中采购的行为，也叫反向定制或聚定制。这种理解低估了 C2B 带来的商业变革力量。广义的 C2B 的理解是由消费者（Customer）发起需求，企业（Business）进行快速响应的商业模式，即客户需要什么，企业就生产什么。C2B 的核心是消费者角色的变化，由传统工业时代的被动响应者变为真正的决策者。B2C 模式是典型的推动（Push），而 C2B 的模式是拉动（Pull），即按需定制，降低甚至消除了库存和相应的成本。C2B 的另一个特征是积少成多、聚沙成塔，企业利用社会的零碎资源和个人的能力及零碎时间低成本地帮助企业完成需要大量劳动力、短生命周期或企业不具有能力和资源的项目。

B2C 电子商务模式的特点之一是信息对称，比拼的就是价格，这严重挤压了供应商和电商的生存空间。供应商难过，B2C 企业更难过。然而，从消费者的角度看，有太多的选择，这让他们无所适从。这样的恶性竞争是注定无法长久的。消费者需要的是性价比，而不仅仅是简单的便宜，移动互联网的发展促进了 C2B 模式的演进。与之对应，C2B 是消费者发起的需求，更加贴近生产。通过博弈数据的挖掘，可以对消费者的层次进行分类，从而可以更有针对地给消费者提供适合他的高性价比产品，对供应商而言，也更加贴近消费者产品，降低了风险，提高了效率。

C2B 模式的竞争优势达成，是消费者用商品的某些属性上的交换，商品价格优势背后是“时间”“选择权”等属性的丧失。从商家的角度，在固定沉默成本和对既有消费群体利益影响较小的情况下，追求利益的最大化，其中信息技术的应用起到了至关重要的作用。数据智能体系是 C2B 模式的核心内容。C2B 模式更适宜作为具有庞大资源和用户的综合性平台的组件，对其他业务模式有着提升促进作用，特别是对社交关系具有其他商业模式难以替代的作用。C2B 模式的典型应用就是用户个性化定制，由消费者主导，提出自己的需求，由厂商根据消费者的需求定制相应的个性化产品。

二、C2B 模式的主要形式

目前看来，基于移动互联网的电商 C2B 模式主要依靠的形式还是聚合需求形式和要约形式，同时个性化定制也是一个重要的形式。

（一）聚合需求形式

聚合需求形式 C2B 模式是通过预售、集体团购等形式将分散着的用户需求集中起来，对于一些还没有生产出的产品，可以根据集中的需求进行快速的生产，在用户需求完全表达的理想情况下，这使得商家的供给可以正好与用户的需求匹配，避免了资源的浪费。对商家而言，即需即产实现了零库存，而由于已经知道需求的分布，甚至可以选择不同的生产地点进行生产从而降低运输成本，同时由于用户已经付费而确定了收益，商家也不必担心调研时口碑很好的商品大规模生产后出现“叫好不叫座”的情况。这种形式整体降低了商家的成本，在一定程度上避免了商家的损失。

而对用户而言，由于商家的成本降低，通过预售购买的用户可以享受到更低的价格，其实在某种程度上可以理解为是在用“时间”换“价格”。很多用户对一些物品的时间属性并不十分敏感，而低价正好迎合了这些用户的需求。可见聚合需求的形式给商家和用户都会带来许多好处，不过目前也存在着许多问题，其中最大的一个问题可能就是商家是否可以根据用户的需求实现迅速生产。

一方面如果聚合的需求较少，生产起来单位成本则会很高，商家一般不会做这些产品，而已经预订的用户的感情也许就会受到伤害；另一方面如果需求较多，商家是否有能力实现快速生产？虽说弱化了时间属性，但时间过长的话用户必定不能忍受，此外还有一个行业问题，比如服装等季节性较强的行业，强调发布的时间，也许就不适合这种形式。针对这个问题，可以考虑在发布预售或团购时就注明预售数量达到多少时该预售生效，让用户有心理准备，同时商家要衡量自身的生产能力和运送能力能不能达到即需即销的要求，也许通过与其他商家或平台共同合作能从一定程度上缓解这个问题，但关键还是商家的能力与规模。聚合需求形式整体上说还是有着较大的用户群体，如果商家有足够能力，这种形式还是很有发展空间的。

（二）要约形式

随着中国经济近十年的持续快速发展，人们尤其是富人阶层和都市先锋人群的消费观念已经发生转变，部分高收入者和崇尚自我个性的人群并不很在乎过去人们认为的消费的最重要的影响因素——价格，而是把产品的品质和特性的重要性置于价格之上。他们消费时往往更看重产品的质量、样式、品位等方面，由此催生出团购的另一大潜在市场：通过自发或者第三方平台聚合为数众多的该类用户，促使企业按他们的需求进行设计和生产，甚至可能改变企业所提供的产品内容，比如材质、外观设计、组合方式等。

这种形式的典型例子是 Priceline，即将销售方与购买方的传统位置调换了一下，用户自己出价，商家选择是否接受。从商家角度来说，这种方法最理想的状况是使消费者剩余趋零，提高了利润。Priceline 平台帮助用户在商品的品牌、特性和卖家（通常是航空公司、酒店、金融服务公司）的低价格之间求得平衡；用户可以向 Priceline 提交他们的期望价格和产品，卖方通过 Priceline 了解用户的产品需求和价格，然后根据用户需求特征提供他们所需要的产品来形成交易。

所谓消费者剩余，是指消费者为取得一种商品所愿意支付的价格与他取得该商品而支付的实际价格间的差距。比如一款商品价格为 50 元，用户 A 愿意为这款商品支付 55 元，用户 B 愿意支付 60 元，那么用户 A 消费者剩余为 5 元，用户 B 为 10 元。对商家而言最理想的情况是将商品 55 元卖给 A，60 元卖给 B，但由于 50 元的公开定价使得商家在 A、B 用户身上损失了 15 元。而要约模式对商家而言是将价格隐藏，并根据用户的出价来进行判断是否销售，这种方法可以降低消费者剩余，对商家有利。对用户而言，如果对一款产品愿意支付的价格是 60 元，尽管产品实际价格为 50 元，尽管用户都想越便宜越好，但在用户不知道实际价格时，60 元买到了产品同样会感到高兴。

上面说的是比较理想的情况，在真正的要约模式电商中不可能只是商家得利，如果仅是某一方得利而造成了不平衡，那么这种模式也不可能长久。这种 C2B 电商的问题在于买家之间如果可以互相联系，那么就可以都用较低的成交价格进行买卖，而如果买家可以有较多次的尝试，从低价开始慢慢提高，甚至可以测出产品的实际价格，这种要约模式也就失去了意义。在设计要约形式时规则十分重要，对用户的保护也十分重要，如果用户多次要约都以商家拒绝而结束，那么我想用户也不会第二次再访问你的网站。但如果以高于产品成本一定区间内的价格销售，给予付溢价较多用户赠品或更好的服务等超出用户预期的体验，给多次要约失败用户一定补偿和鼓励，也许会有助于这类网站的稳定发展。这种模式相对较为新颖，可以吸引一定用户与商家，但设计与规则是重中之重，同时如果站内商品在别的公开平台可以查到价格，那么也就失去了意义，所以要约模式对于服务行业更为合适。

（三）个性化定制

由用户提出个性化需求，商家根据需求生产个性化产品，用户为此付出一定的溢价，这听上去不错但做起来很难。其实，目前也有一些商品在销售时可以个性化定制，但这个个性化一般都仅仅是针对某个小模块，比如 iPad mini 订购时背面的刻字，又比如购买手机时外壳的颜色和样式等。这些定制可以给用户带来一定的个性化元素，让用户体会到产品的不同，但这还不够，仅仅是某一个模块的定制并不能带来实质性的变化，某一商品的外观、功能、包装、销售过程等都应该实现个性化的定制，这在目前看来并不容易实现，但是一个发展的趋势。人们都有从众的内在倾向，也可能正因为如此我们才更加想让自己看起来与众不同，打造唯一属于自己的产品，这会迎合许多用户的需求。

当然，为了这种个性化用户也需要付出更多的金钱，目前为个性化买单的理念虽有发展但并没有完全普及，随着人们自我展现需求的不断加强以及个性化的不断升级，为个性化买单，买属于自己的产品的理念终会深入人心。这种深度个性化的定制也对商家的设计与生产提出了更高的需求，要求其在设计产品时就要考虑到如何让产品更有可配性，同时要为生产做铺垫，要考虑这样的个性化是否有利于生产，生产流程也需要一定改变，这无疑会增加成本。可见，个性化定制同样要求着商家有着较强的实力，因此普及真正的个性化定制还尚需时日。

这个阶段的C2B商业模式将极具有创新性，对企业而言，需要在满足用户个性化定制所需更高成本和群体采购所要求的低价格之间达到平衡；对用户而言，则需要在满足个性化产品所需支付的高价格和群体采购可能出现的个性弱化之间寻求平衡。作为国内率先提出“全屋定制”概念的家居品牌，尚品宅配通过“C2B＋O2O”创新商业模式，为消费者提供一站式家居个性化定制服务，发展成为现代家居服务企业，并且以软件技术、创新能力、先进的柔性化生产工艺、云计算和大数据实践，成为中国工业4.0的样本。尚品宅配从前端的设计、生产制造，再到末端的物流配送上，利用大数据的原理，以信息化的手段对全流程进行优化，不仅破解了定制家具难以批量化生产的问题，同时在生产制造环节仍保持着高效。因此，公司的生产业务一直保持高速增长，2016年被工信部评选为“智能制造试点示范企业”，2019年入选“CCTV大国品牌”。

法治护航

“微商”or“危商” 从业者法律风险有哪些?

作为移动电商主要形态之一，微商目前正以迅猛的态势发展着。它以微信、微博、微店为载体，以移动智能终端为硬件基础，借助社交网络关系开展产品及服务的营销。

微商经营的产品主要是一些利润较高的快消品，例如零食、面膜等，以分销、代购为主，微商从业者具备严格的等级和收益划分，且一般市场定价制度比较严格。与传统电商相比，微商营销门槛低、自由度高，销售渠道、方式均发生了重大变化，这也为大众提供了就业和创业的新平台，但这一过程中也衍生出来不少问题。

微信朋友圈里的很多微商都是无实体店、无营业执照、无信用担保、无第三方交易平台的“四无”微商。尽管通过微信朋友圈的销售模式很大程度上方便大家购买商品，但也带来了一系列的问题，如销售假冒伪劣商品、三无产品、涉嫌传销，甚至恶意诈骗等。

微商从业者面临如下法律风险需要注意：“裂变”之下的微商产品代理模式涉嫌传销，三无产品层出不穷，销售假冒商品屡见不鲜，推销产品夸大其词或涉嫌虚假广告，微商主体登记制须落实，超范围经营或涉嫌非法经营。

第五节 移动电子商务平台

移动电子商务平台是为企业和个人提供网上交易和洽谈业务功能的平台，即开展电子商务活动的场所。随着移动电子商务的崛起和快速发展，移动电子商务平台的发展也如火如荼，主要有传统移动电子商务平台、跨境移动电子商务平台和社交移动电子商务平台。移动电子商务平台多种多样，企业不能盲目跟风，而应根据目标群体和自身资源优势、特点选择适合的移动电子商务平台，这样才能在激烈的市场竞争中站稳脚跟。

一、传统移动电子商务平台

随着移动电子商务的迅猛发展，许多企业纷纷开始在移动电子商务领域进行全面布局，主要包括电子商务平台移动端的衍生以及传统企业的移动端的布局。

（一）电子商务平台移动端的衍生

近年来，移动购物正在飞速增长之中，已成为电子商务的新增长点。京东、阿里系、唯品会、苏宁易购等传统电商平台纷纷推出相应的移动端平台，更好地优化消费者的购物体验，培养消费者的购物习惯。

作为最先试水移动购物的网络零售企业，京东商城从 2011 年开始布局移动端，陆续推出了 iPhone、Android、iPad 手机客户端，不仅具有商品浏览、购物、订单跟踪、晒单、商品评价等功能，更有精心设计的操作界面，让消费者能享受移动购物的便捷。

手机淘宝是淘宝网官方出品的手机应用软件，整合旗下天猫、聚划算、淘宝商城为一体，具有搜索比价、订单查询、购买、收藏、管理、导航等功能，并依托于淘宝网强大的平台优势，将淘宝网的业务平移到移动端，通过各种促销方式，培养消费者通过移动端购物的习惯。

唯品会为了拓展移动端业务还单独成立了移动事业部，并且通过一些促销政策来推动移动端的发展。

（二）传统企业的移动端的布局

伴随着互联网+的快速发展，我国的移动应用经济迅速崛起。新型移动互联网创新求发展的同时，传统企业也在积极转型，借助新平台迎来广阔的发展以及“弯道超车”的契机。银行、航空公司、汽车品牌以及传统的零售、旅游、餐饮企业，正在借助移动端实现线上和线下资源联动的销售闭环，并利用移动端打造优质的用户体验，获得新的商业增长。一方面，企业积极推进线上线下无缝融合，布局全渠道销售，另一方面，传统企业凭借在资源投入方面的绝对优势，保证了消费者售前和售后购物体验。这些对于本身就拥有线下流量的传统企业来说，把自己的线下资源变成电商的流量入口，再结合电商平台稳步发展或许才是发展的方向。

二、跨境移动电子商务平台

随着经济与互联网的快速发展，跨境电子商务应运而生，作为对外贸易的新业态，跨境电子商务缩短了外贸的交易链条，以小额交易、低成本、低风险、敏捷灵活的特点迎合了全球经济发展的趋势。多批、小批的对外贸易订单需求将取代传统的对外贸易大宗交易，为促进跨境电子商务发展注入动力。尤其是进入移动互联网时代，国家政策的进一步支持，跨境电子商务向移动端拓展业务，促进了跨境移动电子商务快速发展。据海关统计，2020 年，跨境电商进出口 1.69 万亿元，增长 31.1%。2021 年我国跨境电商市场规模继续保持高速增长态势。

（一）跨境移动电子商务概述

跨境移动电子商务是指分属不同关境的交易主体，在移动互联网环境下，通过跨境电子商务平台达成交易、进行支付结算，并通过跨境移动电子商务物流送达商品、完成交易的一种新型国际贸易活动。

跨境移动电子商务不仅仅是跨境电子商务在 PC 端的延伸和工具上的变革，更是跨境电子商务在思维上、模式上的革新。它是利用移动互联网开展跨境电子商务的国际贸易新模式，因此跨境移动电子商务兼具跨境电子商务和移动互联网的特点，具体体现在以下四个方面：

1. 交易的灵活性

从 B2C 方面看，移动端使消费者能够随时随地进行购物；从 B2B 方面看，全球贸易朝着小额化、碎片化发展的趋势明显，移动端可以让跨境交易无缝完成，商家可以随时随地做生意，如白天商家可以在仓库或工厂用手机上传商品图片，实现即时销售，晚上商家可以回复询盘、接收订单。

2. 贸易的实时性

互联网的发展加速了国际贸易的发展，PC 端的通信工具方便了贸易双方的交流，减少了时滞产生的影响。移动互联网和移动智能终端的便携性，使国际贸易买卖双方真正实现了随时随地实时交流，减少了不对称消息对贸易的影响。

3. 支付的便捷性

跨境电子商务向移动端拓展，相应的支付方式也开始由 PC 端的支付方式发展到移动支付方式，使支付更加便捷。境外消费者可选择贝宝（PayPal）、谷歌钱包（Google Wallet）等移动支付方式进行移动支付，境内消费者可选择支付宝、微信、快钱和易宝等支付工具进行移动支付。

4. 消费的分散性

跨境移动电子商务模式下，消费者的购物习惯发生了改变，消费者的移动海淘行为是“碎片化”和“分散化”的，消费者可以随时随地通过跨境移动电子商务平台选购商品。

（二）常见跨境移动电子商务平台

随着跨境电子商务行业的蓬勃发展，企业纷纷涉足跨境电子商务领域，近几年陆续涌现出新成立的跨境移动电子商务平台。常见的跨境移动电商平台分为进口跨境移动电子商务平台和出口跨境移动电子商务平台。进口跨境移动电子商务平台和出口跨境移动电子商务平台还可以进一步分为 B2B 类和 B2C 类跨境电子商务平台。下面我们介绍一些国内常见的跨境移动电子商务平台。

1. 阿里巴巴国际站

阿里巴巴国际站（Alibaba.com）成立于 1999 年，是阿里巴巴集团的第一个业务板块，旨在帮助中小企业拓展国际贸易的出口营销推广服务。它基于全球领先的企业间电子商务网站阿里巴巴国际站贸易平台，通过向海外买家展示、推广供应商的企业和产品，进而获得贸易商机和订单，是出口企业拓展国际贸易的首选网络平台之一，现已成为全球领先的数字外贸操作系统。

作为全球最大的B2B跨境电商平台，阿里巴巴国际站物流已覆盖全球200多个国家和地区，将与生态合作伙伴融合共振，通过数字化重新定义全球货运标准。

“阿里巴巴国际站”提供一站式的店铺装修、产品展示、营销推广、生意洽谈及店铺管理等全系列线上服务和工具，帮助企业降低成本、高效率地开拓外贸大市场。阿里巴巴始终以创新技术为内核，高效链接生意全链路，用数字能力普惠广大外贸中小企业，加速全球贸易行业数字化转型升级。阿里巴巴国际站移动端App是阿里巴巴面向电子商务商家打造的移动营销软件，商家可以通过该App快捷、有效地推广产品，批量处理和管理店铺等。

2. 敦煌网

敦煌网（DHgate. com）成立于2004年，是国内首个为中小企业提供B2B网上交易的出口跨境电子商务平台，致力于帮助我国中小企业通过该平台走向全球市场，开辟更加安全、便捷和高效的国际贸易通道。敦煌网以在线贸易为核心，以交易佣金为主要收入的模式进行运营，商家在敦煌网内进行注册、开店、发布和交易都是免费的，消费者购买时需要支付一定的佣金。

敦煌网在行业内率先推出移动端App，敦煌网（商户版）即敦煌网为国内商家打造的手机应用软件，不仅解决了跨境沟通和时差问题，并且打通了订单交易的整个购物流程。目前，商品图片的上传、店铺的装修等仍需在敦煌网PC端进行，在敦煌网商户版可进行订单的管理和与消费者即时沟通等。

3. 洋码头

洋码头成立于2009年，是中国海外购物平台，满足了中国消费者不出国门就能购买到全球商品的需求。

“洋码头”移动端App内拥有首创的“扫货直播”频道；自2013年12月正式上线至今，“扫货直播”频道已聚集了数万名海外认证买手，他们分布于美国、欧洲、澳洲、日韩等全球20多个国家和地区，现场直播血拼，体验同步折扣，洋码头跨过所有中间环节，降低了中国市场的进入门槛，让消费者体验真实的海外现场血拼。而另一特色频道“聚洋货”，则汇集全球各地知名品牌供应商，提供团购项目，认证商家一站式购物，保证海外商品现货库存，全球物流护航自邮。

另外，“洋码头”App的“社区”频道，会定期推出专题，传递流行时尚资讯；更有来自全球各地爱秀爱美的用户，实时晒出扫货战利品，分享其购物心情和攻略。

4. 考拉海购

考拉海购成立于2015年，是网易旗下以跨境业务为主的综合型电子商务平台。考拉海购主打自营直采的理念，在美国、德国、意大利、日本、韩国、澳大利亚等地设有分公司或办事处，深入商品原产地直采高品质、适合中国市场的商品，从源头杜绝假货，保障商品品质的同时省去诸多中间环节，在海关和国检的监控下，储存在保税区仓库。

目前，考拉海购主打母婴用品、美妆个护、食品保健、家居数码和服饰鞋包等品类。

考拉海购基于微信小程序还开发了网页版微商城，微商城与 App 的内容和功能基本相同。

5. 蜜芽

蜜芽的前身是蜜芽宝贝，创立于 2011 年，是中国领先的女性生活方式服务平台，覆盖业务集零售、自有品牌和会员营销一体。目前，蜜芽已服务超过 5 000 万中国年轻妈妈，满足母婴、家庭、生活产品和服务等全生活场景需求。

蜜芽于 2015 年打通跨境贸易和电商壁垒，开创跨境电商行业先河，成为中国首家进口母婴品牌限时特卖商城。“母婴品牌限时特卖”是指每天在网站推荐热门的进口母婴品牌，以低于市场价的折扣力度进行特卖。

蜜芽目前的销售渠道包括官方网站、WAP 页和手机客户端。蜜芽也是在母婴电子商务中率先步入“跨境购”领域。蜜芽不仅仅是保证 100%的正品，还在精品中做到低价。蜜芽在坚持采购标准、供应链管理标准和仓储标准的前提下，通过模式创新、提高效率等方法来降价，最终让利给妈妈们。

三、社交移动电子商务平台

移动互联网时代，消费者的消费行为越来越受到社交媒体信息的影响。社交移动电子商务是移动电子商务在社交媒体环境下的一种衍生模式，是社交媒体与移动电子商务的一个结合体。具体来说，社交移动电子商务是借助微信、微博、社交网站等社交媒体，通过社交互动、用户原创内容等手段来促进商品的销售，并将关注、分享、沟通、讨论等社交元素应用于电子商务交易过程的一种模式。简单地讲，通过时下流行的社交媒体和粉丝进行社交互动，来促进商品销售，就是社交移动电子商务。以信任为核心的社交型交易模式，是新型电子商务重要表现之一。2019 年，社交电商行业规模达 13 166 亿元，同比增长 110%，占网络购物市场整体规模的 12.38%，比例还在不断增加。

（一）社交移动电商的模式

社交移动电商包括以下四种模式：

1. 拼购型社交移动电商

以低价为核心吸引力，聚集 2 人及以上的用户，通过拼团减价模式，激发用户分享形成自传播。

2. 会员制社交移动电商

平台同意提供货仓、配送及售后服务等全供应链流程，通过分销提升刺激用户成为分销商，利用其自有社交关系进行分享裂变，实现“自购省钱、分享赚钱”。

3. 社区型社交移动电商

以社区为基础，社区居民加入社群后，通过小程序等工具下订单，社区团购平台在指定时间内将商品统一配送到团长处，消费者上门自取或由团长进行最后一公里配送的团购模式。

4. 内容型社交移动电商

通过各类型内容影响、引导消费者进行购物，同时通过内容进一步了解用户偏好，实现商品与内容的协同，提升营销转化效果。

（二）常见的社交移动电子商务平台

1. 拼多多

拼多多是专注于 C2M 拼团购物的第三方社交电商平台，成立于 2015 年 9 月，用户通过发起和朋友、家人、邻居等的拼团，可以以更低的价格购买优质商品。

拼多多旨在凝聚更多人的力量，用更低的价格买到更好的东西，体会更多的实惠和乐趣。通过沟通分享形成的社交理念，形成了拼多多独特的新社交电商思维。截至 2020 年底，拼多多年活跃买家数达 7.884 亿，成为中国用户规模最大的电子商务平台，较上一年底的 5.852 亿同比增长 35%，拼多多年成交额（GMV）为 16 676 亿元，同比增长 66%。

拼多多的成功在于利用微信巨大的流量形成低成本的用户裂变，抓住三四线及以下城市的用户追求高性价比的真正痛点，找到“爆款”商品来完成销售的闭环。其实际操作是用户看中一件商品后，可以选择自己开团或者参团，然后通过社交分享邀请更多的好友参团，当在有效时间内达到成团人数后，即可以拼单价购买商品。

2. 云集

云集是云集共享科技有限公司旗下电子商务平台品牌，是主打社交驱动的会员电子商务平台，旨在为电子商务平台会员提供美妆个护、手机数码、母婴玩具、水果生鲜等品类的商品选择。2019 年 9 月，入选 2018 年零售百强名单。

作为一家精品会员电子商务平台，云集致力通过“精选”策略，为会员提供超高性价比的全品类精选商品。通过帮助亿万消费者以“批发价”买到品质可靠的商品，云集推动发展零售电子商务消费的新业态新模式，真正意义实现助力行业消费升级。

云集微店是一个提供一站式个人零售服务解决方案的 App，其提供海量美妆、母婴等货源，并为用户搭建宣传推广，店主仅需通过分享完成商品的分销零售即可。

3. 贝店

贝店创立于 2017 年，是贝贝网旗下通过手机开店的分销推广社交移动电子商务平台。贝店秉承“人人皆可开店”的理念，为店主提供一站式的供应链及 SAAS 开店解决方案，帮助更多人开一家自己的店。贝店采用“自营+品牌直供”的模式，与数万个品牌直接合作，用户作为分销商自己开店，无须自己囤货、发货，而是由贝店统一采购、发货和提供相关的服务。用户成为店主后，自主选择商品上下架，当其他用户进入店铺或者通过店主分享的链接购买商品后，店主即可获得一定比例的交易佣金。

实训项目四 微店注册与运营

微店是提供让微商玩家入驻的平台，有点类似 PC 端建站的工具。微店不同于移动电商的 App，主要利用 HTML5 技术生成店铺页面，更加方便，商家可以直接装修店铺、上传商品信息，还可通过自主分发链接的方式与社交结合进行引流，完成交易。其中，微店是针对消费者的购物软件。本实训项目目标是使用手机注册开设微店。

一、实训目标

（1）熟练掌握微店注册开通流程。
（2）能够在微店上传商品。
（3）能够对微店进行运营和管理。

二、实训环境

无线 Wi-Fi，基于安卓系统的手机或平板电脑。

三、实训指导

（一）扫码进入微店开设界面

（1）进入微店官网：www. weidian. com，如图 4－5 所示。

图 4－5　微店官方网站首页

（2）使用手机扫描图中的二维码进入手机开设微店界面，如图 4－6 所示。

图 4－6　手机微店开设及 App 下载界面

(3) 在手机的微店开设页面，点击“免费开微店”按钮，进入微店 App 安装应用下载界面，点击“安全下载”，下载安装微店 App 应用。

(二) 微店注册

在手机上安装微店 App 后，然后选择该应用，进入微店登录或注册入口，如图 4-7 所示。

图 4-7　微店登录注册及微店管理手机界面

手机端微店只要下载微店 App 注册就可以了。注册的时候要求输入手机号码，输入手机号码注册，注册过程很快，马上就登录进去了。

(三) 微店管理

(1) 注册完成后，登录微店，选择“我的微店”。

(2) 微店的名字可以想个比较好听的，容易让人记住。刚开的微店是没有货物的，要自己添加。点击添加货物，可以加入货物图片、货物详情等描述，还可以设置商品价格、库存等，设置完成后货物就上架了，如图 4-8 所示。

图 4-8　微店设置及产品上架界面

(3) 如果你没有货物来源，可以在主页面第二页卖家市场里找到批发市场，或者可以用转发分成来推广盈利，甚至可以逛逛附近的微店。“促销管理”是微店商品的促销活动管理，“我要推广”就是把自己店里的商品推广出去，如图 4－9 所示。

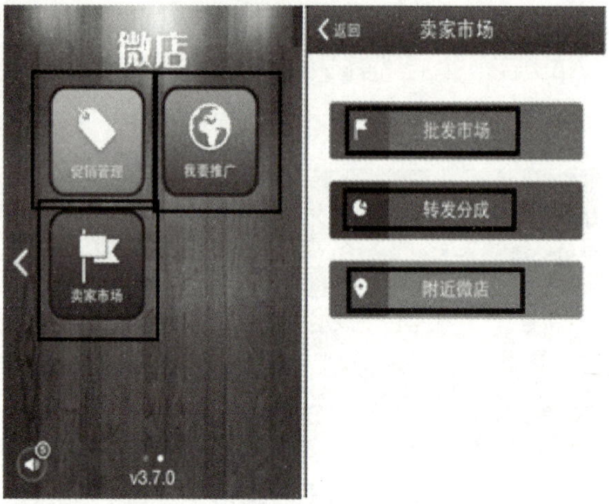

图 4－9　微店产品寻找及推广界面

思考与练习

1. 移动商务的商业模式有哪些？

2. 简述 O2O 商业模式和发展前景。

3. 你最喜欢移动商务领域中的人物是谁？他（或她）有哪些值得你学习的地方？

4. 免费模式为什么受到移动商务企业的青睐？

5. 根据学过的知识和通过上网（或其他途径）查阅美团资料，将其与大众点评进行对比分析。

在线练习

第五章 移动营销

知识目标

了解移动营销的基本理论和特点；

熟悉移动营销的几种类型。

技能目标

能根据实际需要，运用微信营销、二维码营销、移动 App 营销、LBS 营销、微博营销等方式进行营销推广。

素养目标

培养从业人员的法治意识和职业道德；

践行社会主义核心价值观，致力打造诚信网络空间；

作为移动商务从业人员，需要担当应有的社会责任，遵从网络行为规范和职业道德。

案例导入与预演

一、案例导入——微信

微信（WeChat）是腾讯公司于 2011 年 1 月推出的一个为智能终端提供即时通信服务的免费应用程序。微信支持跨通信运营商、跨操作系统平台通过网络快速发送免费（需消耗流量）语音短信、视频、图片和文字。同时，微信提供公众平台、朋友圈、消息推送等功能，用户可以将看到的精彩内容分享到微信朋友圈和分享给好友。

微信已经开放了微信支付，并且也集成了微信红包、滴滴出行、本地生活服务、游戏中心、理财通等特色功能。微信作为时下最热门的社交信息平台，也是移动端的一大入口，并正在演变成为一大商业交易平台，其对营销行业带来的颠覆性变化开始显现。微信商城的开发也随之兴起，微信商城是基于微信而研发的一款社会化电子商务系统，消费者通过微信平台，可以实现商品查询、选购、体验、互动、订购与支付的线上线下一体化服务。2017 年 1 月 9 日，微信小程序正式上线。

2015 年春节期间，微信联合各类商家推出春节“摇红包”活动，送出了超过 5 亿元的现金红包，以及超过 30 亿卡券红包。

2019 年 2 月，微信官方发布 2019 年春节数据报告。数据显示，从除夕到初五，微信消息发送量同比增长 64.2%，8.23 亿人次收发微信红包，微信运动全体用户走出 9.63 亿步。有趣的是，随着候鸟人群返乡，春节期间在非常住地的微信支付消费共产生了 12.4 亿笔。

腾讯发布 2021 年第一季度财报显示，微信的月活跃账户数达 12.41 亿。

二、本章预演

预演任务：

多维度体验微信的功能，思考微信的价值。

预演步骤：

（一）注册微信

（1）使用手机浏览器访问：http：//weixin.qq.com/d 或者直接使用手机腾讯 App 扫描如图5-1所示的二维码下载安装微信 App。

图 5-1　微信安装二维码及微信图标

（2）进入微信，按照提示注册微信。

（二）微信功能全访问体验

（1）添加微信朋友，体验基本的文字、语音、图片、视频等交流功能。

（2）体验微信朋友圈信息发布功能。

（3）体验关注“电商狮友会”微信公众号，如图 5-2 所示，并取消关注：扫描下面的二维码实现关注，关注成功后，在“订阅号”中选择“电商狮友会”按住一秒钟，在弹出的对话框中选择“取消关注”。

图 5-2　“电商狮友会”微信公众号二维码

（4）体验微信“发现”中的“扫一扫”“直播”“附近”“视频号”等功能。

（5）体验微信“我的钱包”功能。

1）按照微信提示，绑定银行卡，并进行实名认证。

2）体验微信支付功能，包括付款、收款、转账、缴费、手机充值、微信红包、理财通、滴滴出行、吃喝玩乐等功能。

（三）项目预演小结

认真体会微信的各种功能运用，填写如下表格，并在同学之间交流。

	功能特点	营销作用	备注
文字、语音通信			
朋友圈			
微信摇一摇			
附近			
扫一扫			
视频号			
付款			
转账			
关注订阅号			

注意：请认真体验，尽量从多个不同的角度填写上面的表格。

第一节　移动营销概述

移动营销是网络营销在移动互联网技术支持下的延伸，可以实现个性化精准市场营销，其目的主要是通过移动互联网线上线下的营销手段，提高品牌知名度，收集客户资料数据，增大客户参加活动或拜访店面的机会，改进客户信任度和增加企业收入。

一、移动营销及其特点

移动营销涉及移动互联网和无线通信技术，又与市场营销有关，是以市场营销为基础，基于移动互联网网络平台实现的，其接入终端包括手机、平板电脑、PDA、便携式计算机或其他专用接入设备等。目前的主要应用有移动 App 营销、二维码营销、LBS 营销和微信营销等。

与网络营销和传统营销相比，移动营销具有如下特点。

（一）个性化精准营销

由于每部手机对应着一个手机用户，因此，营销人员可以根据用户的兴趣、爱好、年龄层次、上网习惯和浏览记录等信息，向用户推荐相关商品，实现有针对性的个性化精准营销，提高营销的效率和准确性。

（二）实时交互

手机在交互性方面有着传统媒体无法比拟的优势，对企业营销应用来说，这是一个非常强大的有利功能。手机的互动性相比传统媒体在效率、速度和灵活性上都更胜一筹，使双方能产生很好的互动，起到立竿见影的双向功效。通过这种良好的沟通和互动，企业可以向客户提供更具个性化的产品和服务，有助于改善企业的客户关系管理，提高客户的忠诚度。

（三）灵活方便

移动终端的个性化及定位特性，使得在移动商务营销环境中，人们不再受时间和地域的限制，可以随时随地通过无线设备进行移动支付和在线交易，并进行信息反馈。这种灵活性可以使企业随时随地掌握市场动态，了解消费者的需求，并为他们提供最优质的服务。

（四）经济环保

移动营销通过数字信息向用户进行商品和服务的宣传和推销，所花费的营销成本相对较低，与传统的营销手段相比，省去了印刷媒体所需要的实物成本、影视明星的代言费以及在电子媒体（如电视和广播）上所支付的巨额广告费，并且不产生任何营销活动带来的废物和垃圾。

（五）信息整合

移动营销充分发挥了多媒体技术应用的优势，使得企业可以将产品的价格、外观、评测和用户使用效果等信息，通过文字、图片、视频等方式详细地展示出来，用户通过移动终端就可以直接浏览这些内容，了解商品各个方面的信息。

（六）可监测

在移动营销过程中，通过相关监测软件，企业还可准确地监控信息的回复率和回复时间，从而为企业提供了监测营销活动的便捷手段。这种检测能力，对于民意调查、信息反馈、客户服务及市场分析等具有极为重要的意义。

二、移动营销的运行模式

目前，移动营销的运行模式主要有以下几种。

（一）推模式

推（Push）模式是指企业直接向用户发送即时信息进行商品营销的形式。在推模式中，以往应用最广的是 SMS 营销，即短信营销，现在以微信营销为主。其优势是费用低廉、潜在广告对象群体巨大。例如，短信营销中较有特色的是小区短信营销，是在特定的商业区域、特定的时间向特定的人群发送营销短信的无线增值服务。其缺点是这种模式容易引起客户的反感。因此，企业在采用推模式进行市场营销时，应建立许可与退出机制。

（二）WAP 网站模式

WAP 网站模式有两种，一种是商家自建 WAP 网站模式，另一种是与其他知名 WAP 网站合作模式。商家自建 WAP 网站进行移动营销的优点是自由度较大、灵活方便，缺点是推广成本较高。WAP 网站的宣传，可以采用推模式，将具有超链接内容的短信或彩信发送给用户；也可以通过购买关键词的形式在搜索引擎网站进行推广，并且选择合理的搜索引擎营运商，实现效果监控和成本控制等。

采用与其他 WAP 网站合作的模式对于一些小企业来讲，是一种节约成本的可行方式，这种方式可以通过与知名 WAP 网站合作，在知名 WAP 网站上做宣传或开展互动营销活动。

（三）终端嵌入

终端嵌入模式是将广告以图片、屏保、铃声和游戏等形式植入手机企业生产的手机中，通常以买断的方式，在一个品牌的每部手机里投放 3～4 个广告，并将一定的广告收入分给手机厂商。对终端的占有，是一种行之有效的模式。相对而言，这种模式是最具创新性而又最具难度的，同时也能最有效地形成壁垒。不过，这种嵌入式广告的模式只能覆盖少数几款手机，因而广告的覆盖范围有限，且也容易造成用户的反感。

三、移动营销的理论

移动商务是传统电子商务的延续。我们在制定移动商务营销策略时，应该考虑传统商务营销的策略，通过分析传统商务营销的策略和方法，以服务客户为中心，结合目前移动商务发展的现状和特点以及未来发展的趋势，采用以下理论或综合采用以下理论。

（一）4P 营销理论

4P 营销理论是 20 世纪 50 年代由美国密歇根州立大学的教授杰罗姆·麦卡锡提出的，4P 分别是指产品（Product）、价格（Price）、促销（Promotion）和渠道（Place）。该理论认为：如果一个营销组合中包括合适的产品、合适的价格、合适的分销渠道和合适的促销策略，那么这将是一个成功的营销组合，企业的营销目标也将得以实现。这一理论对以后营销理论的发展和实践都产生了深远的影响，被视为营销理论的经典，时至今日它仍是许多营销部门选择营销战略时的重要依据。

（二）4C 营销策略

市场营销中的 4C 策略由美国的罗伯特·劳特伯恩在 1990 年提出，包括客户（Consumer）、成本（Cost）、方便（Convenience）、沟通（Communication）四个组成部分。将

4P 与 4C 进行对比可以看出，4P 理论的思维基础是以企业为中心的，因而适合供不应求或竞争不够激烈的市场环境；4C 理论的思维基础是以消费者为中心，是消费者在市场营销中越来越居主动地位、消费的个性化需求越来越高、市场竞争空前激烈、传播媒体高度分化、信息膨胀过剩的营销环境下的必然要求。4C 理论认为，只有了解到消费者真正的需要，并据此进行市场定位，才能确保营销的最终成功。

（三）4I 营销策略

4P 与 4C 之间的关系是一种互补、完善和发展的关系。4P 营销理论从企业的角度来思考问题，4C 营销理论则站在客户的角度来思考问题，但是它们都是对营销过程中重点元素的静态描述，没有侧重从企业整体运作的角度将其表述为一个动态的过程，它们的营销理念仍是"粗放"型的。相对于 4P 及 4C 营销的理论，无线营销则更加丰富和细腻。无线营销具有鲜明的可量化、能互动、能识别、可锁定、即时快速的特征，这些特征可以将消费者与企业更加紧密地结合在一起，使营销理论和实践向更深、更广的层次发展。有学者提出了可以更好地应用在无线营销上的 4I 模型，4I 分别代表分众识别与锁定（Individual Identification）、即时信息（Instant Message）、互动沟通（Interactive Communication）和"我"的个性化（I Personality）。

（1）分众识别与锁定。这是将分众精细化为目标个体，并与其建立"一对一"的关系。这里的目标个体是指差别化的个体，而不是抽象的某一个群体，移动营销就是利用第五媒体的手机与差别化的个体进行"一对一"的沟通。电子商务时代消费渠道的畅通和便利，使消费者能轻松地转移品牌，如此，消费者的品牌忠诚度将更难把握和捉摸。而移动营销可做到分众识别、个体锁定、定向发布广告，将有助于刺激消费者的购买欲望，促进交易的成功率，提升消费者的品牌忠诚度。

（2）即时信息。即时信息意味着企业和客户能建立及时有效的沟通，站在客户的角度倾听客户的愿望和诉求，并迅速做出反应，满足客户的需求，移动营销的动态反馈、实时互动和服务跟踪特性为这种营销策略提供了可能。

（3）互动沟通。即企业通过"一对一"的无线互动营销，与消费者形成一种互动、互求和互需的关系。

（4）"我"的个性化。移动营销出现之初，消费者的消费大多带有猎奇心理，以新鲜和时尚型消费为主。随着移动营销的不断发展，消费者的消费模式也在变得不断成熟，并逐渐转化为以个性化、注重个人感受为主的体验型消费模式。这种个性化消费诉求要求市场的营销活动个性化，所传递的信息也要个性化，企业需要更加关注每个消费个体的消费习惯、兴趣偏好和个性品位等，个性化需求的满足成为能引起消费者共鸣的有力武器。

案例

家常菜饭馆客户的“定位导航”

李华曾经是一名厨师，在经过几年的锻炼后，他决定自己开一家饭馆。但是因为资金积累不足，他只能在一个小巷子中开了一家名为“家常菜”的饭馆，由于这里人烟稀少，因此鲜有人光顾，收入惨淡。没有顾客上门的李华每天只能玩手机打发时间，直到有一天，李华在玩微信时，一位通过“摇一摇”找到的微友与他联系上了，在聊天的过程中，对方知道李华跟自己在同一个城市，而且开了一家饭馆，于是提出要光顾李华的饭馆。但是由于李华的饭馆所处的位置非常偏僻，也没任何地标建筑物，李华根本说不清楚自己在哪儿。后来他灵机一动，利用“发送位置”的功能把自己饭馆的地址发给了这位微友。过了一会儿，这个微友便凭借着手机中自带的导航功能来到了“家常菜”饭馆。

这件事情给了李华很大启发，随后他便开始利用各种移动终端上的“定位”功能开始宣传自己的“家常菜”饭馆，并且为客户提供送餐服务，客户只要在各个移动终端上给李华发送“地图位置”并且附上想点的餐，李华就会立刻使用导航功能将饭菜送上门。由于这种模式新颖方便，再加上李华的手艺高超，很多客户都关注了李华的微信和微博。在方便了客户的同时，李华也为自己带来了一群固定的消费者，他的饭馆也被越来越多的人熟知。

一个普普通通的厨师，依靠移动互联网的“定位”功能竟然将生意做得有声有色，当我们在感叹移动互联网营销的威力时，也不妨思考一下，我们自身企业的营销，是否“定位”成功了呢？其实在营销界一直有这样一句名言：“我知道自己50%的营销投入被浪费了，但是我始终不知道浪费到了哪儿。”这句话道出了传统营销时代的硬伤，每个专业的营销人员都知道，营销的核心目的就是将合适的信息传递给合适的受众，但是想要做到这一点却并不容易。

其实，营销信息与消费者的接受度在很大程度上取决于用户定位的准确性。一件产品或服务营销信息再好，如果顾客所处的位置和自身情况不符合，那么也无济于事。正是基于这个原因，用户的个人信息，包括一些行为信息、位置信息与时间信息就变得尤为可贵。而如今，移动互联网的定位服务恰恰可以准确地为我们提供这些信息。

在传统的营销环境中，营销者无法准确清晰地了解消费者的即时需求，因此他们会有自己的一套固定模式——先分析不同平台受众，然后根据自己产品的营销需求来选择相应的媒体投放广告。例如，在电视黄金档时期投放一些生活类的广告，在经济频道投放一些汽车、房产广告，然后等待陌生的受众去接受这些对他们可能有效的营销信息。通过新技术实现的新的移动营销手段不断出现，且今后将不断发展。实现这种功能的背景不但是技术革新，手机功能的不断加强及方便的使用环境也是大前提。这也再一次印证了4G/5G

手机的普及使移动营销的发展得以加速。

移动营销除了传统的网络营销的方法和手段（如搜索引擎营销、网络广告、博客营销、微博营销、论坛营销等）外，因为移动互联网自身的特点，也诞生了许多新的营销方法和手段，主要包括移动 App 营销、二维码营销、LBS 营销和微信营销、微博营销等。

第二节 移动 App 营销

移动 App 即移动应用服务，是针对手机这种移动连接到互联网的业务或无线网卡业务而开发的应用程序服务。随着移动智能终端的广泛应用，移动终端正向功能增强化、多模化、定制化、平台开放化的方向发展，而移动 App 营销作为 SNS 新的开拓渠道，正崭露头角。当前的移动 App 大致可以分为两种，一种是企业模式，另一种是个人移动 App 模式。两种模式根据面向人群设定了不同的模式。从中国进入移动互联网时代开始，大家就发现 App 已经成为市场中主要的营销获利方式。

一、移动 App 营销概述

移动 App（Application）营销是指移动应用程序营销，是通过在特制手机、社区、SNS 等平台上运行的应用程序来开展营销活动。App 营销是品牌与用户之间形成消费关系的重要渠道，也是连接线上线下的天然枢纽。移动 App 的主要对象是所有移动领域的终端使用者，而就目前形势而言，移动 App 应用的主要方向有两个：一是娱乐方向；二是实用方向。这两个方向一直是所有企业 App 商店中获利的主要方向。

（一）移动 App 的娱乐应用

首先并不是所有企业都可以开发出娱乐性高、利益性强的游戏软件，但是作为营销手段而言，娱乐 App 方向中的利益性可以忽略，从而选择主打营销。试想，目前各大 App 商店中有多少娱乐性强的游戏软件是附带广告的，一般占到一半左右。这就是为何游戏娱乐可以成为移动 App 主要发展方向的原因。

（二）移动 App 的实用价值

随着移动互联网的兴起，越来越多的互联网企业和电商平台将移动 App 作为销售的主战场之一。App 给手机电商带来的流量远远超过了传统互联网（PC 端）的流量，通过 App 进行盈利也是各大电商平台的发展方向。各大电商平台正在向移动 App 发力，其原因不仅是每天增加的流量，更重要的是由于手机移动终端的便捷，为企业积累了更多的用户，同时一些用户体验不错的 App 使用户的忠诚度和活跃度都得到了大幅提升，从而为企业的创收和未来的发展起到了关键性的作用，并且移动 App 营销还有如下特点：

（1）成本低。移动 App 营销的费用相对于电视、报纸甚至是网络都要低很多，只要开发一个适合于本品牌的应用即可，可能还会有一点推广费用，但这种营销模式的营销效果是电视、报纸和网络所不能代替的。

（2）信息全面。全面展示信息能够刺激用户的购买欲望，移动 App 能够全面地展现产品的信息，让用户在没有购买产品之前就已感受到了产品的魅力，降低了对产品的抵抗情绪，并通过提升对产品信息的了解，从而刺激用户的购买欲望。

（3）提升品牌实力，形成竞争优势。移动 App 营销可以提高企业的品牌形象，让用户了解品牌，进而提升品牌实力。良好的品牌实力是企业的无形资产，可以为企业带来竞争优势。

（4）跨时空，随时随地为用户服务。营销的最终目的是占有市场份额。移动互联网具有的超越时间约束和空间限制进行信息交换的特点，使得脱离时空限制、达成交易成为可能，企业能有更多的时间和空间进行营销，可每周 7 天、每天 24 小时、随时随地为用户提供全球的营销服务。用户可以在移动 App 上了解产品信息，并及时地在移动 App 上下单或链接到移动网站进行下单。通过移动 App 易于开展商家与用户之间的交流，用户的喜爱与厌恶的样式、格调和品位，也容易被商家一一掌握。这对产品大小、样式设计、定价、推广方式、服务安排等均有重要意义。

（5）精准营销。移动 App 本身具有很强的实用价值，App 程序本身就是一种实用性很强的工具。App 程序可以为手机用户在生活、学习、工作中提供方便。手机 App 程序可量化的精确的市场定位技术突破了传统营销定位只能定性的局限，借助先进的数据库技术、网络通信技术和现代高度分散物流等手段保障与顾客的长期个性化沟通，使营销达到可度量、可调控等要求。摆脱了传统广告沟通的高成本束缚，使企业低成本快速增长成为可能，保持了企业和客户的密切互动沟通，从而不断满足客户个性需求，建立稳定的企业忠实顾客群，实现客户链式反应增值，从而达到企业长期、稳定、高速发展的需求。

（6）用户黏性和互动性强。App 营销的黏性在于一旦用户将应用下载到手机，则应用中的各类任务和趣味性的竞猜就会吸引用户，形成用户黏性。这种营销效果是电视、报纸和网络所不能代替的。

二、移动 App 营销需要注意的问题

移动 App 模式和以往的任何一种营销模式都一样，主旨在于更好地体现营销方式，提升营销效果。在创建移动 App 营销模式时应该注意以下几点。

（一）移动 App 营销定位要抓住人性

移动 App 的功能定位需要先调研品牌、产品与消费者之间的关系，根据大数据分析，挖掘他们内在的需求和兴趣点，并与能抓住目标人群人性的某些元素结合，如好奇、分享、愤怒、健康、善良、感性等。定位的成败关键在于与产品的贴合度，要既能适合品牌或产品，又能很好地满足用户的需求。

任何一种成功营销模式都是从简单发展到复杂的。因此，创建的移动 App 营销模式

在初期阶段应尽量保持一个定位，这就是营销。移动 App 模式只有具备了良好的用户体验效果，完成了完整的系统模式之后，才能在这种基础上进行扩展。万不可操之过急——在移动 App 模式发展初期就秉持获利、宣传和营销等多向发展的原则。

（二）移动 App 营销品质超越软广告

好的定位就意味着好的创意，好的创意决定了好的品质，使得消费者和用户会接受这款移动 App。好的移动 App 要么是实用性很强，是生活的小助手，方便快捷；要么是娱乐性很强，可以消遣时光。好的 App 能自发传播，就算没花费多少营销费用也能脱颖而出，所以在开发产品时一定要将 80%的精力聚焦到产品本身。从另一个角度来说，平庸的创意必然出现平庸的品质，也无法靠强营销赢得用户。

例如，ibutterfly App 将各色优惠券变身为一只只翩翩飞舞的蝴蝶，利用手机摄像头进行捕捉，并根据各个地区的特点，蝴蝶的种类也有所不同，可以帮助专卖店、生活服务、餐饮行业进行有趣的宣传。这一 App 正是将 App+AR+LBS 进行了完美结合，使客户既得到了实惠，又获得了良好的游戏体验。该 App 实用好玩又有趣，推广投入不大，却受到了广泛的欢迎。图 5－3 为屈臣氏使用 ibutterfly App 应用设计的蝴蝶优惠券。

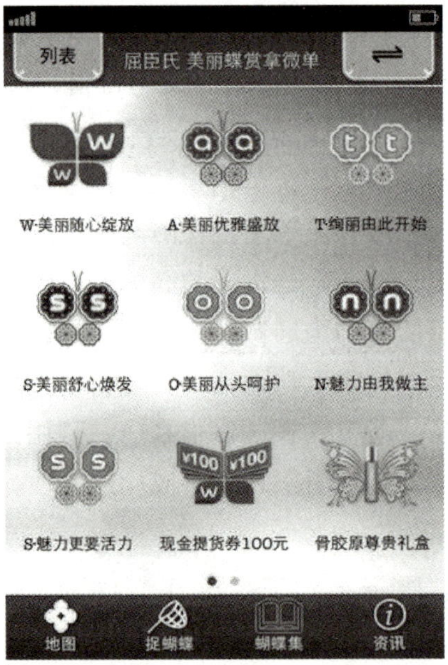

图 5－3　屈臣氏使用 ibutterfly App 的营销创意

（三）移动 App 模式不要遵循利益为主原则

虽然安卓市场为谷歌公司带来了巨大的利益，但谷歌公司却不是以遵循利益的原则在发展，而是主打营销。因此，虽然当今移动互联网市场中 App 商店是一种不可被忽视的获利途径，但是移动 App 模式的目的却不是获利。App 获利模式是建立在营销模式之上的。这是由于移动 App 模式属于企业与用户之间的直接连接，在这种接触上营销效果远远大于盈利效果，只有建立良好的营销才能够获利，而且是持久获利。如果移动 App 模式进行硬性获利，如将 App 商店中大部分软件设定为收费模式，或强制性为用户发送消费链接，则会引起用户的不满，较低的用户体验最后只能导致失去用户，从而走向失败，因此移动 App 模式坚决不能遵循以利益为主的原则。

开发一个移动 App 应用程序已经成为当前所有企业在移动互联网时代发展的必备选择，但并不是开发了移动 App 营销模式的企业都能获得成功。因此，只有研究透彻移动 App 营销模式，在清晰地分析了市场特点之后，才能进行这一动作，也只有这样才能够从高端智能的 App 模式中获得成功。

三、移动 App 营销的准备工作

移动商务蕴含巨大的增长潜力，大多电商企业都已开发自己的 App，并不断加大对自有人力、物力、技术和服务等资源的投入，以期在庞大的 App 大军中脱颖而出。企业开展移动 App 营销需要以下准备工作。

（一）移动 App 市场调查

在传统市场中，任何一种新产品入市之前都需要做一定的市场调查。移动互联网时代也一样，及时收集客户反馈、收集客户体验信息是非常有必要的。这也是为什么很多企业在 App 上市之前都会提前进行内测、试运行的主要原因。

在这一阶段，必须注意的一种情况就是差评原理。近些年业内流行着一个差评原理，任何一款 App 在试运行或内测阶段，如果 3 个以上差评来自同一原因，那么这个原因就会成为企业 App 未来发展的隐患。这一规则是所有企业收集市场反馈的重点，虽不是要处理每一个差评，但超过 3 个以上的差评是企业必须解决的问题。

（二）移动 App 营销规划

企业 App 上线以前需要先制定一周到一个月的完整运行规划，切不可任其发展。营销可以不成功，甚至可以失败，但是万不可带来损失。移动 App 模式本身就是企业扩展市场的利器，如果移动 App 模式给企业带来不良影响，而且到了无法挽回的地步，那么 App 将是企业最大的败笔。因此，企业在推出移动 App 之前必须紧跟市场一周到一个月的时间，在这段时间内，企业需要在用户发现问题之前解决问题，宁可损失小部分利益，也不能将问题扩大。

（三）企业移动 App 系统的售后服务

任何一款移动 App 终端都需要配备到位的售后系统。尤其是在 App 上线初期，售后系统一定要到位，为的就是确保良好的客户体验，确保 App 的良好发展。可以发现，当企业的 App 终端可以自主正常运行后，售后压力几乎就消失了，因为 App 被大众认知后，很多问题在用户的交流中就可以直接解决，而不需要通过客服系统了。所以说，任何一家企业在移动 App 上线之前，都必须打造强劲的售后客服系统，以保证 App 终端前期的稳步发展。企业构建 App 是必然趋势，但是构建完成并不代表可以直接上线。我们要明白，App 上线对于企业而言非常重要，所以必须有“不鸣则已，一鸣惊人”的决心，并做好各项准备，确保完美登场。

四、移动 App 营销策略

移动 App 是一种连接品牌与消费者的工具，是品牌与用户之间形成消费关系的重要渠道，也是连接线上线下的天然枢纽。企业在进行移动 App 营销的过程中，只有精准地把握用户心理，深入用户的生活与内心，引发用户共鸣，才能最大程度地引导其参与其中，成功地实现营销。同时，企业应把“以用户为主导”的双向甚至多向互动作为移动 App 营销模式的主旋律，更要发挥整合效应，顺应移动 App 营销的多元化发展趋势，整合其他营销手段和多方技术，带给消费者突破性的体验，以延伸移动营销的价值。企业移动 App 营销的最终目的，是让消费者进一步了解品牌或产品，以建立起品牌与消费者的情感关联，因此企业的移动 App 营销还要注重有机地融合品牌元素，最终实现既提升品牌又促进销售的目的，具体来说，需要做到以下几个方面。

（一）产品设计符合自身品牌定位

传递个性化有价值的品牌信息是移动 App 营销成功的关键，产品设计须十分贴合自身品牌定位，这样才能通过用户体验最终实现品牌形象与产品销量的提升。App 设计在贴合自身品牌定位的同时，应注意努力弱化商业元素，巧妙植入品牌信息，同时满足用户好奇心，吸引用户持续关注，以此达到强化企业的品牌地位的目的。例如，利洁时集团针对杜蕾斯系列产品推出的“Durex Baby”移动应用，带领消费者体验“如果我有一个孩子”的活动，在游戏和视频中几乎完全没有产品信息的植入，仅在游戏关闭时，合情合理而又幽默风趣地告诉人们要有使用安全套的意识。恰到好处、适可而止的温馨提示，让人印象深刻，感觉真诚，进而让人认可其品牌。

（二）极致的用户体验

苹果思维中有一点是共同认知的，即苹果公司的移动 App 模式中，每一个细节都凸显了高品质的用户体验，这一点也正是令所有企业、所有开发商最佩服的一点。因此，在分析苹果移动 App 模式之前，先要了解这一点的重要性。其实早在中国刚刚进入互联网时代时，用户体验就被人们重视起来，也正是这种市场转变，导致很多企业纷纷走向没落。虽然苹果公司的 App 商店大部分是对内的，但苹果 App 商店中推荐的产品是非常实用、智能的，为的就是保持高品质的用户体验。

（三）功能设计符合目标消费者的需求

移动 App 营销与传统媒体营销的一大区别在于变“被动接收”为“主动吸引”，其传播对象不再称为“诉求对象”，而是“用户”。然而要使用户主动选择 App 下载并持续使用，那么在设计开发中就要始终从用户需求出发，注重用户体验，使 App 创意与品牌诉求相契合，将用户体验与品牌形象相结合，以保持并增强品牌用户的黏性。吸引眼球、激发消费者好奇心的创意只能让消费者发现产品，但忠诚度形成的关键还在于产品功能设计要以人为出发点，满足消费者从功能到精神上的需求。只有以消费者需求为设计出发点，从消费者角度进行设计思考，才能设计出人性化、情感化的优秀作品，使消费者主动选择接收品牌信息。

（四）创意要贴心入微

由谷歌与可口可乐联合推出的“再版巅峰想象”App，其设计创意十分贴切地展现了目标客户群的特征。用户安装这款应用后，一键点击并选择目的地后，这个地方特定位置的自动饮料售卖机里就会出现一瓶可乐送给路过的陌生人。售卖机的屏幕上会显示这条短信息给收到可乐的人，同时录下这个收到可乐的人的反应视频，发回给发送者。该应用宣扬了年轻人喜欢分享、热衷于新鲜事物、快乐并乐于助人的个性品质。移动 App 创意都应源于生活并高于生活，进而服务生活。无论是 App 开发者还是 App 运营者，均可从以下两个方面作为切入点，不断强化 App 的创意性，以此赢得消费者长期的信赖与支持：（1）满足消费者的日常生活需求，从细微之处让消费者体验到生活的乐趣与便捷；（2）改善消费者的生活方式，让人们越来越多地在碎片化的时间里得到更多实惠，让生活更加智能、便捷。一款优秀的 App 只要能够满足用户生活中的某一项需求即可，当用户明显感觉到 App 的贴心入微时，产品自然就享有独当一面的竞争力。

（五）移动 App 模式要注重横向扩展

每一个企业都应具备自己的移动 App 模式，但这一模式无论收获多大、效果多好，都应始终坚持求精不求多的原则。正如苹果公司一样，iPhone、iPad 以及 iTouch，这些电子产品的软件更新全部包含在一个 App 商店中，而非 3 个。这就凸显出了移动 App 模式横向扩展的重要性。

（六）有机融合品牌元素，让品牌 App 成为消费者深化品牌形象的有效助力

让消费者进一步了解品牌或产品，建立起品牌与消费者的情感关联，是企业 App 营销的核心所在。在越来越基于消费者的情感和信任的基础上开展营销活动的时代，利用品牌 App 传递品牌理念，深化品牌形象，树立品牌口碑，帮助品牌和产品认知的提升，搭建起品牌与消费者间沟通的桥梁，无疑是企业营销者的明智之举。

企业可以让与众不同、新颖奇特的创意内容与品牌或产品的核心概念相融合，这样能有效地反映产品的主旨或品牌理念，让消费者在使用 App 的过程中自然而然地了解产品和品牌信息，让用户在娱乐的同时对品牌形成一定的黏性，使其在选择此类产品时能更多地考虑自己的品牌。同时，企业还可以通过推出能为消费者提供主动便捷服务的 App 来为消费者创造价值，提升品牌的亲和力，树立品牌的良好口碑。北大和清华总裁班营销专家刘杰克老师指出，在能够使用户通过 App 实现某种功能与支持的同时，融入品牌或产品元素，同时与推广品牌和产品进行有机结合，让品牌 App 成为消费者接触品牌与产品的最前端，与品牌其他“营”“销”渠道有机结合，这样才能最终实现促成产品销售的目的。

（七）时刻修正，不抛弃，不放弃

没有任何一款移动 App 是完美且永不过时的，只有不断创新，持续修正并升级应用

的功能与服务，创造不可复制的用户体验，才能在同质化时代脱颖而出，真正搭建起用户与品牌间稳定关系的桥梁。短暂的销售成功和社会影响力不是App营销的结束，持续创新以维系品牌与消费者的情感关联才是企业实施App营销的意义所在。同时，一款失败的App开发也并非是App营销的终点，企业可吸取经验教训对应用进行修正和升级，消除其对品牌的负面影响，重振用户对品牌的信心。如果企业面临一时的失败便放弃该App的经营，则很有可能恶化现有使用者对该品牌的印象。

综上所述，在不断深入的移动互联网时代，随着智能手机和平板电脑等移动终端设备普及率的大幅提升，用户的行为习惯逐渐被改变，企业通过App开展营销活动成为一种趋势与必然。

第三节 二维码营销

当前二维码的应用已如火如荼，并渗透到了餐饮、购物、超市、汽车、IT、传媒和旅游等多个行业，用户只要用手机对印刷在介质媒体上的二维码扫一下，就能通过手机上网获知相关信息，可以轻松获得电子优惠券、超市打折信息和电子门票等。企业可以通过二维码向自己的特定目标客户群传递商务信息，真正实现精准营销。对于二维码达人而言，匆忙上班的路上拿出手机随手扫一下，到办公室时早餐就已放在桌上；出外旅行无须导游，扫一下便能感受动态的现场讲解；还有O2O购物、登机和看电影等。完成这些动作，不再需要保留着厚厚一沓纸质票据，只要晃一晃手机就可以轻松做到。忽如一夜春风来，二维码开始进入人们的视线，腾讯更是喊出了“未来二维码将成为移动互联网的重要入口”这一口号。目前，二维码行业正处于快速增长期，行业需求旺盛，2020年，二维码产业年均规模超万亿元。因此，二维码成为移动营销的重要技术手段之一。

一、二维码的商业价值

二维条码（二维码）是按一定规律在平面（二维方向）分布的黑白相间的图形上记录数据符号信息的特定的几何图形。目前，市场二维码的商业价值主要分为以下三种。

（一）传播商业信息

不论是电子凭证，还是图表、媒体或商品信息，其实都是信息传播的概念，用户用手机扫描二维码即可进入它对应的地址，获得完整的数据。商家则通过发送电子凭证和铺设扫码硬件设备到本地商户，来建立一个完整的商业圈模式。

（二）提供互动入口

例如，通过扫描二维码来关注微信好友，或进行优惠券领取、投票报名、参加调研等，向企业回传客户信息，这样企业就能将广告投放效应最大化，获得宝贵的用户互动数据。这样的互动购买模式已经在电影、电视、杂志、宣传册和广告等领域开始使用。

（三）产生线上交易

通过二维码可以直接把消费者带往某个商品的电子商务平台，产生交易。原来需要进实体店或在网上购买的流程，现在可以通过扫描二维码来实现，在手机上完成购物支付流程，这样的方式可以弥补在原来无法涉足的空间进行消费的需求。例如，支付宝与分众传媒的合作就是采用这一模式，消费者只要扫描分众传媒广告上的二维码即可在手机上实现购物并支付。

二维码与O2O模式的结合如今被商家大量运用，即利用对二维码的读取将线上的用户引流给线下的商家。

二、二维码移动运营与营销模式

随着智能手机的普及及大众化，人们愈加重视手机互动和移动信息传播，加之二维码是开源的，参与成本低，使其在中国具备了爆发的背景条件。

跳出二维码的具体应用场景，从运营和移动营销的层面来看，目前中国二维码运营和移动营销模式可以分为网络社交类、服务提供类、电商购物类、媒体阅读类和应用工具类。

（一）网络社交类

二维码在移动营销中不仅可以用来提供信息，还可以参与社交网络上的推广营销。目前，网络社交类主要以腾讯微信和新浪微博为代表。

（1）腾讯微信。早期手机二维码面对的最大难题就是用户基数和使用习惯的问题。现在微信的用户已突破10亿，微信目前已成为比微博还火热的营销利器。微信3.5版本在推出的时候，加入了二维码功能，微信二维码是腾讯开发出的配合微信使用的一种新方式，是含有特定内容格式的，只能被微信软件正确解读。微信将二维码融入社交活动中，使其成为承载交友信息的一种方式。微信团队为了避免用户使用二维码太过枯燥，还推出二维码背景装饰功能，用户可以根据自己的喜好挑选各种彩色图形作为自己的二维码背景，如图5-4所示。

微信除借二维码增强社交功能外，在O2O上也已动作频频。腾讯电商控股公司生活服务电商部总经理曾对媒体如此阐释："微信将通过二维码识别，在商家和用户之间建立起联系，形成'熟人'形式的SNS，进而指导O2O业务。"

（2）新浪微博。新浪微博也添加了二维码功能，微博二维码提供多种功能服务，带来了更便捷、更好玩的操作体验，也为用户创造了一个提高关注和营销的机会，如图5-5所示。微博二维码功能上线后，用户可以轻松分享专属二维码并在多种场景推广自己，或利用微博客户端扫描微博二维码，省去了烦琐的输入搜索，从而实现了更快互粉、浏览网页或发布微博。目前，微博二维码主要支持三项功能服务：1）打开个人资料页快捷互粉；2）打开指定网页；3）直接打开已输入特定内容的微博发布框。虽然新浪宣称，二维码的推出开启了它向本地生活服务领域的渗透，但从目前的产品形态来看，它主要还是依托自己庞大的用户群，将二维码作为辅助功能以增加产品活力。

图 5－4　带背景装饰的腾讯二维码

图 5－5　新浪微博营销二维码

微博二维码可用于线上活动的推广，将活动地址集成于手机二维码上，在微博及更接近目标用户的渠道进行传播。手机二维码面积小、集成信息量大和易于传播的特性能帮助媒体和企业用户更快、更有效地提升活动覆盖面，甚至品牌影响力，为其实现不可估量的商业价值。

（二）服务提供类

服务提供类的二维码范围比较广，如二维码营销、为客户提供从票证检验到物品信息二维码化的一整套运营解决方案皆属此类。服务提供类的二维码运营模式，其盈利能力不容小觑。例如，某知名二维码企业，其业务主要集中于电子凭证体系，即将二维码发送至用户手机，用户凭此再到商家处进行消费。

佛山三水旅游景点曾推出了二维码电子凭证验证方式，如图 5－6 所示，提供旅游景点门票订购服务，实现了游客全程无纸化订购服务。游客只要拨打订票电话，即可预订到三水七大主要旅游景点的门票，并通过手机二维码直接进入景区或参与景区的消费。通常情况下，线下商户资源的积累是 O2O 中最难做的一块，而这也意味着三水旅游景点已经建立起了别人短时间内难以赶超的资源优势，将来它从电子凭证被读领域扩展到用户扫描主读领域，也将比别人更具竞争力。

图 5－6　佛山三水旅游景点的二维码服务

（三）电商购物类

现在的二维码已经在“移动购物”领域发挥出重要作用，像很多便利店就抢先把二维码作为新型购物方式，在各大地铁站设立了购物服务区，并在琳琅满目的商品下放置了二维码标签，建立起二维码超市，用户可扫描选购。淘宝网二维码更是用途广泛，如推广店铺、营销活动和电子券买卖等。此外，二维码还有打假防伪功效，用手机扫描商品二维码，自动联网验证商品信息，可以让用户有效辨识是否为假冒伪劣商品。如今，我们可以对着街边的广告用手机扫描一下商品上的二维码，其价格、规格、运费等各种信息很快就显示了出来，只要填上自己的收货地址，东西就算买到手了。

因此，依托于二维码的移动商务平台将成为众多公司未来的核心业务，消费者扫描二维码后登录其移动商务平台实现购买，这种模式必将催生出体量巨大的公司。也就是说，今后的网购不用再坐在计算机前了。只要在地铁、商场、小区和电梯等任何贴有二维码的地方，消费者打开手机扫描，就可以直接购物。例如，大众点评团上海站上线了鞋类品牌团购，消费者既可直接凭团购券到专卖店内体验并领取，也可在店内试穿后通过手机扫描二维码，进入点评团页面在线购买。

(四) 媒体阅读类

二维码蕴含着极大的信息量。随着智能手机在日常生活中的普及，安卓和 iOS 智能手机系统的崛起，二维码扫描阅读将改变人们阅读的习惯。众所周知，在手机上编辑网址十分费力，而如果使用二维码则只要一扫就可以进入相关阅读页了，既方便又快捷。例如，在皮皮精灵自媒体运营平台（http：//www.pp.cc/，见图 5－7）发布的每篇文章都会生成一个很小的二维码推广框，这对推广内容的人来说，作用是很大的。

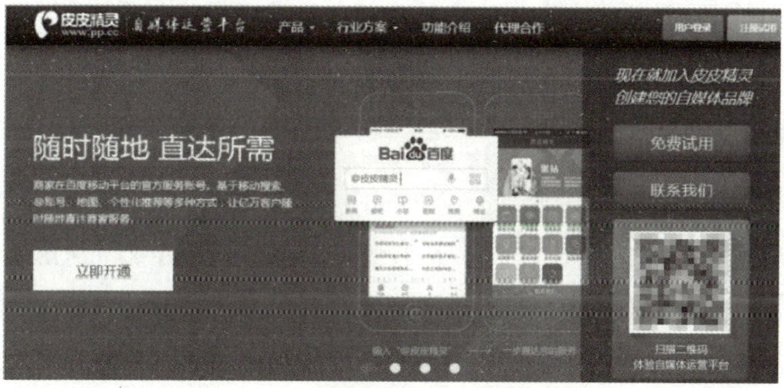

图 5－7　皮皮精灵自媒体运营平台

(五) 应用工具类

根据业务形态不同，二维码应用可分为被读类业务和主读类业务两大类。

(1) 被读类业务。被读类业务指平台将二维码通过彩信发到用户手机上，用户持手机到现场，通过识读设备扫描手机彩信中的二维码进行内容识别。应用方将业务信息加密并编制成二维码图像后，通过短信或彩信的方式将二维码发送至用户的移动终端上，用户使用时通过设在服务网点的专用识读设备，对移动终端上的二维码图像进行识读认证，以此作为交易或身份识别的凭证来支撑各种应用，如电子票务和消费打折等。

(2) 主读类业务。主读类业务指用户在手机上安装二维码客户端，使用手机拍摄并识别媒体和报纸等上面印刷的二维码图片，获取二维码所存储的内容并触发相关应用。用户利用手机拍摄包含特定信息的二维码图像，通过手机客户端软件进行解码后触发手机上网、名片识读和拨打电话等多种关联操作，以此为用户提供各类信息服务。这类二维码应用可用于查询信息、防伪溯源、购物付款和执法检查等。

法治护航

规范互联网用户账号信息，打造诚信网络空间

在移动营销活动中，必然会接触用户账号信息。互联网用户注册和使用的账号信息内涵丰富多样，包括名称、头像、封面、简介、签名、认证信息等，体现出网络用户的个性特征。其他网络用户往往基于这些账号信息来评判该网络用户的信用、专业能力、所发布信息内容的真假优劣。可以说，互联网用户的账号信息，就像现实中的人名或市场上的商标一样，是该用户在网络上的"名片"。2022 年 6 月国家互联网信息办公室发布的《互联网用户账号信息管理规定》（以下简称《规定》）对这几类行为明确予以禁止。

《规定》对在中国境内注册、使用、管理互联网用户账号信息的行为进行规范，明确行为人应当遵守法律法规，遵循公序良俗，诚实信用，不得损害国家安全、社会公共利益或者他人的合法权益。《规定》正是通过规范注册、使用、管理互联网用户账号信息的行为，弘扬诚信网络文化，建设诚信网络社会，营造清朗网络空间。

一方面，《规定》要求用户账号信息的注册和使用遵循诚信原则。《规定》明确要求账号信息中不得含有违法和不良信息，不得含有假冒、仿冒、捏造的信息，不得含有误导或欺骗公众的信息。

另一方面，《规定》要求互联网信息服务提供者（网络平台）对账号信息的管理应维护诚信原则。

俗话说"行不更名，坐不改姓"，用以形容为人处世光明磊落。网络空间虽然允许人们适当隐藏现实社会中的某些身份信息，但不能违背诚信原则提供假冒、仿冒、捏造的身份信息，不能误导甚至欺骗公众。今天的网络空间已经与现实空间深度融合，网络社会也是现实社会的组成部分，网络中的不诚信行为，终究会反映到现实中，并影响到行为人自身。古人云，"言而必信，期而必当，天下之高行也"，这同样适用于网络空间。

第四节 LBS 营销

随着 4G/5G 技术的普及和流行，LBS 服务将越来越完善。据了解，博柏利（Burberry）、路易·威登（LV）和菲拉格慕（Ferragamo）等国际知名奢侈品品牌纷纷进行了数字营销的创新尝试。品牌商们不再拘泥于传统的广告投放和时尚服装展示，而是将品牌营销从线下搬到线上，从屏幕后移到消费者面前。奢侈品牌开始挖空心思进行数字营销，而基于位置的服务（LBS），也为品牌与消费者的互动创造了更多的可能。现在，移动用户

经常可以收到附近的餐饮与购物消费信息。可以看到，基于位置服务的移动端数字化营销蕴含着巨大商机。

一、LBS 营销概述

基于位置的服务（Location Based Services，LBS），包括两层含义：一是确定移动设备或用户所在的地理位置；二是提供与位置相关的各类信息服务。LBS 是指与定位相关的各类服务系统，简称“定位服务”，另外一种叫法为 MPS（Mobile Position Services），也称为移动定位服务系统。LBS 营销就是企业借助互联网或无线网络，在固定用户或移动用户之间，完成定位和服务销售的一种营销方式。通过签到这种方式，可以让目标客户更加深刻地了解企业的产品和服务，最终实现宣传企业品牌和加深市场认知度的目的。

通过 LBS 营销可以实现以下移动营销目标。

（一）利用徽章提升品牌形象

LBS 应用最核心的产品机制是在某个地点签到，有机会赢取一枚特殊的 LBS 徽章。LBS 徽章对于 LBS 用户有非常大的吸引力。这也是品牌与 LBS 合作最简单的一种方式，利用用户赢取徽章的动力，与 LBS 合作发行具有特殊含义的品牌徽章，LBS 徽章一旦获得，将永远保留，对于品牌来说，将是长期的曝光，能够较好地让用户记住品牌形象。

（二）协助品牌进行产品促销

在移动用户通过移动终端登录 LBS 客户端后，LBS 会自动检索用户当前所在位置，并显示附近正在或即将举行活动的地点，用户可以点击查看活动详情，并选择前往任意一个地点签到、赢取 LBS 徽章、参加活动。这种定位式广告特别适用于有线下门店的品牌，通过签到营销机制能将消费者直接引入相应的线下门店，促进线下人流。

（三）通过同步形成口碑传播

在移动互联网时代，社会化媒体平台上的口碑对于品牌来说是提升形象和驱动销售的最直接动力。目前，几乎所有 LBS 应用都可以绑定各类微博和常用的 SNS 网站，LBS 客户端的地点、签到、LBS 徽章以及商家优惠信息等都可以同步到这些平台。设置巧妙的签到营销机制，可以让消费者成为品牌的传播因子，以用户为核心，并通过好友圈子形成更大范围的口碑传播效应。

二、LBS 的主要特点

LBS 的特点主要包括两方面：一是能智能地提供与信息需求者及其周围有关事物的信息与服务；二是无论是普通用户还是专业人员，无论是在移动终端还是在台式计算机上，都能在任何时间、任何地点获得有关的空间信息和服务。因此，移动性、分布性、个体感知和大众化是 LBS 最基本的特点。

（一）移动性

由于 LBS 的服务基础是用户的位置信息，而位置信息最大的特点是移动性，因此

LBS最大的特点就是用户终端的移动性。以往大多数系统应用都是在固定的大型机和台式机上实现的。随着无线网络的快速发展，以及各种移动设备的广泛应用，无线网络运营商同服务提供者联合，为移动用户提供路径查询以及其他服务，使得用户可以在任何时间、任何地点查询所感兴趣的空间信息或属性信息。

（二）分布性

在LBS服务中，密集信息处理和存储变得极为困难，集中式的信息存储和处理不可能满足LBS服务要求。因此，LBS系统需要采用分布式技术。LBS的分布性可以体现在存储的分布性、计算的分布性、设备的分布性以及用户的分布性几方面。对于这类分布式系统，由于移动设备的性能差异，一般都采用瘦客户端的方式，通过无线网络联入互联网，与应用服务器进行交互。

（三）个体感知

对于LBS系统而言，一个很突出的特点就是个体感知。个体感知是指系统从用户的角度出发，结合空间、时间信息以及个体用户周围环境的信息，自适应提取当前用户感兴趣的信息，这是LBS的一个主要特点。当一个系统实现了场景感知或位置感知的自适应后，则当以用户个体为中心时，LBS服务就从传统的人机交互模式转变成了人与环境的交互模式。用户不再过多地与自己的移动设备交互，而是与所处的周边环境直接交互，系统则通过推送方式或事件驱动的模式在移动设备上展示用户感兴趣的信息。

（四）大众化

大众化是LBS应用的一个显著特点。LBS作为一种服务和应用发展起来，主要是面向广大的非专业用户。LBS的未来发展依然与其用户的大众化密切相关。

移动位置服务被认为是继短信之后的“杀手级”业务之一，有着巨大的市场规模和良好的盈利前景，但实际进展比较缓慢。不过，随着产业链的完善，移动位置和位置服务市场有望日益壮大。

三、LBS移动营销应用

如果说之前的移动广告是帮助品牌提升形象服务，那么定位式的移动广告则是帮助本地企业和社区商家找到了推广的契机。定位式广告的最大优势在于，它能直接推动用户进行消费，于是，LBS的移动营销价值得以显现，主要有以下几种。

（一）签到服务

整合型地理位置签到服务（Location Check-in Aggregator）是指可以将地理位置信息同时签到到多个地理位置服务的网站，这类服务的出现是伴随着大量类Foursquare的出现而出现，目前类Foursquare服务包括：Google Latitude、Brightkite、Gowalla、Facebook及Twitter的地理位置服务。Brightkite已经推出了地理位置签到服务，该服务可以支持一次性将地理位置同时签到到Foursquare、Brightkite、Gowalla、Whrrl、Trioutnc等网站；还有FootFeed也实现了将地理位置信息同时签到到Foursquare、Brightkite、

Gowalla 和 Facebook 等网站，并且可以同时管理这些签到的多个网站上的联系人，实现精准化及本地化营销。

（二）移动搜索服务

移动搜索是指以移动设备为终端，进行对互联网的搜索，从而实现高速、准确地获取信息资源。随着科技的高速发展，信息的迅速膨胀，手机已经成为信息传递的主要设备之一。尤其是近年来手机技术的不断完善和功能的增加，利用手机上网也已成为一种获取信息资源的主流方式。移动搜索服务的典型应用是基于地理位置的周边信息搜索。例如，大众点评已经推出了适用于安卓和 iOS 系统的客户端，用户可以搜索周边的一些饭店餐饮信息。同样的，基于地理位置的其他的周边搜索服务（如休闲娱乐等）也有很大的需求。移动搜索服务的发展趋势是语音图像搜索不断发展，行业发展从搜信息到找服务的演变主要是生活服务、教育培训与新闻资讯的移动搜索。

（三）移动游戏

基于地理位置的游戏（Location Based Games，LBG）即移动游戏是另一个值得被关注的 LBS 方向。移动游戏现在是娱乐产业的一个大战场，尽管 Zynga 支配着社交游戏，其他大的游戏厂商控制着 console 游戏，世界范围内的智能手机游戏市场仍然还有待瓜分。既然手机用户可以达到几十亿，那么移动游戏市场可能成为游戏市场中最大的一块。Foursquare 的成功有多方面的原因，其勋章＋Mayor 的方式激发了很多的签到游戏爱好者的兴趣。Foursquare 践行的“签到＋勋章＋Mayor”的模式是典型的基于地理位置的游戏；而游戏 My Town 则是一种“基于地理位置＋小游戏”的模式，然后加入了更多的游戏的元素，这样 My Town 就形成了不同于 Foursquare 的盈利方式。国内的百度、腾讯、16Fun 等也正在推出自己的移动游戏平台。

（四）即时信息推送

推技术是一种基于客户服务器机制，由服务器主动地将信息发往客户端的技术。基于地理位置向用户实时推送是指通过检测用户位置向用户主动发送“推”信息的方式，如 Getyowza 用户通过安装 Getyowza 提供的客户端，Getyowza 会根据用户的地理位置，向用户推送附近的优惠券信息。目前 Getyowza 只在美国开展此项业务，用户安装相应的 App 后可以设置推送距离（推送距离自己多少范围内的优惠信息），可以直接在 Google 地图上查看这些优惠信息，还可以收藏自己喜欢的店铺，选择只接受自己收藏店铺的优惠券的推送信息。Getyowza 的优惠券不需要打印，直接给商户看便可以享受打折优惠。

目前，开展 LBS 营销已经有了一定程度的成功。具体而言，基于 LBS 的营销分为三步：（1）基于地理位置开展大数据挖掘，洞察消费者的不同需求，完成营销前期的用户调研和消费者“画像”等工作；（2）搭建起完整的线上线下营销通道，将品牌真正 O2O 化，从而将服务、产品与传播结合，最终缩短从品牌到购买的转化路径；（3）整合全平台资源，以百度为例，围绕百度地图、百度导航、百度团购等商业出口，搭建跨屏的整合营销平台，完成对真实生活信息的全覆盖。总体来说，一个品牌是否成功，就看它能否在最后一公里成功拦截用户需求，并促成用户消费行为。

第五节 微信营销

微信既是一个消息系统，又是一个交互系统，现已成为多种层次人群的必备交流工具之一。从个人群到微信公众平台再到微信支付，腾讯已经赋予了微信商业特征，而这也是微信必然要走的路。微信营销发展态势良好，通过建立各种公众号，与个人用户实现无缝交互，若再配合微信支付，则这种公众平台的优点不言而喻。许多 CEO 和 COO 对微信这种新媒体的关注度很高，这不仅因为他们自己正在使用微信作为沟通工具，还因为在社会行业中也有很多企业利用微信的商业案例，如招商银行信用卡中心、南航的信息平台及自助值机平台等。

微课：微信营销

一、微信简介

微信是腾讯公司于 2011 年初推出的一款快速发送文字和照片并支持多人语音对讲的手机聊天软件。用户可以通过手机或平板电脑快速发送语音、视频、图片和文字。微信提供公众平台、朋友圈、消息推送等功能，用户可以通过搜索号码和扫二维码等方式添加好友和关注公众平台，同时通过微信可以将内容分享给好友或将用户看到的精彩内容分享到微信朋友圈。

微信支持多种语言，支持 Wi-Fi 无线局域网、2G、3G 和 4G 移动数据网络，支持 iOS 版、安卓版等。2012 年下半年，微信公众平台上线，很多企业转战微信，纷纷建立了自己的微信公众号。截至 2020 年 3 月底，微信及 Wechat 的合并用户月活跃账户数为 12.025 亿，微信营销的重要性不言而喻。

因为微信是私密式的交流，所以微信营销相比其他营销方式在“一对一”的面对面（F2F）营销上更胜一筹，更有利于进行 CRM（客户关系管理）和促进销售。企业只有重视微信，做好 F2F 营销，才能借助微信在移动互联网上制胜。

二、微信营销的优势

阿里巴巴集团对外发布的网络营销报告称：“九成以上中小企业存在网络营销瓶颈。绝大多数网站经营者寄希望于搜索营销带来访客流量，却不知如何把自己网站的访客流量转化为自己企业产品的销量。”通过分析国内数万企业网站用户的数据情况不难发现，网络营销一般都是“三部曲”：建站＋推广＋电话。在微信时代来临之前，中小企业学会了门户＋搜索＋论坛等多种网络营销策略的综合运用。网络营销提倡按效果付费，但对中小企业而言，如何使流量转化为销量已成为企业网络营销的瓶颈。企业投资在网络营销方面的钱越来越多，但效果却没有显著提升。

如今企业需要的已经不是单纯的网站推广，而是需要整合性更强的全面网络营销手段。网络营销行业普遍存在“漏斗现象”：企业大把花钱筹建网站和进行市场推广营销，但吸引来的网站访客有80%来一次就流走了，有15%访问多次但不留任何信息，有4%留信息但不主动联系，只有不到1%的访客最终与企业完成了交易。不少企业老板表示：“中小企业在如今经济形势下，网络营销不得不做，同时我们对效果和性价比也有更高的要求。”

目前，还有很多企业通过自己的网站开拓网上销售渠道，增加网上销售手段。企业建立网站的目的就是扩大销售，一个功能完善的网站本身就可以完成订单确认和网上支付等电子商务所具有的功能，即企业网站本身就是一个销售渠道。通过各种营销方式进行企业网站推广，就算获取再大的流量，如果不能给企业带来客户订单也是徒劳。而且网站推广的成本是很大的，这种双向的推广造成的整体转换率很低，很多采取这种方式的企业也都遭遇了“投入很大、热情很高、回报很少”的窘境。

当O2O的概念开始火热传播之时，企业家们充满了不解和迷茫。他们对于传统的营销方式尚且没有熟练地应用和掌握，在现在这么多概念的冲击下，更加不知道自己究竟该如何去做，怎样才能实现企业在新形势下的营销模式转型和业绩的提升。

微信很好地解决了上述所有问题，企业应借助微信的庞大流量入口来源，深入研究微信营销和运营，将微信作为所有营销推广方式的收口方式，或许能将其打造成为未来转型的一个突破口。

微信营销的概念出现在网络营销快速发展阶段，在这一时期，网络消费文化逐步形成，面向消费者的电子商务范围不断拓宽，网上消费服务模式日渐丰富和成熟，为企业网络营销的发展奠定了坚实的用户基础，因此，它能够将所有网络营销的方式完美地整合起来，取其精华，去其糟粕，成为各种企业的营销首选。

选择微信营销的目的是更加有效地配置企业的营销资源，提升营销效率，降低企业营销的成本，以较低的营销成本使营销的影响力最大化，以及提升企业市场竞争力。而我们的工作就是让企业合理利用网络营销，帮助中小企业提高网络营销转化率，从而让中小企业通过网络营销来获取实质性的效益，让中国的企业网络营销行业良性发展。

其实，很多人开始使用微信是因为其图文并茂的通信功能，尤其是微信的视频对话功能让每个人可以和朋友实时视频通话。在微信中，可以发送文字、语音、图文及视频信息，也可以群聊。微信的信息传播接收率达到100%，这是其他产品达不到的。

此外，微信是一种更快速的即时通信工具，具有零资费、跨平台沟通、私密性、显示实时输入状态等特点，与传统的短信沟通方式相比，更灵活、更智能，且节省资费。微信用于营销有四大基础优势：

（1）微信实现了真正的对话，沟通都在“手指尖”，是一个非常方便的沟通工具。不需要引导用户下载微信，因为微信客户端已存在于最广泛用户的手机上。而营销是需要与用户进行便捷沟通的，微信自然成为商家和用户便携沟通的绝佳工具软件。

（2）微信具有庞大的用户基数，信息曝光率高，可以产生大规模的传播效应。

（3）微信上的信息交流互动性突出，是天然的私密式 CRM 沟通工具。微信公众平台可以对客户进行很好的归类，然后向某一类人群定时发送他们需要的信息，还可以和客户互动。

（4）微信是熟人社区，能够获取更加真实的客户群，且易于病毒式传播和推广，微信营销具备天然的营销属性。

企业在微信上的营销目标主要在于三个方面：（1）品牌，不管通过什么营销方式，品牌是不可或缺的；（2）辅助客户关系管理，包括新客户和老客户关系的维系；（3）客户咨询解答通道。做营销时，应当反复提醒自己，一定要做活动或做推广，并且这三点需要结合。

微信的出现改变了人们的生活，但是真正让微信营销形成体系的是微信公众平台的开放，其不仅成为微信的一大特色，还逐渐成为整个移动互联网甚至物联网的入口所在，也正因为此，我们看到了微信营销的威力所在。

微信公众平台是腾讯公司在微信的基础上新增的功能模块，通过这一平台，个人和企业都可以打造一个微信公众号，并实现与特定群体进行文字、图片、语音等的全方位沟通互动。

企业微信公众号是企业媒体发布平台、销售信息发布平台、危机公关平台、消费者互动平台、促销活动开展平台、新品展示平台、产品在线销售平台、网上支付平台、调研平台、公司企业文化传播平台、人才招聘平台……一切企业关注的，企业需要的，在企业微信公众号都可以实现。

此外，在微信 5.0 上线后，最具特色的一点是，借助于安卓系统的特点，用户在微信中关注的公众号可以直接将图标添加到桌面。无须先开启微信，就可以直接从桌面进入微信公众号。

这意味着一个微信公众号就形成了一个自主的 App，微信演变成了一个 App Store。可惜的是，由于苹果公司的一大营收来自 App Store，导致 iOS 系统的封闭性，这一功能在 iOS 系统上没有机会上线。但是，这也说明了微信作为移动端入口的明显优势。

三、微信营销的 F2F 模式

在微信出现之前，任何营销都不算真正意义上的 F2F 营销。以前的营销模式，要么不知道多少人看，要么不知道谁在看，要么不知道看的人怎么想的，要么看了不知道怎么去买，要么想买还得去实体店，要么买了用着好却不知道如何对企业表达感谢。而随着微信的出现，这一切都解决了。

微信是真正意义上的 F2F 营销，通过企业微信公众号，用户数据一目了然，而且手机端的特性决定了信息能随时随地到达用户手中，商家可以准确了解用户，也可以直接与用户进行沟通，甚至进行交易。这是完全的 F2F 营销。

（一）微信营销 F2F 模式与企业品牌推广

品牌推广（Brand Promotion）是指企业塑造自身及产品品牌形象，使广大消费者广泛认同的系列活动过程。品牌推广有两个重要任务：一是树立良好的企业和产品形象，提高品牌知名度、美誉度和特色度；二是最终要将有相应品牌名称的产品销售出去。

而品牌推广除了树立良好的品牌形象之外，更重要的是要有媒体品牌推广的渠道。现如今是渠道为王的时代，渠道对于品牌推广费用的消耗和控制力都很大，这样就导致了一种现象的产生：中间渠道商控制或提高媒体推广的成本费用，甚至可能左右推广宣传的时间策略等，这对于直接品牌推广的企业非常不利。品牌推广的企业在整个营销渠道的谈判和力量对比中处于劣势，导致意图传达或传递的品牌价值得不到彰显。

而微信带来的 F2F 营销模式可以跳过媒体渠道，直接进行宣传。品牌推广的企业对终端有直接的控制权和传播权，也在整体的推广中处于优势主导地位，摆脱了中间服务商或渠道推广商的控制，直接将自己的产品和企业品牌形象第一时间展现给终端客户和消费者。

具体应用方面，微信端的 F2F 模式可以较好地借助于品牌展示和营销活动两个工具进行应用。基于微信端口开发的类似于微网站的 Web App 以及大转盘、刮刮卡等趣味活动，就是基于 F2F 理论在品牌营销推广上的典型应用模式。

（二）微信营销 F2F 模式下的消费者沟通

得消费者得天下，在产品同质化严重的今天，对很多企业来说，成功与否的关键不是产品质量和品牌形象，而是能否与消费者建立有效的沟通机制。毕竟，企业所有的产品定位、品牌战略、市场战略等，最终的目的就是占领市场，赢得消费者。只有消费者购买了你的产品，你才能获得利润，才能产生源源不断的动力。

沟通机制不但包括定期不定期的交流和沟通，而且需要有对精准客户的挖掘以及对客户需求的分析和把握。企业的终端表现和服务态度让消费者满意了，无疑会增进企业与消费者之间的感情，消费者在多次购买行为之后，最终会形成对品牌的忠诚度。而对于企业来说，这样的终端表现也是一次绝佳的品牌推广。

而传统的沟通机制、客户调研及意见收集反馈、舆情监测，企业更多依赖于第三方或组织外派专人来负责，往往需要花费很多的精力去设计问卷，或委托第三方进行调查取样。这种方式主要有两个问题：(1) 实现的成本高；(2) 数据真实可靠性存疑，因为终端消费者收集的方式和手段相对容易受到第三方或执行落实环节的影响。

而微信带来的 F2F 的模式可以帮助企业跳过第三方机构，直接进行沟通，第一时间收集用户的反馈和意见，或对用户的言论等进行舆论监测。

在具体应用方面，微信端的 F2F 模式可以较好地借助于调研系统和投诉管理两个工具进行应用。基于微信端口开发的类似于调研问卷的应用以及留言反馈等应用，就是基于 F2F 理论在消费者沟通上的典型应用模式。

（三）微信营销 F2F 模式与企业产品销售

传统的销售一般都是基于渠道或中间商进行的，渠道相当于水渠和过道，是连接、承载产品和服务的载体。在这个载体的两端可以是企业——经销商、代理商、批发商、大型零售终端，也可以是大区代理商、批发商、经销商——二级或三级甚至更小的分销商。简言之，最终产品和服务的消费用户不是从原制造厂商处得到（经过两个或两个以上的环节转手得到）的都可称为渠道。

例如，一件衣服的售价是200元，可能它的成本（出厂价）是30元，还有170元去哪里了呢？就是各层的代理、零售、中间商、渠道商等逐层去加价，因为他们的进货和推广服务等都需要成本。而消费者在意的是买到便宜、称心如意的商品，至于这个商品从哪里买的他并不太关心。但是对于工厂加工型企业（直接生产或制造商品的公司）来讲，他们希望的是锁定更多的终端客户，而要锁定终端客户，就必须满足便宜和令客户称心如意两点。

所以，在这种形势下，从事产品生产制造的企业就需要建立一种跳过代理商、经销商，以及京东、淘宝等电商的一种方式，直接在线实现对终端客户的销售和服务。

而微信带来的F2F的模式可以帮助企业跳过中间商的链条，直接进行销售，第一时间收回现金流，收回企业的生产成本，实现企业的效益。具体应用方面，微信端的F2F模式可以较好地借助于微商城和微预订这两个工具进行应用。基于微信端口开发的类似于预约系统和商城购物系统等的应用，就是基于F2F理论在企业产品销售上的典型应用模式。

微信手机端的移动性、随时随地接受反馈性、一对一的沟通特性，尤其企业公众号这个极具颠覆性、革命性的产品的出现，将这一切变为可能。微信直接解决了F2F营销模式的困境，给企业营销带来了新的生机。

四、微信支付

微信支付是集成在微信客户端的支付功能，用户可以通过手机完成快速的支付流程。微信支付向用户提供安全、快捷和高效的支付服务，以绑定银行卡的快捷支付为基础。

支持支付场景有微信公众平台支付、App（第三方应用商城）支付和二维码扫描支付。

微信支付规则如下：

（1）绑定银行卡时，需要验证持卡人本人的实名信息，即姓名和身份证号等信息。

（2）一个微信号只能绑定一个实名信息，绑定后实名信息不能更改，解卡不删除实名绑定关系。

（3）同一身份证件号码只能注册最多10个微信支付。

（4）一张银行卡（含信用卡）最多可绑定3个微信号。

（5）一个微信号最多可绑定10张银行卡（含信用卡）。

（6）一个微信账号中的支付密码只能设置一个。

（7）银行卡无须开通网银（中国银行和工商银行除外），只要在银行中预留了手机号码，即可绑定微信支付。

说明：一旦绑定成功，该微信号将无法绑定其他姓名的银行卡和信用卡，因此需要谨慎操作。

第六节 微博营销

近年来，随着企业对营销战略的升级，微博已成为孕育各类创新营销的沃土。企业借助微博，快速聚合用户关注度，持续提升品牌知名度；与用户形成情感共鸣，提升品牌好感度。此外，企业还积极通过优质内容与用户深度互动，逐渐将其转化为品牌忠实受众。可见，微博在提升企业营销上的价值不容小觑。

一、微博简介

微博即微型博客（MicroBlog）的简称，也是博客的一种，是一种通过关注机制分享简短实时信息的广播式的社交媒体和网络平台，允许用户通过 Web、Wap、Mail、App、IM、SMS 以及 PC、手机等多种移动终端接入，以文字、图片、视频等多媒体形式，实现信息的即时分享、传播互动。

微博具有书写快、传播快、即时交流等特点，给人们带来一种全新的生活体验，越来越多的人通过微博获取信息、与人交流。微博是一个基于用户关系进行信息分享、传播以及获取的平台。常见的微博平台包括美国的 Twitter 和新浪微博。

二、微博营销简介

（一）微博营销的概念

微博营销是指通过微博平台为商家、个人等创造价值而执行的一种营销方式，也是指商家或个人通过微博平台发现并满足用户的各类需求的商业行为方式。

微博营销以微博作为营销平台，每一个听众（粉丝）都是潜在的营销对象，企业利用更新自己的微博向网友传播企业信息、产品信息，树立良好的企业形象和产品形象，这样来达到营销的目的。

微博营销的本质是社交化媒体（SNS）营销，兴起于美国，注重价值的传递、内容的互动、系统的布局、准确的定位，微博的火热发展也使其营销效果尤为显著。微博营销涉及的范围包括认证、有效粉丝、朋友、话题、名博、开放平台、整体运营等。自 2012 年 12 月后，新浪微博推出企业服务商平台，为企业在微博上进行营销提供一定帮助。

（二）微博营销的分类

1. 个人微博营销

很多个人的微博营销是由个人本身的知名度来得到别人的关注和了解的，如著名演员、成功商人或者是社会中比较成功的人士，他们运用微博往往是让自己的粉丝更进一步地去了解自己和喜欢自己，微博在他们手中也就是平时抒发感情，功利性并不是很明显，他们的宣传工作一般是由粉丝们跟踪转帖来达到营销效果的。

2. 企业微博营销

企业一般是以盈利为目的的，它们运用微博往往是增加自己的知名度，最后将自己的产品卖出去，往往企业微博营销要难上许多，因为知名度有限，短短的微博不能让消费者直观地理解商品，而且微博更新速度快，信息量大，企业微博营销时，应当建立起自己固定的消费群体，与粉丝多交流，多互动，多做企业宣传工作。小米手机的官方微博主页如图 5－8 所示。

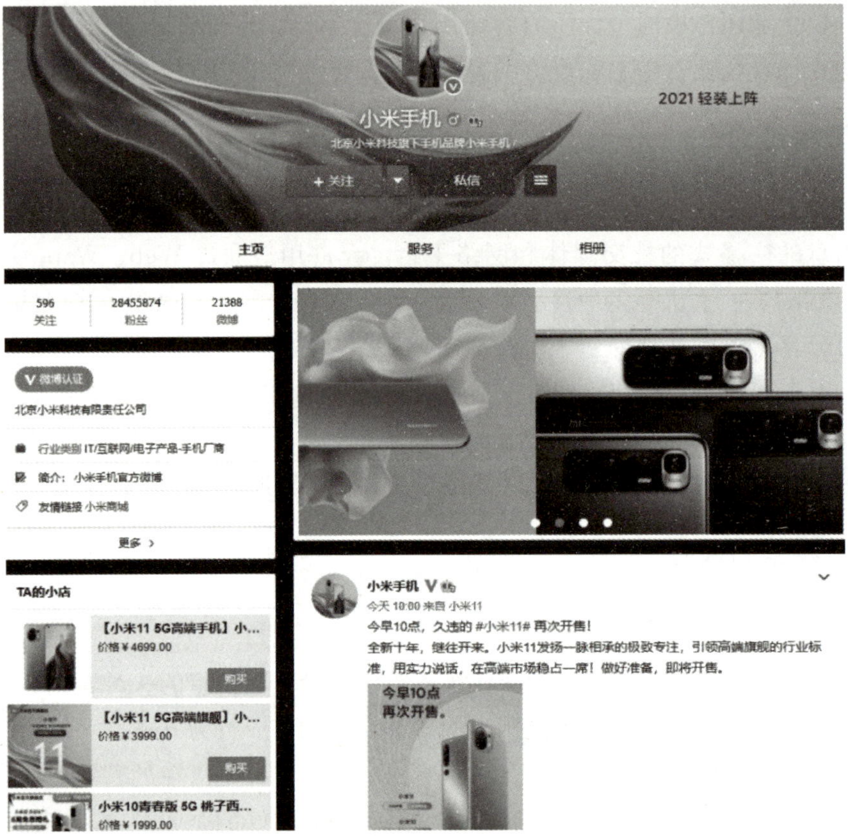

图 5－8　企业微博营销案例——小米手机

三、微博营销的价值

企业进行营销的核心诉求是汇聚人气、培育潜在的和忠诚的消费者以及刺激销量，在营销过程中构筑品牌形象。微博具备媒体性、扩散性和社会性三大属性，企业可利用微博的媒体性和扩散性为媒体端的各类营销活动导流、造势，从而汇聚人气，利用微博的媒体性和社会性全方位展示品牌气质、产品优势，并且通过和粉丝深度互动，从而培育潜在的和忠诚的消费者；通过微博的扩散性、社会性、与企业的战略合作，实现品牌、产品口碑的广泛传播，并且向消费者提供快捷的购买通道，从而刺激销量。

基于多元化的广告形式、灵活的资源组合形式、科学的投放策略，微博能够帮助品牌有效搭建起与消费者沟通的桥梁，助力品牌提升营销效果。

（一）庞大的用户基础

微博有庞大的用户基础，其月活跃用户规模保持稳健增长，连续三年增长 7 000 万以上，在 2020 年 10 月 19 日举行的 2020V 影响力峰会上，新浪官方公布：新浪微博月活跃用户达 5.23 亿，同比增长 3 700 万。月活跃用户中，30 岁以上用户占比 23%，30 岁以下用户占比 77%。月活跃用户数的移动端用户占比高达 94%。

（二）良好的用户关系

凭借在娱乐方面的独特吸引力和内容的不可替代性，微博还拥有良好的用户关系。2018 年，微博文艺界人士粉丝同比激增 39 亿人次，相比 2017 年，平台中粉丝与文艺界人士的互动更加深入，互动方式中，转发和评论的占比同比增长均超过 5%，提升明显。微博的不可替代性很强，当前媒体环境中没有任何媒体对微博的替代关系能获得 50%以上网民的认同。微博除了聚集热点信息，还具有社交属性。

（三）丰富的广告营销产品

微博发展出丰富的广告营销产品体系，拥有包括重点项目、信息流、视频类、曝光类、搜索类等在内的 8 大类商业产品，“全面覆盖”和“深度沟通”双管齐下，多种资源组合，帮助品牌营销效果增值。微博可以根据不同行业品牌营销诉求，定制化营销组合策略，也可以根据品牌的不同发展阶段品牌，帮助品牌实现营销效果最大化。

（四）内容场景策略能力

企业可以借力微博成熟的互动体系和用户互动习惯，在内容策划上偏重参与、互动、吸引表达的元素。促进用户与广告互动，提升体验意愿，加强转化可能。也可以借助社交属性中用户的信任度和高影响力，选择适合的广告资源、展现形式，融合创意元素。与用户进行深度沟通，强调品牌差异性，提升品牌形象和消费者喜好度。

（五）多样化的用户沟通

微博内容形式多样，呈现轻量级、富媒体化、场景化趋势，更贴合移动互联网时代用户的使用习惯，以及对内容精致轻巧、社交场景化的需求。2009 年 8 月推出了文本微博功能和图片微博的功能；2010 年 6 月推出了视频微博功能；2015 年 12 月推出了文章产品；2016 年 3 月推出了微博直播产品；2017 年 4 月推出了微博故事产品；2018 年 9 月正式召集 vlog 博主。

目前新浪微博头部作者规模已突破 100 万人，微博视频号开通超过 50 万；微博大 V 平均每天发微博 18 条。2020 年 7 月份刚上线的视频号计划，截至 2020 年 8 月，微博视频号开通规模超过 50 万，百万粉丝视频号超过 5 000 个，两个月新增 1 100 个。上线两个月，视频广告分成金额 2 100 万元，1.5 万作者获得收益。2020 年 10 月上线小视频分成和视频号图文发布的分成提升激励。

在新浪微博变现相关数据方面，总共分为 KOL 代言、电商、广告共享计划和付费四大部分。其中 KOL 代言覆盖近 30 万个作者，流水 22.2 亿元，作者分成近 9 亿元；广告共享计划中，覆盖 11 万个作者，基于内容的广告分成，补贴近 2.1 亿元；电商部分，开通小店用户数达 50 万，可统计福卡 GMV 相比 2020 年 1 月增长 1 660%；付费数据为，V+覆盖8 000个账号，流水近 3 亿元，同比提升 62%。

职业伦理

自媒体内容定位乱象

近年来，某些自媒体为了获取流量，夺人眼球，追求10 万+，使用了各种手段：有的编造内容，有的使用惊悚标题，有的抄袭别人的原创文章，有的甚至发布低俗、色情的内容，无所不用其极。某些自媒体内容低俗、标题党、传播谣言、抄袭侵权、刷量刷粉、恶意和重复侵权行为等乱象依然存在，且屡禁不止。

微信官方、今日头条等平台严格治理损害内容生态、严重影响用户阅读体验的自媒体行为。2018 年 11 月 11 日微信公众平台公布，针对内容低俗、标题党、传播谣言、抄袭侵权、刷量刷粉、恶意和重复侵权行为等乱象，共封禁各类低俗账号超过 18 万个，删除相关文章 31 万篇。

2019 年初，某公众号发布文章《一个出身寒门的状元之死》刷爆朋友圈，但因其编造故事、刻意煽动泪点，再次引发负面舆论风波。2 月 21 日，该公众号及其公司旗下另一个公众号注销后，今日头条、凤凰网随即发布公告，对相关自媒体采取封禁、永久关闭处理，如图 5-9、图 5-10 所示。

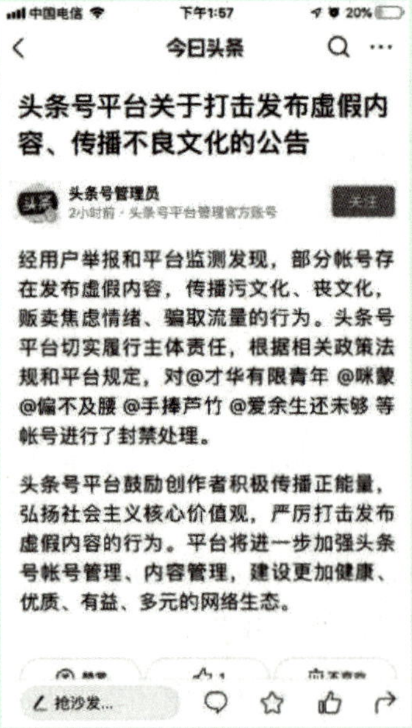

图 5-9　今日头条发布声明

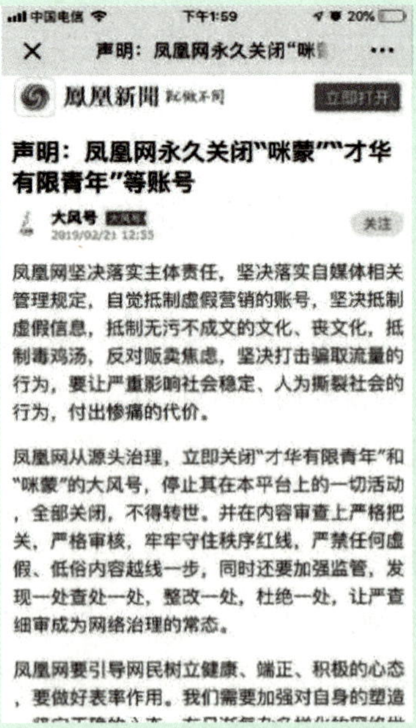

图 5-10　凤凰网发布声明

作为新媒体人，应积极提高职业素养，从社会责任理论出发，担当应有的社会责任，在发布信息时把握权威的信息来源，不捕风捉影，不添油加醋，不情绪宣泄，不误传各种片面或者不实的内容。同时，自媒体人需要有较高的职业道德，要做到不唯利是图，不投机取巧，主动杜绝标题党、“洗稿”、抄袭侵权、虚假诈骗等违背媒体行业规范和职业道德的行为。

拓展阅读

7 个传统企业的微信营销成功经验

7 个传统企业的微信营销成功经验

实训项目五 中秋节微信营销策划

一、实训目标

（1）通过中秋节开展微信营销活动，进行微信营销策划，撰写微信内容并发布。

（2）实训中要求结合移动端特点进行相关的微信营销规划，并监控微信营销效果。

（3）掌握微信营销的相关方法和技巧。

二、实训环境

（1）4G/5G 安卓或 iOS 智能手机，开通 4G/5G 网络或 Wi-Fi。

（2）微信及微信营销模拟软件。

三、实训内容

（一）微信营销策划

步骤 1：根据中秋节微信营销实训的要求进行微信营销分析，熟悉实训所提供的相关素材，明确实施原因、实施目的及目标受众群体。

步骤 2：根据中秋节微信的营销目的及受众群体进行微信营销策划，确定微信营销的相关主题、内容及表现形式，熟悉主流平台的功能，完成表 5 - 1。

表 5 - 1　微信营销策划

微信营销策划	策划内容及说明	具体分析
营销目的	实施微信营销的目的	
实施原因	实施微信营销的原因	
目标受众群体	营销针对人群	
微信资料	功能说明等资料	
内容类型	所发布的内容类型	

（二）微信内容编辑

步骤 1：根据中秋节微信营销主题确定内容主题，发布简短的营销性质的微信内容。

步骤 2：选择与中秋节相关的话题编写微信内容以提高微信订阅量。

步骤 3：转载中秋节相关或精彩的微信内容。

在微信内容的编辑过程中应注意语句精练顺畅，避免语法错误、错别字等。

（三）效果监控与分析

步骤 1：查看微信的粉丝量、微信的转发量和订阅量。

步骤 2：查看微信营销带来的订阅量、转发量。

步骤 3：分析微信营销的总体效果。

步骤 4：以小组形式，进行相互查看，并进行微信营销的效果互评。

思考与练习

1. 移动营销相对于传统网络营销有哪些特点？
2. 二维码在移动营销中的主要应用有哪些？
3. 移动 App 营销和手机网站营销应注意的问题有哪些？
4. 什么是 LBS？基于 LBS 的移动营销有哪些特点？
5. F2F 微信营销对企业产品的销售有何意义？
6. 谈谈你对移动营销发展趋势的看法。
7. 为某一知名蛋糕店策划一个可操作的本地化移动营销方案。

在线练习

第六章 移动商务安全

知识目标

熟悉移动商务安全的主要技术；

了解移动商务的安全需求和安全问题。

技能目标

能简单分析移动商务的安全问题，并制定初步安全方案。

素养目标

具备没有网络安全就没有国家安全的意识，不断筑牢网络安全防线，让人民群众安享美好数字生活；

坚持依法治网、依法办网、依法上网，让互联网在法治轨道上健康运行；

作为移动商务从业人员，需要担当应有的社会责任，遵从网络行为规范和职业道德。

案例导入与预演

随着移动互联网的快速发展，移动商务以其灵活、简单、方便的特点，逐渐成为人们进行商务活动的新模式。移动商务技术的推广，是对传统电子商务技术的改进和完善，在引入新技术、新环境的同时，也较好地满足了不同用户的个性化需求，增强了用户体验。然而，移动商务技术在得到广大用户青睐的同时，也吸引了黑客的注意力。较传统电子商务而言，无线移动设备自身内存的限制、无线网络的开放性，使得移动商务存在更为突出的安全隐患。上述安全隐患若得不到较好的解决，很有可能成为移动商务业务发展的瓶颈。

一、案例导入

2021 年 2 月 1 日，中国银联发布了《2020 移动支付安全大调查报告》。该报告根据连续十四年对持卡人支付习惯及风险偏好的跟踪调查，展现了支付安全领域的最新动向。通过调查，移动互联网安全领域有了新的趋势：一是移动支付频率稳步增长，“无接触支付”优势广受认可；二是线上支付场景加速渗透，便民生态持续完善；三是移动支付安全性受认可，风险行为仍需关注。

消费者对移动支付的安全性日趋肯定，加上移动支付的普遍性日益增加，人们对于使用移动支付也越加放心。调查结果显示，98%的受访者认为移动支付是安全的。但公众自我保护的意识和能力仍有待进一步提升。调查显示，大多数人认为其安全防范措施相对薄弱，特别是高龄与低收入群体使用的支付验证方式种类单一、不安全移动支付行为偏多，如“所有支付密码都相同”和“连接公共 Wi-Fi 的状态下支付”的风险问题表现较为突出。同时，报告显示用户对风险的认知更多放在支付交易验证环节，约七成人群会在转账时核验收款人信息，超过六成人群会关注每一笔交易的提示，但是其他安全操作关注不足，如设置复杂交易密码、设置每笔交易上限、仔细阅读交易环节的安全提示等有效措施的用户占比仅不足四成。

调查发现，2020 年有 8%的受访者遭遇了在网络诈骗中经济受损的状况，相较 2019 年减少了 4 个百分点。但诈骗无孔不入，有四分之三的民众均表示收到过诈骗信息，其中八成来自短信渠道。同时，不法分子对不同人群实施精准诈骗行为值得公众重点防范，例如：未婚女性，尤其是“90 后”“00 后”群体遭遇较多购物类诈骗，主要表现为虚构优惠、客服退款、虚假网店等方式。新一线城市人群，“80 后”“90 后”的未婚男性，企业主、网店微商店主则遭遇较多钓鱼、木马病毒类诈骗与二维码代收款、刷单、处理交通违章、高额透支、虚构险情类骗局。公司职员、企业主以及老年人更多遭遇假冒公检法等身份类诈骗威胁。二三线城市受访人群则遭遇较多社交软件中发布的活动类诈骗与缴费等日常生活类诈骗。

参与过网络赌博的群体中近六成遭受诈骗且损失金额超过 2 500 元。未婚男性、服务业人员、企业主、私营业主/个体户等更容易陷入网络赌博诈骗。同时，参与“跑分”的群体中，近五成人群亦有损失发生，人均损失金额超过 1 000 元。

由此，移动互联网用户需进一步提升安全支付意识。专家建议，消费者守护好个人信息，抵制博彩活动，做好以下工作：一是管理好个人账户及二维码，及时注销睡眠银行卡及账户，切勿出借、出租银行卡及收款码，若出借账户被用于非法资金转移，提供者将被立案追诉且 5 年不能使用移动支付；二是守护好个人敏感信息，注意识别套路，防范不法分子以“高利理财”“虚拟货币”“网络借贷”为噱头进行“利益”诱惑实施欺诈；三是坚决抵制网络赌博、“跑分”等非法平台活动。

二、本章预演

预演任务：

通过收集身边人和自身经历、新闻报道及查阅网络资料，总结目前存在的各种网络安全问题及隐患，通过讨论完成下面的表格。

	类型	原因	应对方法
移动商务存在的安全隐患			
典型的移动商务安全事件			

注意：请认真体验，尽量从多个不同的角度填写上面的表格。

第一节　移动商务安全概述

移动通信技术从 1G 发展到 5G 的过程，也是移动网络的安全机制不断完善的过程。第一代移动通信系统几乎没有采取任何安全措施，移动台把其电子序列号（ESN）和网络分配的移动台识别号（MIN）以明文方式传送至网络，若二者相符，即可实现用户的接入，但用户面临的最大威胁是自己的手机有可能被克隆。第二代数字蜂窝移动通信系统（2G）采用了基于私钥密码体制，但这种机制在身份认证及加密算法等方面存在许多安全隐患，同样面临着克隆、数据完整性和拒绝服务攻击等安全威胁。第三代和第四代移动通信系统（3G/4G）在 2G 的基础上进行了改进，继承了 2G 系统安全的优点，同时针对 3G/4G 系统的新特性，定义了更加完善的安全特征与认证服务。尽管如此，随着 4G 的智能终端与用户的密切性逐渐加深，智能终端上仍然隐藏安全威胁，容易出现移动终端操作系统的漏洞，造成病毒攻击、通信接口防护不严密等安全隐患。目前到了 5G 时代，在全球电信行业的密切协作下，通过增加和完善安全特性，5G 网络的安全能力已远高于此前的任何一代网络，这在业界已经形成共识。

一、移动互联网安全概述

随着移动通信的普及以及移动互联网业务的迅猛发展，移动商务所依赖的移动网络逐渐成为黑客关注的目标。网络的开放性以及无线传输的特性，使安全问题成为整个移动通信系统的核心问题之一。窃听、伪装、破坏完整性、拒绝服务、非授权访问服务、否认使用/提供和资源耗尽等形形色色的潜在安全攻击威胁着正常的通信服务。

移动商务的迅速发展得益于移动通信的广泛应用，是因为移动通信网络的建设不像有线网络那样受地理环境限制，移动用户也不受有线通信电缆的限制，而是可以在移动中进行通信。移动通信网络的这些优势都是来自其所采用的无线通信信道，而无线信道是一个开放性信道，它在赋予移动用户通信自由的同时也带来了一些不安全的因素，如通信内容容易被窃听、通信内容可以被更改、通信用户身份可能被假冒等。当然，无线通信网络也存在着有线通信网络所具有的不安全因素。移动商务同样面临多种安全威胁，主要包括以下几个方面。

（一）无线窃听

在无线通信过程中，所有通信内容，如通话信息、身份信息和数据信息等，都是通过无线信道开放传送的。任何拥有一定频率接收设备的人均可获取无线信道上的传输内容。无线窃听可以导致通信信息和数据的泄露，而移动用户身份和位置信息的泄露可以导致移动用户被无线追踪。这对于无线用户的信息安全、个人安全和个人隐私都构成了潜在的威胁。

（二）漫游安全

在无线网络中，当用户漫游到攻击者所在的一定区域内时，在终端用户不知情的情况下，信息可能被攻击者窃取和篡改，服务也可能被拒绝。中途交易后，由于缺少重新认证的机制，通过刷新使连接重新建立会给系统带来风险。没有再认证机制的交易和连接的重新建立是危险的，连接一旦建立，使用安全套接层（SSL）协议和无线传输层安全（WTLS）协议的多数站点，不再进行重新认证和重新检查证书，因此，攻击者可以利用该漏洞。

（三）假冒攻击

假冒攻击是指由于无线通信信道的开放性，当攻击者掌握了网络信息数据规律或解密了商务信息后，假冒合法用户或发送假冒信息欺骗其他用户的行为。无线通信中，移动通信站需要通信用户的身份信息，以认证其是否为合法用户。攻击者容易截获通信用户包括身份信息在内的所有通信数据，从而假冒该合法用户发送错误信息。另外，攻击者通过冒称网络信息控制中心（如在移动通信网络中假冒网络基站，以欺骗用户）骗取用户身份信息。

（四）完整性侵害

完整性侵害指网络攻击者截取信息，并私自修改、删除、插入、重传合法用户的信息或信息数据的过程。完整性侵害可以通过信息的修改阻止用户双方建立链接，也可以欺骗接收者相信收到的已被修改的信息是由原发送者传出的未经过修改的信息，还可以通过阻止合法用户的身份信息、控制信息或业务数据，从而使合法用户无法享受正常的网络服务。

（五）业务抵赖

业务抵赖是指业务发生后否认业务发生，以逃避付费或逃避责任，这在移动商务中很常见。在移动商务中，这种威胁包括两方面：（1）交易双方中的买方收货后否认交易，企图逃避付费；（2）卖方收款后否认交易，企图逃避付货。

（六）窃取和丢失

由于移动设备功能的不断增加，移动设备可以存储一些用户的个人信息，如通讯录和工作日程表等，在有些移动设备（如便携式计算机）中甚至存储着一些公司的商业信息。但是由于体积的原因，移动设备很容易被偷或丢失。因此，防止移动设备中秘密信息的失窃也是一个很重要的问题。

（七）恶意代码

恶意代码是指经过存储介质和网络进行传播，从一台计算机系统到另一台计算机系统，未经授权认证破坏计算机系统完整性的代码或程序，包括计算机病毒、蠕虫、特洛伊木马、逻辑炸弹、系统后门、Rootkits、恶意脚本等。恶意代码编写者一般利用三类手段来传播恶意代码：软件漏洞、用户本身以及两者的混合。有些恶意代码是自启动的蠕虫和嵌入脚本，本身就是软件，这类恶意代码对人的活动没有要求。一些像特洛伊木马、电子邮件蠕虫等恶意代码，利用受害者的心理操纵他们执行不安全的代码；还有一些是哄骗用户关闭保护措施来安装恶意代码。

此外，移动商务中的移动终端面临的安全威胁包括移动终端设备的物理安全、SIM 卡被复制、电子标签（RFID）被解密和感染病毒、拒绝服务等多个方面。

二、移动商务的安全需求

通过分析移动商务系统所面临的安全威胁，可以看出安全性对于移动商务的重要性。一个完整且安全的移动商务系统应该有以下特点。

（一）保密性和身份认证需求

移动终端的 SIM 卡通常需要具有加密和身份认证的能力，SIM 卡号就像无线通信中的物理地址，具有全球唯一性。随着移动用户实名制的实施，一个用户对应一张 SIM 卡，SIM 卡可以识别用户身份。利用可编程的 SIM 卡，还可以存储用户的银行账号和 CA 证书等用于标识用户身份的有效凭证。另外，可编程的 SIM 卡还可以用来实现数字签名、加密算法和身份认证等，识别这些信息是电子商务领域必备的安全手段。

（二）数据信息完整性

保证数据信息在传输、交换、存储和处理过程中保持非修改、非破坏和非丢失的特性，这可以使用消息摘要技术和加密技术（Hash 函数）来实现，而支付信息的完整性可由支付协议来保证。

（三）不可否认性

保证接收方对于自己已接受的信息内容不能否认，发送方对于已经发出的信息不能抵赖和否认；保证交易数据的正当保留，维护双方当事人的合法利益。这可以通过数字签名技术来实现。

（四）匿名性

移动商务的匿名性主要包括以下三个方面：

（1）用户身份隐藏。用户的永久身份不能在无线接入链路上被窃听到。

（2）用户位置的隐藏。用户到达某个位置或某个区域不能通过对无线接入网窃听到。

（3）用户的不可跟踪性。攻击者不能通过在无线接入网上窃听，推断出是不是对某个用户提供了不同的服务。

（五）容错能力

信息在网络中传输，设备和线路经常会发生故障，要保证在故障产生时系统不会长时间处于停滞状态，要有备用解决方案，还要保证更新系统时对于原有软硬件的兼容能力。

另外，移动商务对于系统的经济性也得适当考虑，希望在增强系统安全性的同时，尽量降低所花费用。合理的加密技术是增强安全的最有力措施，目前已有不少加密算法可以实现，要从算法的可实践性上做适当选择。

微课：网络安全移动支付

三、移动商务安全现状

（一）移动商务安全存在的主要问题

囊括超过 80%上网人群的移动互联网，已经成为网络空间中最重要的一个组成部分，而网络空间安全更是与国家安全息息相关、不可或缺的组成部分。现阶段，国家层面的移动互联网信息安全的主要问题有以下几个方面：

（1）核心技术的缺乏。无论是移动通信网络的制式、技术体制和标准，还是终端的核心芯片、操作系统及其生态环境等核心技术均未能实现自主可控，从而为国家网络空间信息安全埋下了巨大隐患。

（2）互联网以美国为中心的架构在短期内无法改变。以根域名服务器为例，虽由 ICANN（Internet Corporation for Assigned Names and Numbers）托管，但根域文件（Root Zone File）却直接受美国商务部（United States Department of Commerce）的监管。而移动互联网几大巨头，如苹果、谷歌、微软等更是在《美国爱国者法案》的管制范围内，该法案以反恐的名义赋予美国执法机关近乎无限制的信息获取权力。

（3）企业信息安全在移动互联网环境下受到极大挑战。智能终端的兴起为移动办公应用打下了坚实的基础，随着移动终端自身处理能力的不断增强、移动互联网信息传输能力的不断提升，企业对于 3A（Anytime，Anywhere，Anything）移动办公的需求能够得到更好的满足。然而，移动办公与传统办公在使用环境、终端类型和通信条件上有天壤之别，传统企业信息安全体系早已无法适应移动互联网环境下的移动办公需求。在效率与安全的天平上，平衡早被打破，鱼与熊掌不可兼得。“手机里有你的一切”，虽然这只是广告宣传用语，但却指出了关键所在。语音通信虽仍是手机的关键功能之一，但融合通信类应用、社交网络类应用、金融支付类应用和地理位置类应用和移动办公类应用已经使手机成为社交网络、金融支付和处理工作信息的关键节点，工作与生活的界限在移动互联网环境中早已模糊。而云概念的兴起与大数据时代的来临，在移动终端这个信息节点上的叠加效应十分明显。移动终端是极为关键的信息节点，但相对而言也是极为脆弱的，生活与工作的混合环境恰恰放大了安全的威胁。

（二）移动商务的安全技术

现有的移动商务的安全技术主要有以下几种：

（1）完整性保护技术。完整性保护技术用于提供消息认证的安全机制。通常情况下，完整性保护技术是通过计算消息认证码来实现的，就是利用一个带密钥的 Hash 函数对消息进行计算，产生消息认证码，并将它和消息捆绑在一起传给接收方。接收方在收到消息后首先计算消息认证码，并将重新计算的消息认证码与接收到的消息认证码进行比较。如果它们相等，则接收方就认为消息没有被篡改；如果它们不相等，则接收方就知道消息在传输过程中被篡改了。

（2）真实性保护技术。真实性保护技术用来确认某一实体所声称的身份，以防假冒攻击。在移动商务中，交易信息通过无线网络转发，在传输过程中可能产生一定的延迟，需要通过鉴别数据源来确认交易信息的真正来源。最简单的方法是让声称者与验证者共享一个对称密钥，声称者使用该密钥加密某一消息（通常包括一个非重复值，如序列号、时间戳或随机数等，以对抗重放攻击），如果验证者能成功地解密消息，那么验证者相信消息来自声称者。

（3）机密性保护技术。机密性保护技术是为了防止敏感数据泄露给那些未经授权的实体。通常，最简单的方案是收发双方共享一个对称密钥，发送方用密钥加密明文消息，而接收方使用密钥解密接收到的密文消息。

（4）抗抵赖技术。抗抵赖技术是为了防止恶意主体事后否认所发生的事实或行为，要解决此问题，必须在每一事件发生时，留下关于该事件的不可否认的证据。当出现纠纷时，可由可信的第三方验证这些留下的证据，这些证据必须具有不可伪造或防篡改的特点。通常，不可否认证据是由发送者使用数字签名技术产生的。

（5）其他安全技术。安全协议是以密码学为基础的消息交换协议，目的是在网络环境中提供各种安全服务，其安全目标是多种多样的。例如，认证协议的目标是认证参加协议的主体的身份，许多认证协议还有一个附加的目标，即在主体之间安全地分配密钥或其他各种秘密。在网络通信中最常用的、最基本的安全协议按照其目的可以分成以下四类：

1）密钥交换协议。这类协议用于完成会话密钥的建立，一般情况下是在参与协议的两个或多个实体之间建立共享的秘密，如用于一次通信的会话密钥。密钥交换协议有 Blom 协议、Girault 协议、Diffie-Hellman 协议、MIT 协议和 Andrew RPC 协议等。

2）认证协议。认证协议包括身份认证协议、消息认证协议、数据源认证协议等，用来防止假冒、篡改和否认等攻击。认证协议有 Schnorr 协议、Okamoto 协议、Kerboros 认证协议和 Guillou-Quisquater 协议等。

3）认证密钥交换协议。这类协议将认证协议和密钥交换协议结合在一起，先对通信实体的身份进行认证，在认证成功的基础上，为下一步安全通信分配所使用的会话密钥。认证密钥交换协议是网络通信中应用最普遍的一种安全协议，有 Needham-Schroeder 公钥认证协议、分布式认证安全服务（DASS）协议、互联网密钥交换（IKE）协议和 X.509 协议等。

4）电子商务协议。与上述协议明显不同的是，电子商务协议中的主体是交易双方，其利益目标是矛盾的。电子商务协议最为关注的就是公平性，即协议应保证一个交易方达到自己的目标，当且仅当另一交易方达到自己的目标。当前应用比较广泛的电子商务安全协议主要有 Digicash 协议、Netbill 协议、SET 协议和 SSL 协议等。

一般来说，前三类安全协议是第四类电子商务协议的基础。通常情况下，在移动商务交易中并不只采取上述某一种安全协议来保证交易的安全性，而是采取其中两个或多个协议的组合。

四、我国移动商务安全发展策略

虽然信息安全形势较为严峻，但我国已经将网络空间信息安全建设提高到国家安全层面，通过政府、企业和个人不懈的共同努力，未来必将做到自主、安全、可控。移动互联网信息安全的发展同样应该从国家、企业和个人层面来进行描述。

（1）在国家层面上。通过不断完善相应法律法规，建立信息安全的法律和政策框架；通过加大对信息产业的投入，逐步建立自主的技术路线、标准和体制，实时掌握信息产业发展的话语权；突破以核心芯片为代表的关键技术，推动自主可控移动互联网生态系统的建设。

（2）在企业层面上。积极应对移动办公带来的信息安全挑战，研究移动办公安全体系及架构，以云计算和安全终端等关键技术为突破口，建立健全发展自主可控的，包括终端自身安全、接入安全和传输安全的完整移动办公解决方案。

（3）在个人层面上。依托国家法律法规，在工业界提供移动互联网安全解决方案的基础上，加大信息安全知识的宣传推广，提高个人信息安全保护意识，由点到面、自下而上地提高移动互联网信息安全整体水平。

职业伦理

筑牢网络安全防线

党的十八大以来，以习近平同志为核心的党中央重视互联网、发展互联网、治理互联网，统筹协调涉及政治、经济、文化、社会、军事等领域网络安全和信息化重大问题，作出一系列重大决策、实施一系列重大举措，推动我国网信事业取得历史性成就，走出一条中国特色治网之道。

习近平总书记深刻指出：“没有网络安全就没有国家安全，就没有经济社会稳定运行，广大人民群众利益也难以得到保障。”作为全球网民最多、联网区域最广、信息化程度与日俱增的网络大国，要确保网络安全，必须构筑好网络安全屏障，确保网络安全责任落到实处。应对网络和信息安全挑战，关键在人。

网络安全为人民，网络安全靠人民，维护网络安全是全社会的共同责任，需要政府、企业、社会组织、广大网民共同参与，共筑网络安全防线。我们面临的网络安全问题，很多是意识问题，要树立正确的网络安全观。思想是行动的先导，思想上守不住防线，行动上就控不住风险，战场上就打不赢敌人。

我们应深入学习习近平总书记关于网络强国的重要论述，重视网络安全，防止和克服“网络安全问题很遥远”的盲目乐观、“与己无关”等错误认识，避免消极应付等错误行为；旗帜鲜明讲好大道理、弘扬正能量，加大对网络虚假信息、政治谣言、错误观点等的批判揭露，推动形成健康向上的网络文化，做到网上正能量充沛、主旋律高昂。

第二节 移动商务信任机制及行业自律

在 4G/5G 技术的推动下，我国移动互联网和移动商务发展步入了高速增长期，移动终端用户和网民数量持续新高，手机网站也如雨后春笋，产业发展迎来了关键时刻。然而，面对庞大的市场诱惑，不少手机网站和内容服务商为了短期利益而弃行业健康发展于不顾，低俗不良之风也悄然蔓延，给移动互联网发展带来了恶劣的影响。2009 年 12 月，工业和信息化部电信研究院信息名址服务管理中心发起的《诚信经营、文明自律、绿色健康、和谐发展》倡议得到了众多移动互联网内容服务商的积极响应，百家企业共同签署了行业自律公约，致力于推动整个产业积极、健康、和谐发展。

一、移动商务交易信任机制

移动商务交易中的信任是指网上消费者对在线交易的总体信任，它分为广义和狭义两种。狭义的信任机制局限于网络平台的技术手段的研究，一般分为基于身份的信任模型、基于角色的信任模型、自动信任协商模型和基于名誉的信任模型。广义的信任机制是指电子商务交易系统中构成、影响相互信任关系的各部分及它们之间的作用方式，以及为促进和维持信任关系所发生的相关作用方式和所有手段、方法等。在这一机制中，主要涉及交易主体（网上企业和消费者）及在交易过程中起保护和支持作用的第三方机构（如银行和政府等）。

建立移动商务交易信任机制，需要综合考虑政府、企业和交易伙伴三方面因素的影响，需要交易涉及的各方主体的共同努力。

（一）从政府的角度

（1）加强法律的威慑力度。加强法律建设是政府介入移动商务信任机制形成的重要途径。当前，国际社会为了确保电子商务交易的顺利进行和发展，都纷纷着手制定相关法规。目前，较为规范和完整的电子商务交易法规当首推联合国国际贸易法委员会（UNCITRAL）提出的《电子商务示范法》蓝本。除此之外，1997 年欧盟发布的《欧盟电子商务行动方案》、美国的《全球电子商务发展纲要》和世界贸易组织达成的《信息技术协议》，都为电子商务交易提供了有力的安全保障。我国已经颁布的《电子签名法》标志着我国电子商务法律建设的开始，但有关移动商务方面的法规几乎没有，而传统的电子商务法规不能完全适应移动商务，国际上许多国家已经采取了法律手段规范短信息服务，以控制有害短信蔓延的势头。在我国，这些法律法规还有待完善。

（2）提升移动商务经营者的自律水平。经营者自律和监管是建立移动商务信任机制的重要手段。电子商务行业自律可由政府牵头，制定行业自律规章制度，规范移动商务经营者的经营行为，提高移动商务经营者的诚信法律知识和素质。企业要经常进行自查自评，对客户跟踪调查，了解消费者反馈，从而提高移动商务经营的诚信服务质量。

（二）从企业的角度

企业应以不断创新为手段，全心全意致力于提供安全诚信服务，以此来满足广大顾客的需求。例如，南航在国内首先推出电子客票，率先提供电子客票网上值机和手机值机等特色服务，在网站电子商务信息化诚信服务方面，加强网站安全建设，不断创新超越，强化网站服务功能，扩展服务领域范围，优化电子商务服务流程。不论是电子商务网站和移动商务网站的运营者，还是会员，都有责任和义务保证上传信息的真实性和有效性，特别是作为电子商务网站和移动商务网站的运营者，更应承担自己网站上传或所发布信息的审核工作，这个环节是重中之重。

（三）从交易伙伴的角度

从交易伙伴角度，首先需要完善第三方认证形式。在移动商务中，通过担保的方式建立消费者信任，建立商务交易主体的信任途径。第三方认证可以降低不确定性和部分利益诱惑，有力保证认证结果的公正性、客观性和真实性，相对而言具有更高的可信度和公正性。银行和第三方支付机构在移动商务中做担保，可以极大地推进交易双方信任机制的建立，如支付宝公司为淘宝网交易者提供的"第三方担保"，就对淘宝网信任机制的建立起到了巨大作用。但由于第三方认证在国内仍处于发展阶段，还不能满足交易伙伴间建立信任的要求，因此需要大力发展和建设。2011 年出台的《第三方电子商务交易平台》服务规范在电子商务服务业发展中具有举足轻重的作用。第三方电子商务交易平台不仅沟通了买卖双方的网上交易渠道，大幅度降低了交易成本，也开辟了电子商务服务业一个新的领域。加强第三方电子商务交易平台的服务规范，对于维护电子商务交易秩序，促进电子商务健康快速发展，具有非常重要的作用。

建立和完善移动商务交易信任机制，需要政府、企业和交易各方共同努力，需要法律、技术和诚信多方面的协调共建。只要政府发挥自身职能，提高对移动商务交易过程的监管力度，企业有意识地采取一些措施提高自己在网络上的信任度，交易者遵守法律、恪守道德、诚实守信，我国移动商务信任机制就会得以快速建立，电子商务行业就会更加健康、快速地发展。

二、移动商务行业自律

2009 年 12 月，包括百度、神州数码和新网互联等知名企业在内的 100 多家移动互联网内容服务商共同联合签署了《诚信经营、文明自律、绿色健康、和谐发展》倡议书，这成为我国移动互联网行业的第一份自律宣言，得到了业界的大力支持和响应，不少手机用户也认为此举对"净化"手机上网会产生积极的影响。

在 4G/5G 技术的推动下，我国移动互联网发展迎来了春天，手机用户数和手机网民数量都呈现出了大规模增长的趋势，手机网站及其服务内容更是多种多样。巨大的市场前景也使得不少内容提供商铤而走险，一些有关手机网站传播低俗不良信息的消息也被曝光，在移动互联网大踏步发展的关键时刻给手机用户和整个社会带来了极其恶劣的影响。

移动互联网世界出现的低俗之风，亟须我们整合官方机构、行业组织、产业内企业以及公众的力量，共同营造一个纯净的移动互联网世界，引导整个产业的正向和健康发展。据悉，国内领先的移动互联网服务商新网互联等企业率先响应了倡议，新网互联相关负责人表示，任何产业要想健康持续发展，都需要坚决杜绝这些不良风气。新网互联在积极响应行业号召的同时，将加大各方面的投入，进一步落实安全技术措施，加强严格管理，让移动互联网成为形成正面社会价值观和促进经济发展的重要载体。

我国手机用户已经突破10亿，手机已经成为一种强势的信息传播工具和个性化的生活娱乐方式，越来越多的企业用户也认识到了移动信息化建设的重要性，为了提升自身竞争力、打破现有困局，他们纷纷加快了进入移动互联网的步伐。手机网站的行业自律，将帮助我国企业更快、更好地找到适合自己的移动互联网应用模式，从而展开移动营销推广，也将引导整个产业积极、健康地发展。

小资料

移动信息服务企业自律公约

第一章　总则

第一条　按照“依法经营、诚信服务、文明自律、和谐共赢、促进发展”的原则，为规范移动信息服务企业经营行为，加强企业自律，切实维护消费者的合法权益，打造行业整体的诚信服务形象，提供阳光网络、绿色信息服务，促进移动信息服务行业的健康、可持续发展，中国通信企业协会和中国互联网协会联合国内主要移动信息服务企业共同制定本自律公约。

第二条　本自律公约所指移动信息服务企业是指获得电信主管部门颁发的相应电信业务经营许可，通过移动通信网络提供传输、接入和信息服务的各相关企业。

第三条　本自律公约依据国家有关法律、法规以及相关政府部门发布的各项电信增值业务的规范性文件制定。

第四条　所有愿意遵守本自律公约的移动信息服务企业均可自愿加入本公约。

第五条　中国通信企业协会和中国互联网协会是本公约的执行机构。

第二章　自律条款

第六条　依法经营，严格遵守国家法律法规、电信条例和有关规范性文件，自觉接受政府监管和社会监督。决不制作、复制、发布、传播含有下列内容的信息：

一、反对宪法所确定的基本原则的；

二、危害国家安全，泄露国家秘密，颠覆国家政权，破坏国家统一的；

三、损害国家荣誉和利益的；

四、煽动民族仇恨、民族歧视，破坏民族团结的；

五、破坏国家宗教政策，宣扬邪教和封建迷信的；

六、散布谣言，扰乱社会秩序，破坏社会稳定的；

七、散布淫秽、色情、赌博、暴力、凶杀、恐怖或者教唆犯罪的；

八、侮辱或者诽谤他人，侵害他人合法权益的；

九、含有法律、行政法规禁止的其他内容的。

第七条　诚信服务，切实尊重用户的合法权益，为用户提供价格合理的移动信息服务，营造明白、放心、满意的消费环境。

一、以诚实守信为荣，以见利忘义为耻。

二、规范企业经营行为，完善内部管理流程和制度，健全内部服务质量管理制度，不断提高服务质量。

三、保证向客户提供信息的及时准确、真实可靠。

四、各类业务的资费符合国家电信资费管理政策的规定。

五、价格明示，保证准确、完整、清晰、明白。

六、向用户提供以下信息服务不收信息费：业务推荐信息、客户获取密码信息、客户服务及帮助提示信息、订制确认信息和退订业务信息等。

七、向客户提供任何付费服务时，确保事先征得客户同意。在订购关系成立前，保证客户充分知悉业务的信息（包括价格、业务形式、发送频次、使用方法、主要内容、取消方式、客服电话、收费方式等）。向用户提供的免费信息服务，用户予以拒绝的，立即停止提供。

八、保证在提供订制类信息服务业务时，明示方便用户退订的途径，开通方便用户选择退订服务的“0000”、“00000”短信退订功能，保证退订途径的畅通。用户提出停止服务时，及时接受并停止计费。

九、畅通用户投诉渠道，保证开通24小时不间断客户服务热线电话。

十、计费差错，双倍返还。

十一、杜绝虚假宣传、价格欺诈、诱导消费、设置陷阱、强行定制、反向定制、取消困难、不明示价格或仅告知部分价格信息等不良行为。

十二、自觉接受社会各界的监督和批评，共同抵制和纠正行业不正之风。

第八条　文明自律。自觉遵守国家《互联网信息服务管理办法》等相关法律法规，遵守文明道德规范，提供健康文明的移动信息服务。

一、提供移动信息服务应依法取得经营许可，自觉遵守有关行业服务规范，反对无证经营。从事新闻、气象、医药等特需信息服务时，应获得相应的业务特殊授权或许可。

二、移动信息服务提供者在推销服务业务时应表述清晰，不生歧义，反对用涉嫌淫秽、色情的信息业务名称、业务内容和业务宣传引诱用户订制业务或发布广告。

三、移动信息服务提供者在采集、开发、处理、发布移动信息时，应该严格规范，恪守国家法律法规和职业道德规范；同时应对用户发布的信息进行规范和监督。

四、自觉抵制涉嫌色情、淫秽的视频、声讯等移动信息的传播，抵制封建迷信、赌博、欺诈、暴力等违法不良信息的传播，及时删除违法信息。

五、自觉接受用户对违法不良信息的举报和投诉，鼓励社会公众举报违法不良信息，引导用户共同抵制违法不良信息。

六、引导、鼓励移动信息用户共同抵制和防范手机恶意软件，反对任何制作和传播手机恶意软件的行为。

七、尊重和保护移动信息内容的知识产权。

八、引导广大用户文明使用移动信息服务，增强文明道德意识，营造规范、健康、文明、和谐的移动信息服务环境。

第九条　和谐共赢。本公约成员单位加强相互间的交流与学习，遵守商业道德和社会道德规范，不断提升企业管理水平，尊重其他企业的知识产权，共同维护移动信息服务行业的整体形象。

以本公约执行机构作为连接政府、企业和消费者的桥梁纽带，建立良好的互动沟通平台，协调各本公约成员单位以及移动信息服务产业链之间的关系，形成健康和谐可持续发展的竞合关系。

第十条　促进发展。本公约成员单位应以促进移动信息服务行业发展为己任，加强自主创新，积极参与移动信息服务行业技术标准和服务规范的制定，推动相互间的合作，增强整个移动信息服务行业的综合竞争力；努力构建诚信、健康、和谐、共赢的良好产业链关系，树立企业诚信经营的服务品牌，共同把移动信息服务行业做大做强。

第三章　公约的执行

第十一条　中国通信企业协会和中国互联网协会负责组织实施本公约。负责向本公约成员单位及时传递政府有关法律、法规和企业自律信息，作为行业的代表向政府有关部门和基础电信企业反映本公约成员单位的意愿和要求，维护本公约成员单位的合法权益，对本公约成员单位的执行情况进行督促检查，并将调查结果向本公约成员单位通报。

第十二条　本公约成员单位应自觉履行本公约所约定的各项条款。

第十三条　本公约成员单位之间发生争议时，争议方应本着互谅互让、维护行业团结和整体利益的原则争取以协商的方式解决争议，也可以请本公约执行机构进行调解，本公约执行机构有义务按照要求，尽快组织相关调查，并将调查结果通报各有关企业。

第十四条　本公约成员单位违反本公约，造成不良影响，经查证属实的，由本公约执行机构视不同情况给予内部通报、取消本公约成员单位资格并向社会通报的处理，情节严重的移交政府相关部门依法处理。

第十五条　本公约成员单位均有权对公约执行机构执行本公约的合法性和公正性进行监督，有权向执行机构的主管部门检举公约执行机构或其工作人员的违法、违规行为。

第四章　附则

第十六条　本公约经公约发起单位法定代表人或其委托的代表签字后生效，由中国通信企业协会和中国互联网协会向社会公布。

第十七条　本公约由中国通信企业协会和中国互联网协会负责解释。

第十八条　本公约自公布之日起施行。

二○○六年六月十九日

第三节 移动终端安全

当前电子商务信息安全已越来越受到人们的关注，移动终端作为用户使用移动商务的工具，作为存储用户个人信息的载体，在信息安全方面要配合移动网络保证移动业务的安全，要实现移动网络与移动终端之间通信通道的安全可靠，同时还要保证用户个人私密信息的安全。随着移动终端的普及率和使用率越来越高，各种安全问题也日益凸显。

一、移动终端操作系统安全技术

操作系统是移动终端应用软件运行的基础，因此保障移动终端操作系统的安全是保障移动终端信息安全的必要条件。移动终端操作系统作为连接软硬件、承载应用的关键平台，在智能终端中扮演着举足轻重的角色。目前主流的移动终端操作系统有 iOS、Android 等。

嵌入式操作系统的广泛应用，使移动终端的功能日益强大，可以支持蓝牙、电子邮件和无线上网等服务，同时移动终端上存储的数据、运行的软件也越来越多，而针对移动终端的病毒和木马等也逐渐出现，威胁着移动终端的操作系统安全。目前针对移动终端操作系统的安全威胁主要有以下几个方面。

（一）病毒

病毒可寄生于主机文件中，并通过它复制恶意代码。病毒主要通过移动终端系统的漏洞、程序的下载、蓝牙等进行传播，可能导致终端运行失常、信息破坏，甚至硬件损毁。

（二）蠕虫

蠕虫可以通过红外线、蓝牙或彩信等自动传播，并消耗移动终端的带宽和存储等资源。

（三）木马

木马可以潜伏在目标移动终端上，以窃取用户的有效信息。

（四）拒绝服务攻击

随着移动技术的发展，移动终端与服务器等一样，也存在拒绝服务攻击（DOS）。一旦被攻击，终端资源将被大量占用，无法正常工作。

针对上述攻击的一般对策主要包括：

（1）定时更新操作系统，安装升级补丁，备份系统。

（2）安装杀毒软件和防火墙，不接收未知的信息，不随便开启蓝牙等通信功能。

（3）设置程序行为监控机制，记录分析程序的操作是否安全合法等。

(4) 根据移动终端操作系统的组成部分（文件系统、指令系统、系统管理及安全服务等）可以将移动终端操作系统的安全技术进行划分。目前，针对移动终端操作系统的各个主要部分，已经存在相应的基本安全要求及相关测试方法，应当在实际使用时保证各项安全措施的实施。

二、移动终端安全认证

移动终端的安全性越来越重要。伴随着终端数量的增长，软件平台“缺乏控制手段”的开放使得一些恶意开发者“有利可图”，恶意开发者可以利用软件平台的漏洞，轻易地开发出恶意软件，从而给用户带来经济损失。因此，必须从源头开始解决软件安全的管理漏洞，软件的认证是一套有效的管理手段。移动终端安全认证流程如图 6-1 所示。

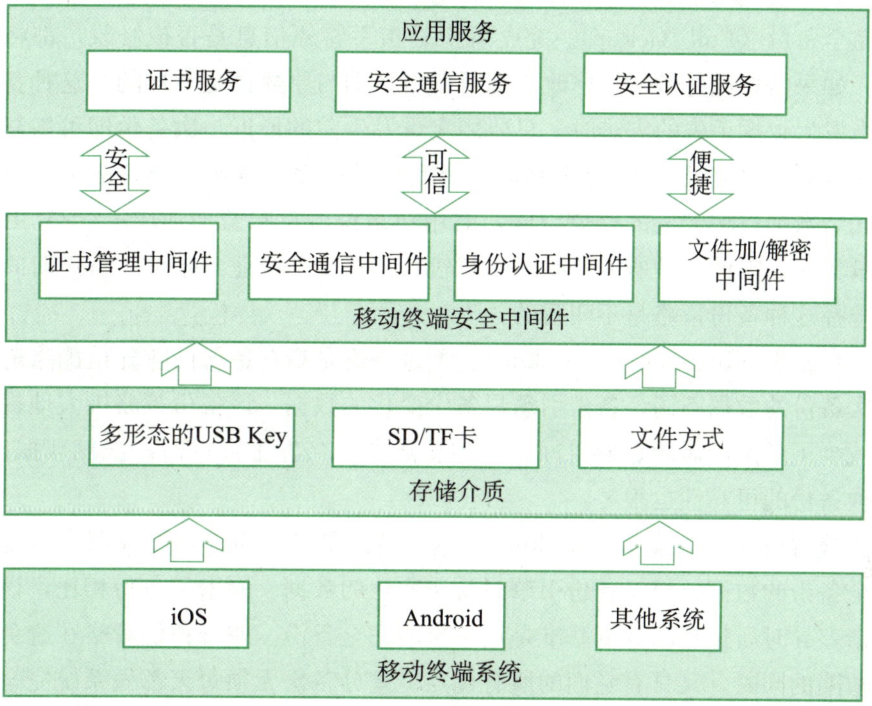

图 6-1　移动终端安全认证流程

（一）移动终端安全中间件

移动终端安全中间件包含证书的生命周期管理、传输加密和身份认证等功能，可集成到应用 App 中提供全面的认证用户管理功能；提供认证计费功能，用于商业运营使用；可分为按次认证和包年认证等模式。

（二）存储介质

支持多形态的 Key，包括蓝牙 Key、音频 Key、双接口 Key 等，以及 SD/TF 卡、文件方式存储数字证书，以保证证书的安全性；提供终端软件上传功能，支持病毒扫描、邮件通知、短信通知、认证审核和软件入库等功能。

（三）移动终端系统

在移动终端系统上可以对数字证书进行管理，通过数字证书实现身份认证和数据加密等安全功能；支持对本地文件进行加解密；提供终端软件签名功能，可以支持多种平台；提供软件入库和查询等功能。

三、移动终端存储信息的备份与恢复

（一）信息备份

信息备份是指当移动终端存储的信息由于某种原因遭到破坏时，将保存的数据副本进行恢复，并重新加以利用的过程。由于信息的内容、备份时间及备份方式不同，因此采用的备份策略也不同，通常采用的备份策略有以下三种：

（1）完全备份（Full Backup）。完全备份是指不管原信息是否被修改，都将整个信息进行备份。如果信息没有做任何修改，则所备份数据与原数据是一样的。这种备份策略的好处是：当发生数据丢失的灾难时，只要用灾难发生前的最近一次备份即可恢复丢失的数据。然而它也有不足之处：1）每次都对整个系统进行完全备份，造成备份的数据大量重复。这些冗余数据占用大量的存储空间，对用户来说就意味着增加成本；2）由于需要备份的数据量较大，因此备份所需的时间也就较长。对于那些业务繁忙、备份时间有限的系统来说，选择这种备份策略是不明智的。

（2）增量备份（Incremental Backup）。增量备份是指在备份前首先检测当前的数据是否与前一次备份的数据不同，备份引擎只备份变化的数据。该备份策略极大地提高了备份的速度，减少了备份所需的存储空间。它的缺点在于当发生灾难时，恢复数据比较麻烦。另外，这种备份的可靠性也很差。

（3）差分备份（Differential Backup）。差分备份是指备份前首先检测当前备份数据与前一次完全备份的数据差异，备份引擎只备份变化的数据。同增量备份相比，该备份策略在寻找数据差异时所依据的数据基准是近一次的完全备份。差分备份策略在避免了以上两种策略的缺陷的同时，又具有它们的所有优点。差分备份无须每天都做系统完全备份，因此备份所需时间短，且节省磁盘空间。它的灾难恢复也很方便，系统管理员只需两个存储设备，即系统全备份的存储与发生灾难前一天的备份存储，就可以将系统完全恢复。

（二）信息恢复

信息恢复是指对由于操作失误或移动终端系统故障造成数据丢失的那些信息进行恢复。实现信息恢复主要靠软件技术、硬件技术及二者的结合。

软件技术可分为三类：（1）信息存储类软件内置信息恢复功能，其通过备份和存储数据来实现信息恢复功能，因为很难及时备份，所以数据恢复得往往不完整。（2）反病毒软件内置信息恢复功能，其信息恢复能力有限，对非病毒造成的数据丢失往往作用不大。（3）专业的信息恢复软件，其不仅具有数据备份和数据存储功能，还具有较强的数据修补、数据分析处理和数据直接读取技术，与前两类相比，其信息灾难恢复能力更强。

用软件方法恢复的优点是速度较快且费用较低，但它不能解决一些由硬件损坏造成的数据丢失。

信息恢复的硬件技术能在不破坏原有系统的情况下，对各种存储介质、硬件平台、软件平台下的任何原因造成的信息丢失进行信息恢复，但信息恢复的费用较高，且需要高精尖设备的支持，因此很少使用。

法治护航

我国网络安全法治建设

《中华人民共和国网络安全法》是我国国家安全领域的重要法律、网络安全领域的首部基础性法律。自 2017 年 6 月 1 日施行以来，这部法律对于落实总体国家安全观，全面贯彻网络强国战略，维护国家网络空间主权、安全和发展利益发挥了重要作用。习近平总书记强调："要坚持依法治网、依法办网、依法上网，让互联网在法治轨道上健康运行。"《网络安全法》的出台，顺应了网络空间安全化、法治化的发展趋势，开启了依法治网的新阶段。《网络安全法》既设定了网络运行安全、网络信息安全等方面的基本制度，也为建立健全相关方面的具体管理制度提供了基础性法律依据。

近年来，我国加快推进网络安全领域顶层设计，以网络安全法为核心的网络安全法律法规和政策标准体系基本形成。从颁布《数据安全法》《个人信息保护法》《关键信息基础设施安全保护条例》等法律法规，到出台《网络安全审查办法》《云计算服务安全评估办法》《汽车数据安全管理若干规定（试行）》等部门规章和政策文件，再到制定发布 300 余项国家标准，推动发布多项我国主导和参与的国际标准……网络安全领域相关制度的不断完善，为维护国家网络安全和人民群众的切身利益提供了坚实的法治保障。

维护网络安全是全社会的共同责任。进一步完善立法，严格执法，促进守法，充分发挥管理部门、网络运营者、服务使用者、行业协会和用户的共同作用，不断推进网络空间法治化，才能不断筑牢网络安全防线，让人民群众安享美好数字生活。

资料来源：https：//www. xuexi. cn/lgpage/detail/index. html? id=7264977711752434102.

实训项目六　360 手机卫士及安全管理

手机卫士是一款绿色、安全、免费、好用的手机防火墙软件，集防垃圾短信和骚扰电话、防隐私泄露，以及归属地显示功能于一身。它不仅可以过滤短信、彩信、闪信、PUSH 信息和 WAP 书签，并且可以智能拒绝来电，拥有来去电号码的归属地以及手机通信记录中陌生号码归属地的显示功能。同时，手机卫士特色的号码黄页，更方便用户查询生活中的常用号码。本实训项目的重点是体验 360 手机卫士及其手机安全管理功能。

一、实训目标

（1）掌握 360 手机卫士的安装使用方法。

（2）能够使用 360 手机卫士进行安全管理。

二、实训环境

中文 Windows XP、Windows 7 或 Windows 10 与 Windows Internet Explorer，连接互联网，无线 Wi-Fi，基于安卓系统的手机或平板电脑。

三、背景知识——360 手机卫士

360 手机卫士是一款免费的手机安全软件，集防垃圾短信、防骚扰电话、防隐私泄露、安全扫描、联网云查杀恶意软件、软件安装实时检测、流量使用全掌握、系统清理、手机加速和归属地显示及查询等功能于一身，是一款功能全面的智能手机安全软件。

360 手机卫士的主要功能如下：

（1）杀毒。快速扫描手机中已安装的软件，发现病毒木马和恶意软件，一键操作，彻底查杀。联网云查杀确认可疑软件，获得最佳保护。

（2）体检。随时检查健康状况，一键快速清理。

（3）备份。备份通信录、短信、隐私记录和手机卫士设置到 360 云安全中心，随时恢复，且方便转移数据到其他手机，即使手机被盗也不用担心，从此拥有一个无限量的云存储空间。

（4）防盗。更换 SIM 卡，自动下发短信通知至指定手机号码，绑定 360 账号，可用网页控制手机。

（5）流量管理。统计 GPRS、4G、5G 和 Wi-Fi 各种流量数据，清晰展现，累积显示当月使用量。完全掌控流量使用情况，防止超额使用之后产生高昂费用。

（6）拦截。将垃圾短信和骚扰电话添加到黑名单，帮助拦截各类骚扰；对垃圾信息和骚扰通话记录提供图标提醒，避免打扰；灵活设置拦截规则，可以自己量身定制防骚扰方案。

（7）主动防御。控制隐私权限，拦截恶意广告；提供多种便捷实用开关。

（8）手机清理。手机摇一摇，让手机清理变得不再枯燥。

（9）上网保镖。四大保镖，保护上网安全。

四、实训指导

（一）安装 360 手机卫士

（1）下载 360 手机卫士。通过手机访问“http：//m.360.cn”，选择机型，获取 360 手机卫士最新安装包，下载完成后直接进行安装，如图 6－2 所示。360 手机卫士的安装过程与其他软件相同，依次弹出安装确认、安装包详情、软件安装位置选择和软件功能简述等页面。安装完毕后，360 手机卫士会在手机功能表中生成程序图标（程序图标的存放位置各手机可能有所不同），单击“OK”即可运行软件。

图 6-2　360 手机卫士下载页面

（2）体验手机卫士。安装完成后，系统会自动运行 360 手机卫士，进入开启界面，如图 6-3 所示。如果未安装过 360 手机卫士，则首次使用时会依次弹出开机自启动设置提示和归属地数据库更新提示。开机自启动设置成功后，当重新启动手机时，360 手机卫士会自动运行，实时拦截垃圾短信和骚扰来电；归属地数据库更新提示，及时更新数据才能准确识别最新 4G/5G 手机号码的归属地，建议初次使用的用户确认更新。360 手机卫士服务开启时，在首页单击退出，退出软件界面，服务仍然在后台运行，实时拦截垃圾短信和骚扰来电。在手机桌面长按 C 键或删除键可以直接启动 360 手机卫士。

图 6-3　360 手机卫士开启界面

（二）360手机卫士防盗功能的使用

手机防盗功能通过换卡短信通知、远程删除数据、追踪手机位置、遥控响警报音、远程锁定手机这五大功能帮助用户在手机丢失后收集线索，远程控制手机，以便找回手机或将损失降至最低。

（1）开启手机防盗保护，如图6－4所示。

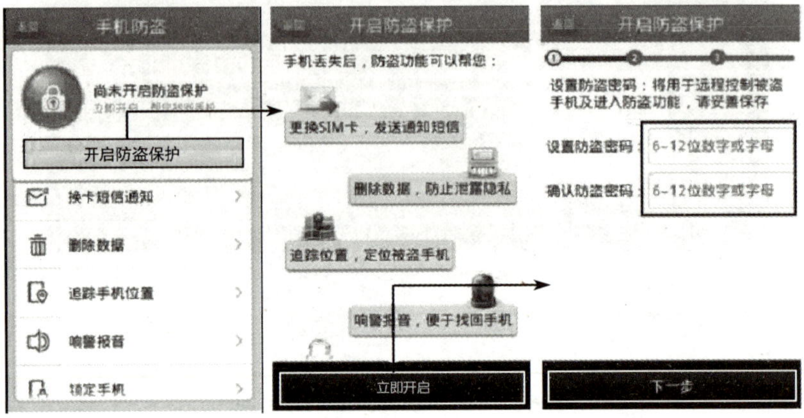

图6－4　开启手机防盗保护功能

（2）设置手机安全号码，如图6－5所示。

“安全号码”有以下用途：

1）当丢失手机的SIM卡被更换时，系统会自动向设置的“安全号码”发送通知短信，从而获取盗贼所使用的手机号码。

2）若不慎忘记防盗密码，可以用任意手机发送“mima＃安全号码”到被盗手机，新密码将发送到“安全号码”的手机上。

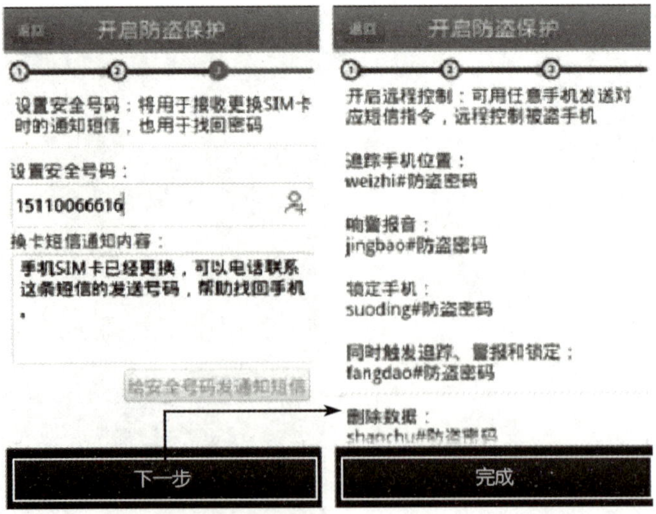

图6－5　设置手机安全号码

3）任意手机发送指定短信指令“suoding＃防盗密码”到被盗手机，被盗手机将被锁屏，若有人连续两次输入错误密码，则将拍下其照片，并发送至“安全号码”的手机上（需要手机有前置摄像头和 Android 2.3 及以上系统）。

（3）开启远程控制，如图 6－6 所示。

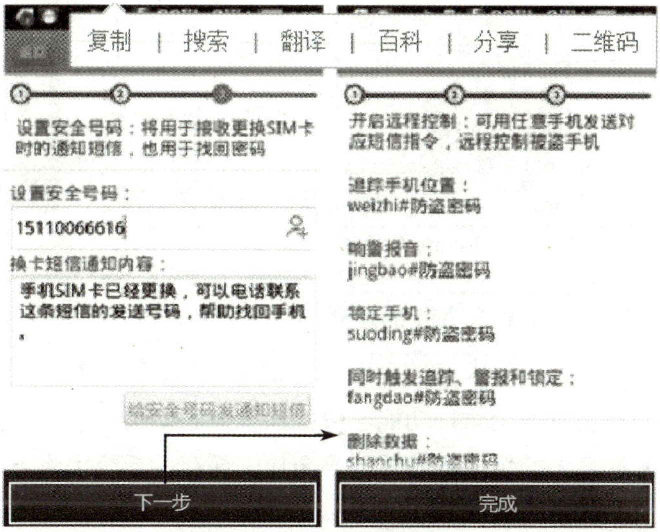

图 6－6 开启远程控制

（4）开启防盗保护后，若手机丢失，则可用任意手机发送指定短信指令到被盗手机当前使用的号码，进行远程控制。当然，如果用的“任意手机”恰好也安装了 360 手机卫士，则可使用 360 手机卫士上的快速发送功能，发送远程控制指令，免去输入指令的麻烦，如图 6－7 所示。

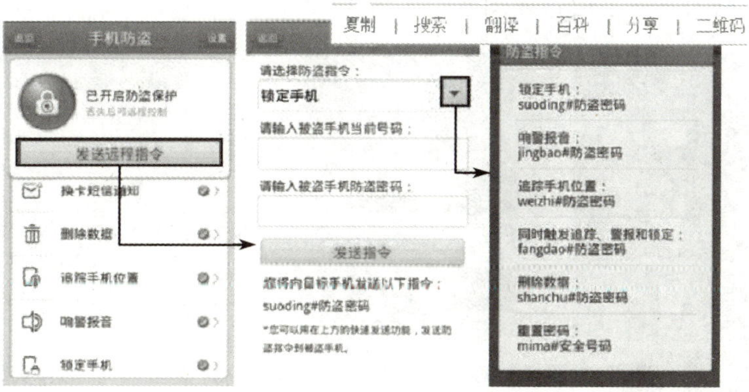

图 6－7 远程控制指令

其中，将“追踪手机位置”的相关指令发到被盗手机后，发送指令的手机会收到一条短信，短信中包含被盗手机的地理位置信息，单击地址链接，即可查看地图上的所在位置，如图 6－8 所示。

（5）“手机防盗”设置里提供了两个功能开关（即开启防盗保护和支持追踪手机位置）以及一些信息的修改项（如修改防盗密码、设置安全号码和换卡短信通知内容等），如图 6 - 9 所示。

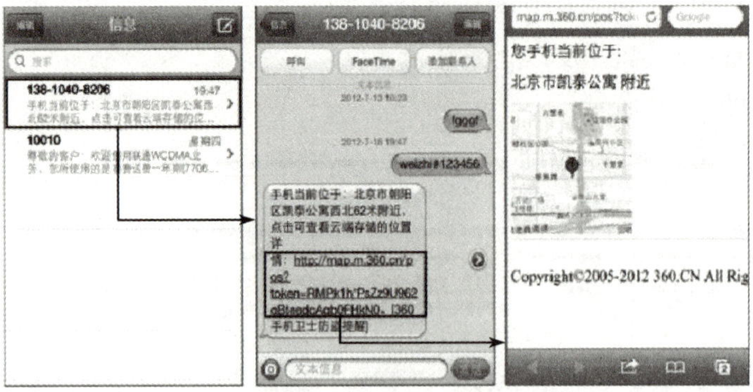

图 6 - 8　追踪手机位置

图 6 - 9　手机防盗设置

（三）360 手机卫士隐私保护功能的使用

在日常手机使用中，会产生大量的个人隐私信息，“隐私保护”是 360 手机卫士为手机用户提供的个人隐私信息安全防护功能，包括六大核心模块：(1) 隐私短信，可以添加隐私联系人，与隐私联系人的短信和通话记录会加密保存，系统中将不会留有与该联系人的任何通信痕迹，别人无法翻看；(2) 图片，可以加密保存个人的隐私照片；(3) 视频，可以加密保存个人隐私视频；(4) 文件，可以加密保存个人隐私文件；(5) 密码保险箱，可以加密保存个人银行、邮箱、论坛、网站等复杂难记的账号和密码；(6) 程序锁，可以为程序加锁，只有输入正确的密码才能进入，防止他人使用。

(1) 安全设置。选择“隐私保护”应用，单击“立即设置”按钮，如图 6 - 10 所示。

(2) 设置隐私保护密码（必须填写），该密码是进入隐私保护的唯一凭证，每次进入隐私保护时均需输入，要牢记，如图 6 - 11 所示。

图 6 - 10　手机隐私保护设置入口

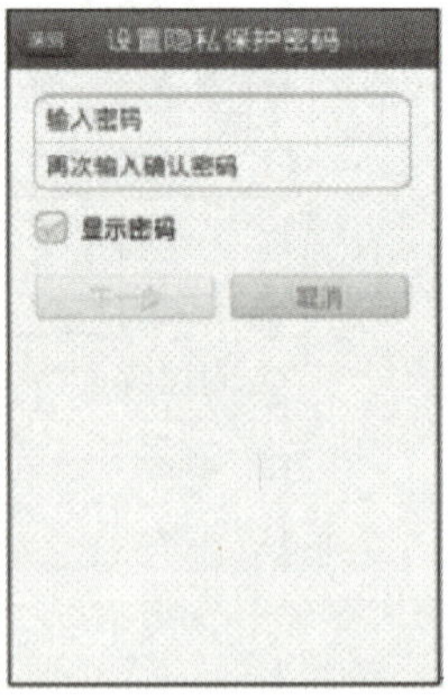

图 6 - 11　设置隐私保护密码

(3) 短信隐私保护，设置步骤如下：

1) 添加隐私联系人，有四种添加途径，根据实际情况任选一种即可，如图 6 - 12 所示。

2) 添加完成后，系统会提示是否导入隐私联系人的短信和通话记录，单击“确认”

按钮，如图 6－13 所示。

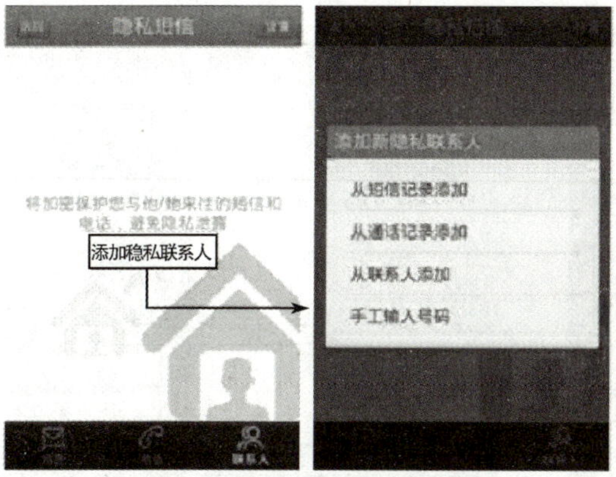

图 6－12　添加隐私联系人

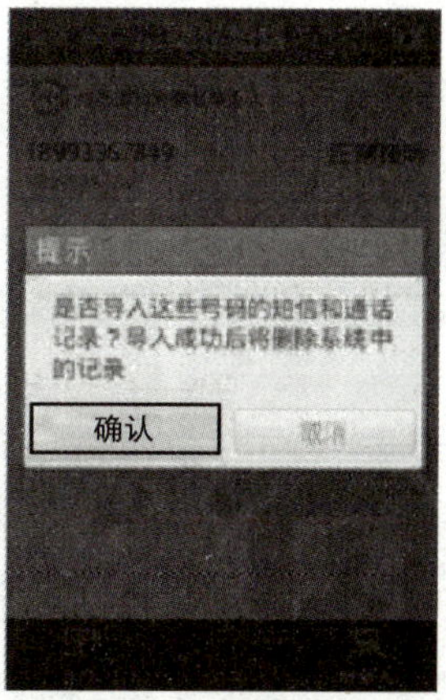

图 6－13　确认隐私联系人

3）单击“确认”按钮后会自动将隐私联系人的短信记录和通话记录加密保存在“隐私短信”模块中，删除系统中的记录。而且之后所有的来往信息，都将自动加密保存在“隐私短信”中，如图 6－14 所示。

图 6－14　隐私短信列表

当收到隐私联系人发来的短信时，不会像正常短信一样进行提示，而是在顶部系统通知栏中显示，通知图标如图 6－15 所示。

图 6－15　隐私短信提醒图标

此时，下拉系统通知栏，默认的通知栏提示文字为“有新的系统消息”，一般不易察觉。如有隐私联系人的未接来电，同理也不会像正常未接来电一样进行提示，而是在系统通知栏中通知，默认的通知栏提示文字为“有新的系统消息”，如图 6－16 所示。

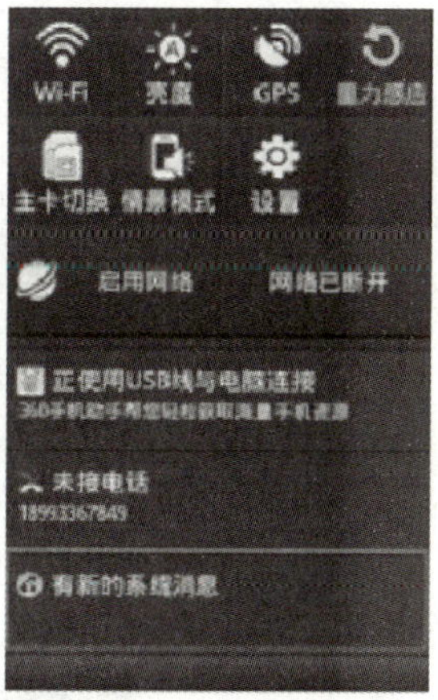

图 6－16　隐私保护来电提醒信息

（4）图片保护，设置步骤如下：

1）使用“图片”功能。“图片”“视频”“文件”“密码保护器”“程序锁”这五项功能，需先下载安装 360“隐私保险箱”。下面以“图片”的加密为例说明安装过程。单击“图片”功能模块，进入“隐私保险箱”的安装引导页面，安装“隐私保险箱”，如图 6－17 所示。

2）安装完成后，会进入“图片”模块，单击下方“添加图片”按钮进行添加操作，可以选择“添加拍照”或“添加现有图片”，如图 6－18 所示。

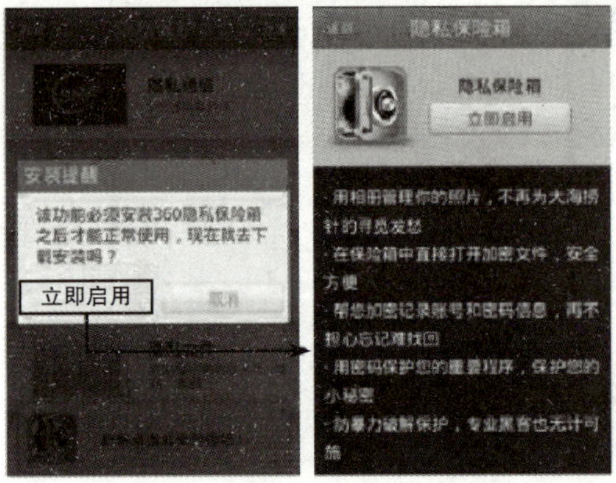

图 6－17　启用隐私保险箱

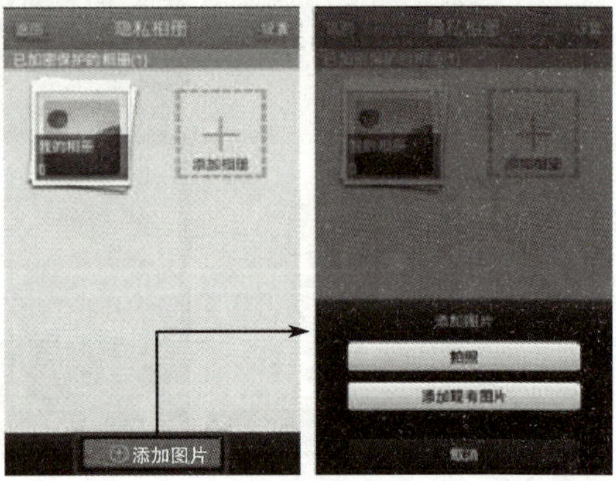

图 6－18　添加受保护的图片

3）选择“添加现有图片”时，系统会自动扫描出手机上已存储图片的所有文件夹，单击可进入添加界面，如图 6－19 所示。

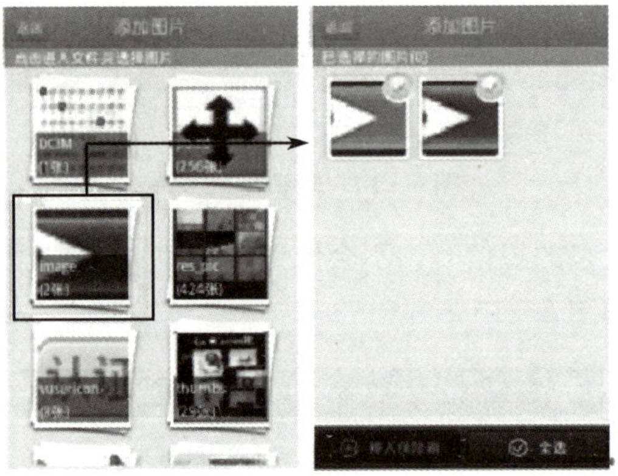

图 6－19　添加受保护的图片

4）单击即可选中图片，或单击右下方的“全选”按钮，将照片批量选中进行操作，如图 6－20 所示。

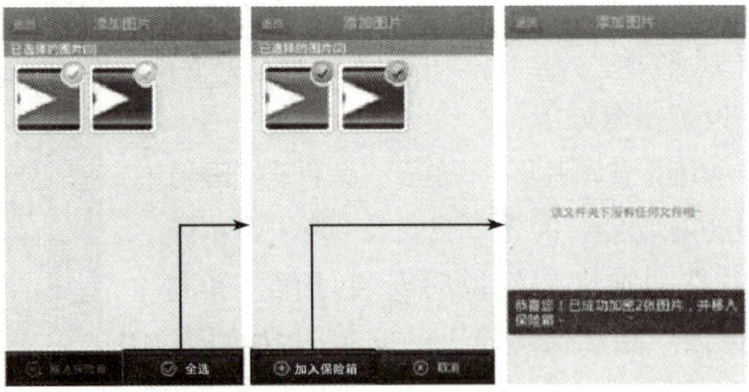

图 6－20　选择需要加密保护的图片

5）被加密的照片在 360 手机卫士外部无法查看，默认放在“隐私保护”→“图片”→“我的相册”中，单击“我的相册”即可进行查看和编辑等操作，如图 6－21 所示。

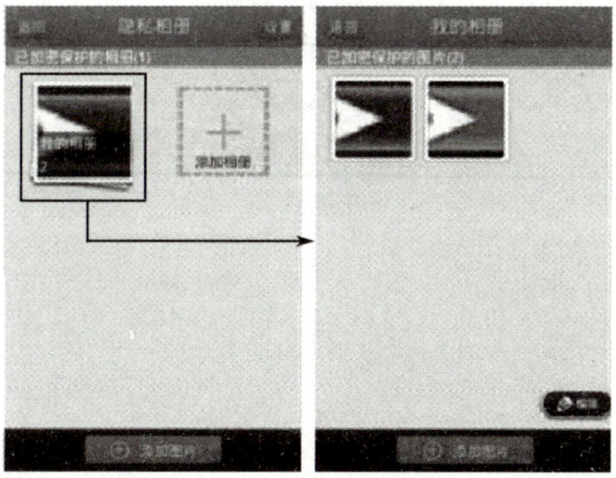

图 6－21　查看受保护的图片

6）单击右下角“编辑”按钮可以进行“移动”“还原”“销毁”操作，其中“移动”是将选中的照片移动到其他文件夹，“还原”是将选中的照片还原到原始的存储位置，此时，在 360 手机卫士外部就可以查看该照片了，如图 6－22 所示。

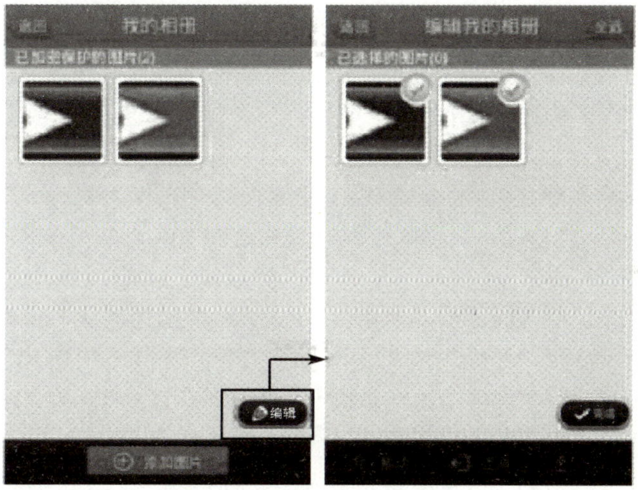

图 6－22　还原受保护的图片

思考与练习

1. 移动互联网的安全威胁主要包括哪些方面？
2. 移动商务的安全需求有哪些特点？
3. 现有的移动商务安全技术有哪几种？
4. 简述移动终端安全威胁。
5. 简述信息备份策略与信息恢复技术。

6. 除了360手机卫士外，还有腾讯手机管家、猎豹安全大师、百度手机卫士等，分别下载安装体验，比较各种手机安全软件的优缺点。

在线练习

第七章 短视频与直播电商

知识目标

了解短视频的格式和特点；

知悉短视频与直播电商的内在逻辑。

技能目标

能根据实际需要，开通短视频账号发表短视频；

能够开展短视频电商运营；

能够开展直播电商运营。

素养目标

培养从业人员的职业道德意识，遵从职业守则；

遵守《电子商务法》《网络安全法》《互联网营销师国家职业技能标准》等，培养在电商行业遵纪守法的意识。

案例导入与预演

一、案例导入——视频号

微信视频号是2020年1月22日腾讯公司官微正式宣布开启内测的平台。微信视频号不同于订阅号、服务号，它是一个全新的内容记录与创作平台，也是一个了解他人、了解世界的窗口。视频号的位置也不同，放在了微信的发现页内，就在朋友圈入口的下方。视频号内容以图片和视频为主，可以发布长度不超过1分钟的视频，或者不超过9张的图片，还能带上文字和公众号文章链接，而且不需要PC端后台，可以直接在手机上发布视频号支持点赞、评论进行互动，也可以转发到朋友圈、聊天场景，与好友分享。

2021年7月22日，在有赞“百万视频号”北京峰会上，视频号数字营销平台百准创始人潘越飞透露，腾讯微信视频号的日活跃用户目前已达到4.5亿，人均时长35分钟，2021年底有望达到6亿。这意味着，微信视频号日活用户数已全面超越快手，成为仅次于抖音的第二大短视频直播平台。

二、本章预演

预演任务：

微信视频号开通与视频添加。

预演步骤：

（一）开通

注册开通视频号如图 7-1 所示。

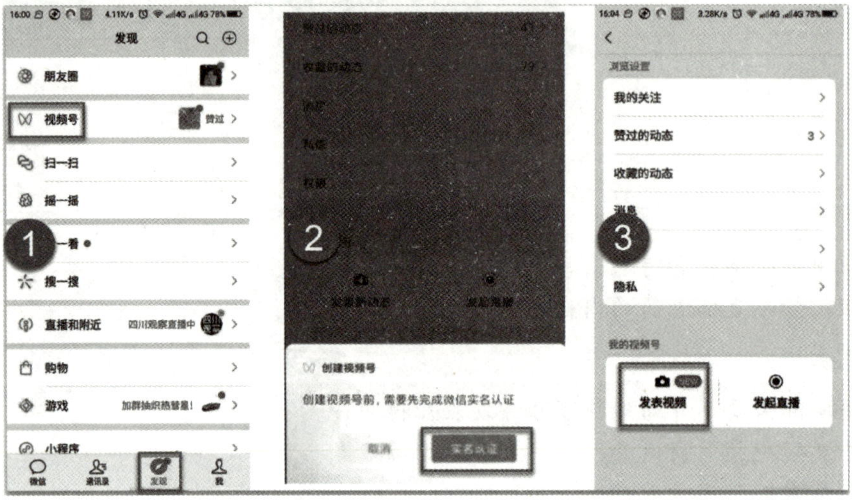

图 7-1　注册开通视频号

（1）打开微信，点击下面的“发现”频道，再选择打开“视频号”，如图 7-1“1”所示。

（2）找“我的”图标，创建视频号之前，需要完成微信实名认证（如果已经实名认证，该步骤直接跳过），如图 7-1“2”所示。

（3）点击“发表视频”图标开始创建视频号，如图 7-1“3”所示。

（二）视频号基本设置

视频号基本设置如图 7-2 所示。

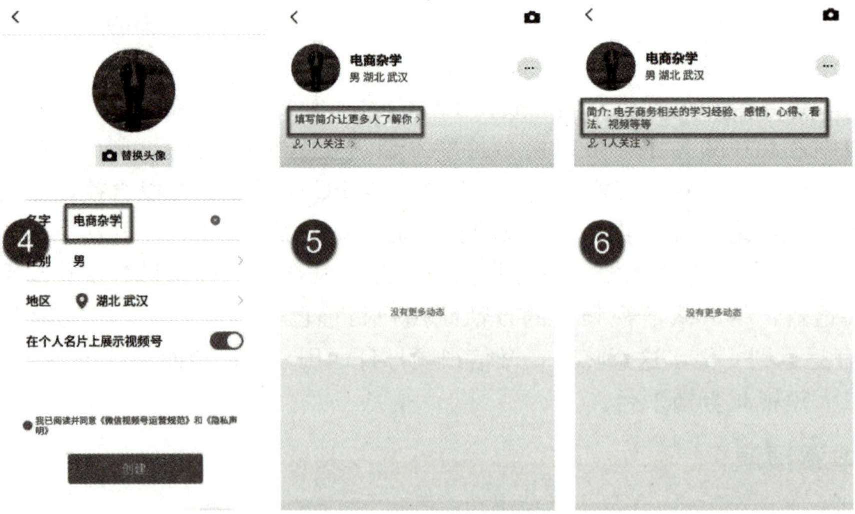

图 7-2　视频号基本设置

（1）视频号取名。视频号名称可以与微信号不同，但不能随便改视频号名称（一年内只能改两次），如图 7－2“4”所示。

（2）添加视频号头像。视频号头像与微信头像可以不同，如图 7－2“4”所示。

（3）设置性别和地区，如图 7－2“4”所示。

（4）视频号简介。认证填写视频号简介，可以吸引更多的人关注你的视频号，如图 7－2“5”和图 7－2“6”所示。

（三）视频号认证

如果是企业，必须进行视频号认证。如果企业有公众号，视频号名称必须与公众号名称一致。

（四）添加视频

视频号设置认证结束后，就可以添加第一个短视频了，具体步骤如图 7－3 所示。

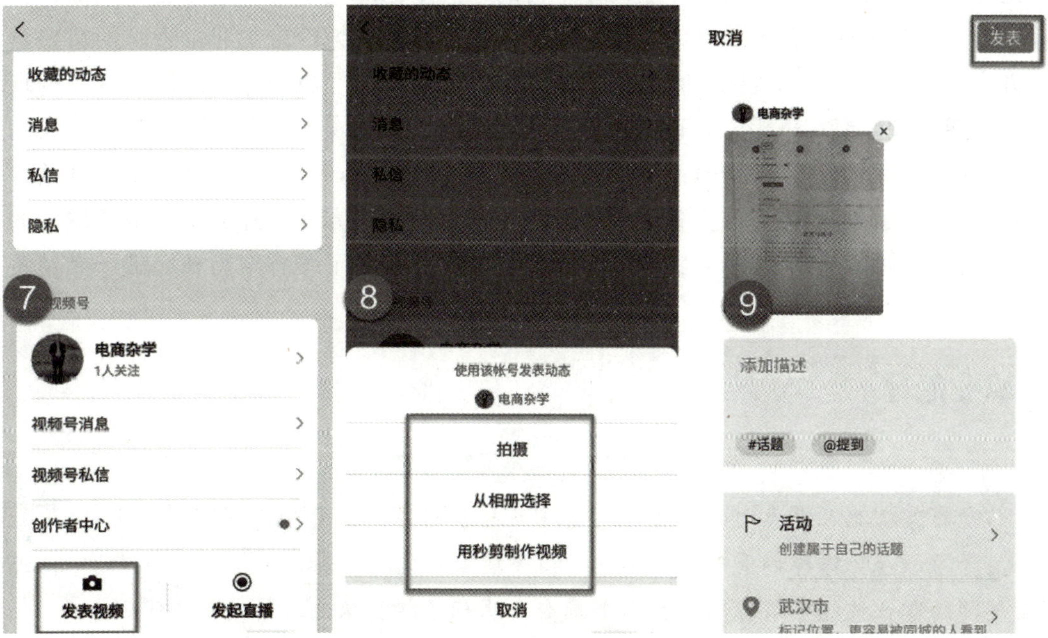

图 7－3　短视频发表

（1）在微信中打开视频号，选择下面的“发表视频”按钮，再选择打开“视频号”，如图 7－3“7”所示。

（2）在展开的对话框中选择“拍摄”“从相册选择”“用秒剪制作视频”三个选项之一拍摄或制作视频，如图 7－3“8”所示。这里选择拍摄，完成后进入发表页面。

（3）在发表页面添加视频描述，然后点击右上角的“发表”按钮就完成了第一个短视频发表，如图 7－3“9”所示。

（五）项目预演小结

认真体会微信视频号的各种功能运用，填写如下表格，并在同学之间交流。

	功能特点	营销作用	备注
视频号名称			
视频号简介			
创作者中心			
视频号消息			
视频号私信			
创作者中心			
在个人名片上展示视频号			

注意：请认真体验，尽量从多个不同的角度填写上面的表格。

2020年底，抖音日活跃用户数突破6亿，快手日活跃用户数将近5亿，微信的视频号也正式开启……无论是短视频平台新增量，还是用户增长速度，都不断创出新高，这也预示着短视频行业已经进入爆发期。短视频平台的“流量池”越来越大，蕴含着无法预估的商业机会。随着短视频营销生态的逐渐完善，短视频已经成为广告主非常青睐的重要营销推广方式之一。同样，随着网络直播的迅猛发展，直播也已经成为如今泛娱乐领域的现象级风口，各行各业都在争相入驻直播平台。直播作为一种新媒体手段，能够吸引巨大的网络流量。值得一提的是，由于电商早期的流量红利逐渐消失，各个电商品牌纷纷开始寻找新的增长方式，而直播带货成为备受关注的焦点，这种销售方式已经成为经济领域新的增长点，拥有“即时”和“互动”特性的直播无疑给电商带来了缓解压力和突破产品销量瓶颈的新风口。

职业伦理

移动商务从业人员职业守则

移动商务从业人员典型的职业面向是移动电子商务岗位群和互联网营销岗位群。我国人力资源和社会保障部重新修订了电子商务职业技能等级标准，并发布了新职业互联网营销师的职业技能等级标准，在两个标准中明确了相应从业人员的职业守则。

1. 电子商务师职业守则

（1）遵纪守法，爱岗敬业

（2）诚信为本，热情服务

（3）保守秘密，注重安全

（4）勇于开拓，积极创新

2. 互联网营销师职业守则

（1）遵纪守法，诚实守信。

（2）恪尽职守，勇于创新。

（3）钻研业务，团队协作。

（4）严控质量，服务热情。

第一节　短视频概述

2016年以来，4G大面积应用，手机网速飞速提升，短视频行业疯狂发展。凭借着“短、快”的内容传播优势，短视频成为无年龄、无地域限制的全民狂欢娱乐活动形式。作为当下新兴的热门行业，短视频还有很大的发展潜力。截至2020年12月，我国网络视频用户规模达9.27亿，较2020年3月增长7 633万，占网民整体的93.7%。其中短视频用户规模为8.73亿，较2020年3月增长1.00亿，占网民整体的88.3%。各大电商平台纷纷以独立的短视频频道或应用方式，引入短视频内容，利用其真实、直观的特点，帮助用户快速了解产品，缩短用户决策时间，吸引用户购买。用户可以在短视频应用内购买产品，完成交易。如在旅游领域，短视频平台加强与各大景区和城市合作，助力打造“网红景点”“网红城市”，如重庆“李子坝轻轨穿楼”“洪崖洞”等，带动了地方旅游收入，也促进了短视频内容和商业模式的多元化。

一、短视频定义与特点

短视频是指以新媒体为传播渠道，适合在移动状态和休闲状态下观看的、高频推送的、时长在5分钟以内的视频内容，是继文字、图片、传统视频之后新兴的一种内容传播载体。短视频内容可以包含技能分享、幽默搞笑、时尚潮流、社会热点、街头采访、公益教育、广告创意等主题。

相对于传统视频，短视频时长短，一般是几秒钟到几分钟。短视频更多是通过移动端视频App传播，而不是电视或传统视频网站。短视频制作成本和制作门槛较低，从而提升了平台内容的丰富程度。

与传统视频相比，短视频主要具有以下四个特点：

（1）生产流程简单化，制作门槛低。传统视频的生产与传播成本较高，不利于其广泛传播。而短视频大大降低了生产和传播的门槛，用户可以即时拍摄和上传分享。在目前主流的短视频App中，一键添加滤镜和特效等功能简单易学，使短视频的制作过程变得非常简单，用户只需一部手机就可以完成整个短视频的拍摄、制作和发布流程。

（2）快餐化和碎片化。短视频的时长一般控制在5分钟之内，很多只有15秒，这符合当下快节奏的生活方式，可以让用户充分利用碎片化时间直观、便捷地获取信息，有效地降低了获取信息的时间成本。

（3）内容个性化和多元化。视频的表现形式多种多样，这符合“90后”和“00后”个性化和多元化的内容需求。短视频App中自带的多种功能可以让用户充分地表达个人想法和创意，这也让短视频的内容变得更加丰富。

（4）社交属性强。短视频并非传统视频的微缩版，而是社交的延续，是一种信息传递的新方式。用户可以通过短视频 App 拍摄生活片段并分享到社交平台，而且短视频 App 本身也具有点赞、评论、私信、分享等功能。短视频的信息传播力强，范围广，具有很强的交互性，所以为用户创作和分享短视频提供了有利条件。

二、短视频的类型

目前短视频的内容十分丰富，类型多种多样，它可以满足各类用户的娱乐或学习需求。短视频的类型主要分为以下几种。

（一）搞笑型

搞笑型短视频通常以搞笑的语言或肢体动作给观看者带去欢乐，如 papi 酱、后舍男孩等。2006 年，黄艺馨与韦玮因翻唱后街男孩的歌曲 *As Long As You Love Me* 被网友认识，也因为这首歌曲被称为“后舍男生”。他们用搞笑的组合方式，用夸张的表演、夸张的表情，配合优美的歌声，达到了搞笑的效果。

（二）剧情型

制作精良的情景剧，如《陈翔六点半》《报告老板》《万万没想到》《套路砖家》等，多以搞笑创意为主，在互联网上有着非常广泛的传播。《陈翔六点半》是 2015 年开播的爆笑迷你剧，其融合了电视剧的拍摄方式，以夸张幽默的表现形式讲述了生活中无处不在的囧事。《陈翔六点半》具有鲜明的网络特点，时长 1～7 分钟，由一到两个情节组成，其目的就是让用户用最短的时间，借助移动互联网平台，获得解压、放松、快乐。节目拍摄采用的是高清实景拍摄，力求每一集的笑点都能淋漓尽致地表现出来，每一集都是原创。

（三）街头访谈型

街头采访也是目前短视频的热门表现形式之一，其制作流程简单，话题性强，深受都市年轻群体的喜爱。

（四）日常展示型

日常展示型短视频是指普通用户日常生活中随手拍摄的短视频，如生日聚餐、单位活动、旅游等。在继 15 秒短视频之后，视频博客（Video Blog，Vlog）成为当下备受人们追捧的内容形式。Vlog 是一种集文字、图像、音频于一体的内容形式，主要功能是记录生活，制作者以自己为主角，像记录日记一样，用视频将自己的生活经历记录下来，后期通过拼接剪辑，加上字幕和音乐，制作成具有个人特色的视频生活记录。目前主要有明星生活类、学习类、美食类和旅游类等内容领域。

（五）技能分享型

随着短视频热度不断提高，技能分享类短视频在网络上的传播也越来越广泛，这一类短视频包括生活技巧篇和美食篇，阅读完成率和平台推荐量都很高。针对美食视频，可以自己制作或去一些门店拍一些具有地方特色的美食，如胖妹美食短视频通过朴实的方式教你如何做出可口饭菜。

（六）音乐类

自影像技术诞生以来，音乐短视频（Music Video，MV）成为全世界范围内非常受欢迎的短视频形式。但是 MV 拍摄要求较高，Dubsmash 的对嘴表演模式创造性地解决了这个问题，通过音频台词、剧本，降低了表达成本，增加了内容趣味，因而这种模式目前也得到了较广泛的传播。

（七）正能量类

正能量类短视频的形式多样，有脱口秀、情景短剧、生活中的抓拍等。不管什么时候，正能量都会受到人们的欢迎，所以发布正能量的短视频容易激发用户的共鸣，而短视频平台也会用流量扶持的方式来引导创作者发布与正能量有关的内容。

第二节　短视频营销

基于短视频用户行为分析以及对于短视频营销的需求分析，短视频营销可分为五部曲。

一、直击受众：挖掘垂类潜能，聚焦细分人群

对于品牌而言，垂直内容能够精准直击目标受众，帮助品牌在最短的时间内找到潜在用户，完成品牌与受众的无缝对接，激发新的销量增长点。例如，携程旅行在 2019 年国庆旅游黄金周期间，联手抖音打造“Fun 肆之旅，游抖一下”旅行季活动，基于旅行内容，聚焦年轻人群，通过头部达人实拍示范，展示旅行途中的美好体验，号召用户在黄金周用抖音记录美好旅行。携程运用“短视频＋旅行”全民“种草”新模式，激发用户“拔草”愿望。

二、搭建关系：搭乘精品内容，营造品牌信任

精品内容能提升用户对产品的偏好度、品牌体验度、品牌价值认同，建立消费信心。消费者通过好内容感知到好产品和美好的生活方式，同时也提升精神层面的愉悦感。如万宝龙借助抖音@美好映像志账号，将运动腕表软广告与炫酷运动画面相结合，从视觉上引燃用户的观感，使之与万宝龙腕表的品牌、产品关联起来。

三、拥抱技术：借力技术创意，制造品牌超验感

抖音通过自身技术优势，不断开发适用于营销的技术产品和玩法，激发更多创新性内容互动。比如创意定制贴纸、BGM 创作互动等新技术和新玩法，为用户提供更为丰富的

互动形式，也为品牌合作提供更多创新营销的想象力。如 vivo 为推动 vivoX21 魅夜紫新配色手机上市，通过抖音定制魅夜紫彩妆，实现人脸识别精准 3D 上妆，妆容智能动态贴合人脸。视频前后变装的巨大反差体验，有助于用户感受 vivo 魅夜紫的独特魅力。

四、引领分享：名人、达人引领，助力品牌声量裂变

数据显示，超过 42.5%的数字营销决策者在竖屏营销中选择名人、达人视频定制作为营销内容，超过 70%的用户因为受名人、达人的推荐影响而产生消费行为——在抖音上，名人、达人能帮助品牌大大提升内容曝光度，加速完成前期冷启动。

五、营销转化：建立自有阵地，构建长效营销生态

建立自身营销阵地能帮助品牌实现吸引粉丝、提升粉丝黏性、提升转化效果三大价值。作为首批拥抱抖音企业蓝 V 账号运营的品牌之一，vivo 率先在抖音短视频平台开设账号建立品牌营销阵地，通过广告投放、发起挑战赛、赞助活动等方式快速积累粉丝。目前，vivo 抖音官方账号累计集聚近 200 万粉丝，获得超过 1 900 万次点赞。

总体而言，竖屏短视频已成为移动营销时代的重要流量入口，要抓住这一新的流量入口，需要持续地进行内容运营。通过更好的内容创意激发用户的社交扩散，充分挖掘创作者及专业机构的内容生产能力；让人工智能和大数据技术为营销赋能，实现营销内容与受众的精准匹配，让更好的品牌内容遇见对的人。同时，竖屏营销还可以与品牌所有的营销体系协同作业，通过内容和平台联动，创造更大的裂变效应。

第三节 直播电商

如果说 2019 年是直播电商的元年，那么 2020 年即进入到红利爆发期。进入 5G 时代，短视频、直播行业将加速驶入变现快车道，品牌商家如何抓住这波流量红利，并探索出一条属于自己的营销之路，实现自有私域流量的构建及运营才是品牌突破营销困境的关键点。在风口之下，大到 BAT（百度、阿里巴巴和腾讯）、今日头条、京东等，小到便利店，都在“进军”短视频、直播领域。无论是消费者的增长还是内容的创新，短视频、直播目前已成为品牌营销的主阵地。现代广告大师大卫·奥格威曾说过，“广告就是为了销售，否则一无是处”，从广告营销投放到销售成交的转化能力，是衡量广告投资回报率的不变真理。因此，品牌商如何顺势而为，抓住这波红利并提升销售转化，成为亟待解决的问题。

一、直播电商的含义

直播电商指的是通过视频直播平台，进行现场直播销售商品或服务的模式。目前直播

电商平台以淘宝、快手、抖音为主，京东、拼多多、有赞等电商平台也开始试水直播带货的玩法。之所以说直播带货目前是流量高地，是因为直播带货现在所处的阶段像极了抖音、公众号的初期，主播们创下的惊人业绩让多少品牌商家望尘莫及。

直播带货有一个完整的链条，主要参与的角色有平台、电商企业、直播机构和资源整合者。直播平台方指的是直播平台，如抖音、快手等；电商企业是直播带货的主要受益者；直播机构是主播孵化机构，2019 年下半年如雨后春笋般涌出来的大大小小几千家直播机构，有些是 MCN 转型，有的是直接招募“网红”做直播带货；资源整合者是解决电商企业与直播机构的合作问题，是彼此的中间牵线机构。

二、直播电商的产业链

直播电商的产业链因平台不同而不同，电商平台和短视频平台存在很大差别，但无论哪种平台，MCN 机构在产业链中都处于连接的中枢地位。

在以电商平台为基础的产业链中，品牌商、工厂或产业基地为产业链的上游，主播与 MCN 机构处于产业链的中游，用户则处于产业链的下游。相对来说，以电商平台为主的产业链发展更为成熟。以淘宝为例，厂商为上游，主播为中游，以商家自播为主、达人主播为辅，其中商家自播主要为店铺导购等内部人员直播带货，达人主播多与 MCN 机构合作通过 MCN 机构对接品牌商，少数达人主播直接对接品牌商并参与销售分成。MCN 机构为主播提供网红孵化、内容输出、推广营销、供应链、品牌管理等服务，并与网红分成。

在以短视频平台为基础的直播电商产业链中，品牌商、工厂及产业基地等为产业链上游，主播、MCN 机构为产业链中游，用户为下游。以快手为例，在产业链中，快手完成前端导流、展示场景等环节，下单、支付、物流等主要导入外部平台来完成，而与上游的品牌商、工厂等的联系主要靠电商平台导入。光大证券研究所的调研数据显示，快手一半以上的交易需要导入淘宝来完成，其他外部平台包括拼多多、有赞、苏宁等，此外快手也推出快手小店、魔筷精选等。此外，在产业链中游的主播和 MCN 机构方面，快手电商的头部带货主播通常不依附于外部 MCN 机构，而倾向于自建 MCN 机构直接对接上游产业链，如辛巴自建的“辛有志严选”，部分头部带货主播及多数腰部带货主播与 MCN 合作或由 MCN 机构孵化，由其提供相应服务。

三、直播电商的具体操作

（一）如何成为主播

要想成为具备直播资格的商家和主播，不同的平台有不同的要求，下面以淘宝直播为例，看看都需要具备什么样的条件。

淘宝直播自 2020 年 2 月 11 日开始，正式全面放开零门槛免费注册，没有淘宝店也可以先开淘宝直播，然后通过直播间“一键发布商品”快速创建淘宝店铺。

具体来说，注册淘宝直播达人账号时，只需要通过支付宝的实名认证即可。新注册的主播会获得一定时间的流量保护和倾斜，持续开播即可获取浮现权。之后会根据主播的开播数据，给予进一步的流量分配。

以机构身份入驻淘宝直播的，仍需要审核。

（二）直播的内容运营

内容运营、产品运营和用户运营是直播电商的3个核心模块，运营的关键是围绕运营个体的价值进行构建与输出。至于内容运营，其主要工作包括内容策划、内容创意、内容编辑、内容宣发、内容优化和内容营销等。

明确自有核心产品，是内容运营的第一步。这就要求从有效的需求定位开始，这也涉及产品运营的信息反馈。内容运营就是在发现真实需求后，通过价值性内容的满足从而完成精准供应匹配。在直播过程中，所有输出的内容都要围绕核心标签进行认知构建，以及供需匹配度提升。但是在实际直播过程中，不少主播偏离自己的核心标签，导致的直接结果是粉丝没有黏性，只是为了对比产品的性价比，又回到了传统电商的竞争模式上去了。

直播的内容运营包括单场直播有效性策划，周期性直播有效性策划，围绕商品价值输出的内容脚本、互动性话题策划，现场活跃度内容策划，刺激转化的内容策划等。

直播的内容运营要有具体的考核指标，主要包括单场实时在线人数、人均观看时长、单场粉丝增长量、单品营业额、单品转化率、现场互动等指标。

内容运营是一个需要不断调研、规划、设计、执行、复盘来提升内容有效性的过程，这要求站在用户的角度看待产品，站在营销的角度构建内容，站在需求的角度看待价值构建。直播的实时性、互动性构建了直播商业化的护城河，而内容运营则能够完成价值输出，快速帮助用户完成主播认知、商品认知和信任感培养。

（三）店铺直播的内容运营

店铺直播的定位是帮助提高店铺商品认知，提升商品人格化，以及店铺用户活跃度来带动店铺复购率。在实际运营中，定位需要进行多维度投放和测试，并根据粉丝的实际反馈来确定。话题性测试是最好的测试反馈行为，在直播的过程中围绕单纯直播主题进行一些小型的话题互动，可以通过反馈判断话题有效性、存量需求有效性、输出内容受欢迎程度等。其中，单场“粉丝”增长数、单场实时在线人数、单场点赞人数都可以用来评估内容运营的有效性。

店铺直播的内容运营分为定位性内容、推广性内容、营销性内容、互动性内容、策略性内容、需求探测性内容、促销性内容等。其中，定位性内容可以帮助主播完成并确定自身的内容输出方向；推广性内容可以帮助自己和直播间的推广，激活粉丝帮助宣传；营销性内容可以营造直播间与主播所输出内容的稀缺性；互动性内容可以建立情感关系并快速培养认知；策略性内容侧重直播现场的氛围营造，助力主播情绪、粉丝群体情绪的提升；需求探测性内容完成存量需求的探测，并对真需求、伪需求进行论证；促销性内容对老粉丝进行限量超高性价比促销，有效增加粉丝的活跃度与情感联系，但是每周不能太频繁。

(四)直播前的准备工作

直播前首先要明白直播的本质是“现场+同场+互动”;其次要明白价值性内容的规划与内容产品化的重要性;再次要明白直播是围绕特定“粉丝”人群进行的一系列营销行为;最后还要清楚,电商直播与秀场直播不同,其核心是要做有趣、有料、有用的生活消费直播。

第一,确定直播主题。毫无疑问,直播是为了销售,但每一场直播都要进行主题多样化策划,需要明确故事要讲给谁听(用户)、怎么讲、讲什么。节奏是建立情感联系的第二条策划主线,根据直播时长完成预热、爆发、收尾3个阶段点的衔接。

第二,确定直播互动设计。互动性话题设计,可以从用户和市场痛点或者当下的热点话题出发,或者从自身的专业方向做起。有效的互动设计会提高单场直播的用户平均在线时长,即“粉丝”增长量。此外,实时在线人数也是衡量单场直播互动有效性的指标。

第三,确定单场使用素材。素材包括直播间的场景素材和单场直播间主图等,场景化素材则包括环境素材、直播素材、道具素材等,现在对直播设备的专业化水平要求越来越高。

第四,确定宣传工作统筹。在直播前需要通过短信、微博、微淘、微信等手段和工具,进行单场直播的推广性运营,并对单场直播进行剧透性内容预告,对直播的利益点进行图文内容宣发。

作为主播,在推荐商品的时候,需要清楚“更少但更好”的道理,实现价值性内容匹配到商品的有效输出。一般来说,单场直播商品结构应满足用户2～3个品类需求的横向丰满,尽量避免每场直播产品结构同质化。

(五)直播的粉丝运营

第一,科学的主播定位。在对主播进行定位时,应围绕目标用户的心智进行,即将主播的强IP属性植入目标用户人群的心智中,从而让主播的粉丝对主播形成特有的认知。

第二,主播定位的两种方法。一是从自身出发,确定自身的核心价值。在罗列主播能输出的价值的基础上,通过实践看看哪些价值能够引起粉丝的共鸣,进而确定自身的核心定位。二是从粉丝的需求出发,强化自身的核心价值,在系统观察其他直播间粉丝核心需求点的基础上,以其中某一个点作为自身的价值主张。

第三,直播间粉丝的运营。一是主播及其团队。主播背后的团队需要具备能规划直播内容、策划营销活动、设计主播的产品结构、对接商家和粉丝维护与控场的能力;主播需要具备与消费相关的专业知识、应对能力、沟通能力等。二是铁杆粉丝。铁杆粉丝是主播最好的朋友,是发自内心的支持者,主播和团队应尽全力满足铁杆粉丝群的要求。三是做好直播观看人数、在线人数与停留时长的分析与维护。流量与展现量和点击率两个因素密切关联。与点击率相关的要素包括首图、标题、排名、观看数等,其中首图与标题是主播和团队可控的。根据首图的特点,引流方式可以分为颜值引流、爆款引流、场景引流3

类。其中，颜值引流要重点通过展现主播的颜值，以主播的妆容来增加粉丝的点击量；爆款引流要通过主播穿戴的吸引人的衣服或包包入手；场景引流要将主播安排在不同的环境中，通过整体环境来表达一个主题。

（六）直播风险的防控

由于要直接把现场情况呈现给用户，因此直播过程中会有诸多风险点，如果控制不好，不仅不会达到“品效合一”的目的，反而会损害企业的品牌。

第一，环节设置。网络直播活动，必须对环节设置进行反复推演，尤其是涉及“转发抽奖”“扫码领取红包”等环节时，应采取有效措施避免恶意抽奖和领红包等行为而导致的大量有争议的弹幕的出现。

第二，软硬件测试。为了实现更好的直播效果，在直播前需要对直播中用到的软硬件进行测试，一方面避免误操作，另一方面防止由于用户的大规模涌入而导致服务器瘫痪。

第三，主持词审核。目前，相关主管部门和平台对直播的重视程度前所未有，而管理的措施也自然会加大，这就要求主播在直播前对主持词进行严格审核，防止主播在直播期间“信口开河”而违反相关规定。

第四，弹幕监控。弹幕能够提升活跃度和参与度，但是弹幕无法在直播前评估，只能在现场进行管理。直播间一般会设置“房管”，由其在主播直播期间，监控网友弹幕，对于不利言论及时采取措施。

第五，侵权检查。当下，我国对知识产权保护的力度大大加强，这就要求在直播前对直播时需要使用的背景板、贴图、玩偶、吉祥物等进行仔细检查，避免侵权情况的出现。

直播电商发展历史不长，但发展成绩喜人且未来前景巨大。想要投身其中的人就需要了解直播电商的方方面面，如直播电商平台的特色与政策、直播电商的具体运作等，这能帮助从业者少走弯路。

四、直播电商的成功法则

直播电商潜力巨大，值得重点投入，但是做好直播电商又不是一件轻而易举的事情，需要掌握一定的法则和技巧，才能够真正起到事半功倍的效果。2019 年是中国的直播电商元年，淘宝直播 2019 年全年带动成交额 2 000 亿元；快手直播商家超过 200 万家，平台活跃电商用户超过 1 亿人；大量的企业家、KOL 等纷纷加入直播电商的主播大军。直播电商的竞争者众多，克劳锐公司等总结归纳出以下几个制胜法则：

（1）拥有鲜明的人设。在数以万计的主播中，要让用户记住并坚定不移地跟随极为不易，而鲜明的人设则是让用户铭记在心的制胜法宝。

（2）找到与自身定位最为适配的直播电商平台。直播电商的核心依然是平台，没有直播电商平台的加持，主播甚至头部主播都难以走远。当然，不同的主播由于自身的人设和特点不同，适合自身的直播电商平台也不同，应该选择最适合自身的平台。

（3）需要积累一定数量的粉丝。主播要想快速完成冷启动需要一定数量的粉丝作为基础，如果在直播带货前，主播已经通过人设和内容积累了不少的粉丝，则能在较短的时间内取得良好的效果。

（4）过硬的专业能力。电商直播不同于秀场直播和游戏直播，只凭借高颜值和讲段子就能够把货物销售出去，专业能力对于电商直播至关重要。

（5）“标签化”的语言风格。要想在众多的主播中崭露头角极为不易，而独特的“标签”则能够助力主播在用户心中形成独特的心智，独特的标签可以依靠自身特有的语言风格和金句来达成。

（6）综合能力强的高素质团队。直播带货涉及方方面面的内容，单靠主播一个人的能力是不够的，这需要高素质的团队作战，综合能力强的团队能够帮助主播不断向上进阶。

（7）高频互动，爱粉宠粉。直播场景十分利于主播与粉丝间的互动，为主播与粉丝之间的高频互动提供了极佳的工具和手段。一则主播可以更好地维护与粉丝的关系；二则粉丝对商品提出的问题可以得到及时的解答，主播也可以通过粉丝的想法指导后期选品，这些都能够保持用户的活跃度和黏性。

法治护航

直播电商新规出台， 九大亮点须关注

2020 年 4 月，《网络直播营销管理办法（试行）》（以下简称《办法》）公布。《办法》由国家网信办、公安部、商务部、文化和旅游部、国家税务总局、国家市场监督管理总局、国家广播电视总局等七部门联合发布，于 2020 年 5 月 25 日起施行。《办法》根据《网络安全法》《电子商务法》《广告法》《反不正当竞争法》《网络信息内容生态治理规定》等法律、行政法规制定，划定了网络直播营销领域的八条红线，五个重点管理环节；囊括了网络直播的“人、货、场”，并进一步明确了台前幕后各类主体的权责边界。为了使于网络直播营销从业者完善经营合规制度，海蜂法务电商行业研究组梳理了《办法》的九大核心亮点，并结合现行法律法规规定，为从业者提供合规指引。

亮点一：明确主体界定及责任划分。

亮点二：建立商品负面清单。

亮点三：明确主播年龄限制。

亮点四：设立未成年人保护机制。

亮点五：加强对肖像权、声音权的保护力度。

亮点六：明确直播行为“红线”。

亮点七：分级管理，建立黑名单制度。

亮点八：跨平台交易，直播平台有协助维权的责任。

亮点九：直播间不得屏蔽消费者互动。

直播带货作为新的经济业态，对经济带来重大推动作用的同时也存在各种乱象，亟待监管。如何促进直播营销行业的健康发展是一个大课题，作为直播电商从业者，我们应该积极响应，认真执行。

实训项目七 淘宝直播

一、实训目标

（1）知悉淘宝直播的功能与开播流程。

（2）能够正确安装淘宝主播 App。

（3）能够使用淘宝主播 App 设置直播预告。

（4）能够使用淘宝主播 App 进行直播。

二、实训环境

（1）连接 Internet 的个人计算机，安装 Windows7 或 Windows10 操作系统。

（2）4G/5G Android 或 iOS 智能手机，开通 4G/5G 网络或在 Wi-Fi 环境下。

三、实训背景知识

淘宝直播是阿里巴巴推出的直播平台，定位于“消费类直播”，涵盖母婴、美妆等类别，用户可边看边买。截至 2020 年 6 月，女性观众占了绝对的主导，女性比例约为 80%，而每晚 8 点至 10 点不仅仅是收看直播最踊跃的时段，同时也是用户们最愿意下单的时间。

入驻淘宝直播，有以下要求：

（1）符合《淘宝网管销售活动管理规则》。

（2）本自然年内部存在出售假冒商品违规的行为。

（3）主营类目在线商品数在 5 种以上，近 30 天店铺销量 3 件以上，且近 90 天店铺成交金额在 1 000 元以上。

（4）卖家服务评级（DSR）在 4.6 分以上。

（5）具有一定的微淘粉丝量、客户运营能力和主播素质。

（6）不得通过直播销售虚拟物品、管制刀具、服务保健等类目商品或服务。

四、实训指导

（一）下载安装淘宝主播 App

淘宝主播下载路径：

（1）苹果手机可通过 App Store 下载，安卓手机也可通过应用市场下载。搜索“淘宝主播”即发现并下载安装。

（2）若是主播，进入【淘宝主播】—【首页】—【主播入驻】，选择相应的身份，校验是否符合开通条件，操作入驻即可。如图 7－4“1”所示。

（二）淘宝主播 App 直播预告设置

（1）开始淘宝直播前需要创建直播预告，告知用户和粉丝即将进行的直播内容，包括时间、地点、商品信息等。

（2）打开“淘宝主播 App”，进入“手机直播”页面。

（3）选择“创建预告”，如图 7－4“2”所示。

（4）添加设置 Banner 图片、预告片等内容，选择直播画面和直播类型，如图 7－4“3”所示。

图 7－4　淘宝主播 App

（5）设定直播开播时间，如图 7－5“4”所示。

（6）设置直播标题，如图 7－5“5”所示。

（7）填写直播内容简介，如图 7－5“6”所示。

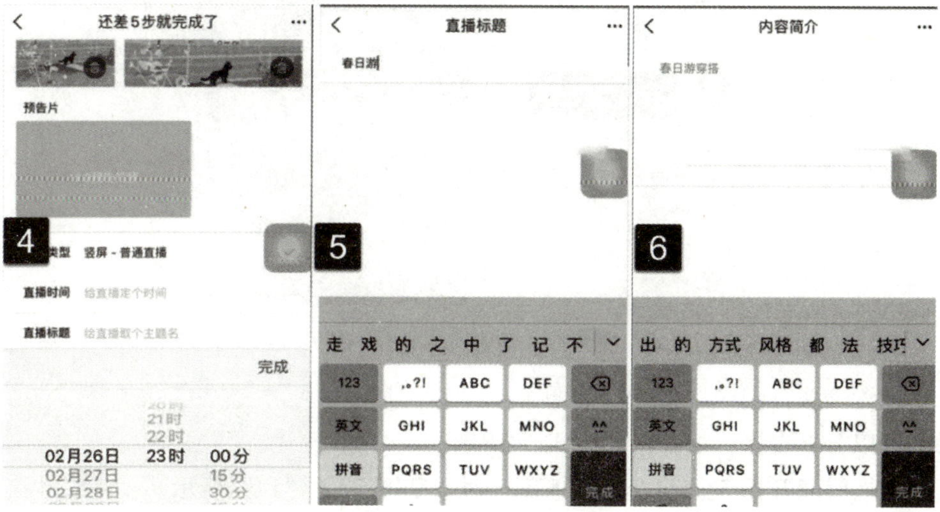

图 7－5　淘宝主播预告设置

（8）选择直播频道栏目，如图 7－6“7”所示。

（9）添加直播具体地理位置所在，如图 7－6“8”所示。

（10）完成直播预告创建，还可以添加直播宝贝（商品）信息，如图 7－6“9”所示。

图 7－6　淘宝直播频道栏目选择

（三）进行直播

（1）到直播时间前，选择图 7－7“10”中的手机直播，设置直播清晰度，如图 7－7“11”所示。

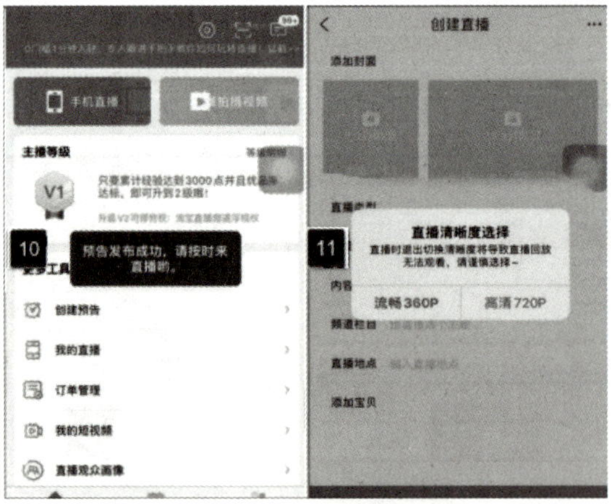

图 7－7　直播预告发布成功

（2）设置美颜，闪光灯功能，如图 7－8“12”所示。

（3）可以分享直播，如图 7－8“13”所示。

（4）直播时间开始 5 秒前开始直播倒计时，如图 7－8“14”所示。

（5）到达直播时间，准时开始直播，可以选择直播软件提供的图标、动画等烘托直播氛围，如图 7－9“15”所示。

（6）直播过程中可以查看直播实时数据，如图 7－9“16”所示。

（四）结束直播

直播结束，选择“结束直播”按钮，终止直播或者暂时推出。如图 7－9“17”所示。

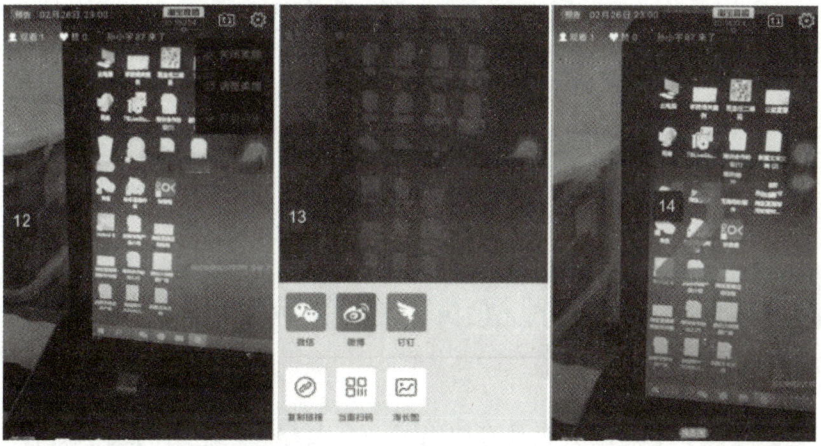

图 7－8　淘宝直播开播前准备

图 7－9　直播中与结束直播

思考与练习

1. 相对于传统视频，短视频有什么特点？短视频有哪些商业价值？
2. 如何进行短视频定位？主流的短视频平台有哪些？
3. 如何开始短视频电商？
4. 直播电商与短视频电商有什么区别和联系？
5. 如何进行直播电商运营？

第八章 移动商务典型案例

案例一 AMAZON GO 和阿里无人超市

2016 年底的时候，电商巨头亚马逊放出了一个大招——全新的线下商店 Amazon Go。一家无须排队结账的实体店：刷手机进店，选品，拿货，离开！

第一步：打开 Amazon Go App 扫描二维码，进入店里就可以开始购物。

第二步：拿起任何一件商品时，柜台上的感应装置会自动将该商品加入购物车，同理，如果放回货架则从购物车中删除。

第三步：选购完成，消费者无须亲自结算便可拿着商品直接出门！因为 App 绑定了信用卡等支付方式，可自动完成结算，电子收据也将自动发到购物者的手机里。

退货也很简单，买的东西不喜欢，只要把这件商品送回柜台，购物者离开商店的时候，退货退款就同步完成了。

2017 年 7 月 8 日，在第二届淘宝造物节现场，阿里巴巴实验已久的“无人超市”正式对公众亮相，官方称其为“淘宝会员店”。自从提出“新零售”概念以来，阿里巴巴一直希望通过线上线下融合的方式改变传统零售业，无人便利店是第一个真正落地的产品。

这家无人值守超市的名字叫“淘宝会员店”（英文名 Taocafe，也就是淘咖啡），从外观看起来跟普通纪念品商店没什么区别。

在体验方面，“淘咖啡”对比亚马逊超市毫不逊色，而且更加智能！

第一步：用户打开手机淘宝，扫码获得电子入场码（签署数据使用、隐私保护声明、支付宝代扣协议等条款等），通过认证闸机，然后把手机好好放兜里就能购物了，全程都不用再掏出手机了。

第二步：选购东西，或者在餐饮区点单。

第三步：选购完成，消费者无须亲自结算，只需拿着商品经过一道“结算门”，货款就会直接从支付宝扣除。

到这里，整个购物环节就结束了。

根据亚马逊申报的相关专利来看，Amazon Go 是通过特殊的货架（可以感知人与货架之间的相对位置，还有商品的位移）来计算是谁拿走了哪一件商品。

那么，这个货架显然是 Amazon Go 核心的前沿科技，但这里就有两个问题：

第一，一旦超市里人多了，系统的计算量就会迅速变大，商品加购准确性也不好保证，这也是为何它不能容纳超过 20 个人的原因。

第二，这个货架的成本和售价都很高。

超市越大，需要的货架越多，智能货架的采购成本和维护成本也就越高。所以，最终能不能真的低于人力成本还是个问题。

相比 Amazon Go，阿里无人超市把支付功能分拆到了离店时的“支付门”上，货架区则是用视频信息捕捉来优化运营，帮助结算。同时，淘咖啡有一套复杂的生物特征自主感知和学习系统。即使用户不看镜头的情况下，超市也能精准地捕捉到用户的生物特征。

阿里无人超市也正在进行内部的压力测试，就现有的技术流程来看，超过 Amazon Go 一共 20 人的人数限制是很轻松的。

未来，所有的无人超市，它最重要的目的当然是降低人力成本，或许收银员是这波浪潮中最大的受害者。

和亚马逊一样，目前阿里已经布局了大量的线下业态，假如这项技术走出了实验室，因为缩减人力成本的诱惑，对于实体超市的改造速度将是惊人的。

思考：

(1) 比较 Amazon Go 和阿里无人超市的异同，哪个无人超市更具潜力？

(2) 无人超市会对实体零售店带来哪些冲击？

(3) 面对无人超市以后发展趋势，传统实体零售商店应该如何应对？

【案例分析】

“新零售”的含义就是在互联网时代，传统零售行业受到了电商互联网的冲击。未来，线下与线上零售将深度结合，再加上现代物流，服务商利用大数据、云计算等创新技术，构成未来新零售的概念。纯电商的时代很快将结束，纯零售的形式也将被打破，新零售将引领未来全新的商业模式。

事实上，在新零售大变革中，无人超市是一种技术进步的新零售形态，目前无论从用户体验还是核心技术上，“入局”的在线零售商及创业企业都存在诸多待解的深化课题。

这一新兴业态目前仍处于初级阶段，仅仅只能看作是一个概念、一个原型，从缤果盒子停摆一事可见一斑。但是长期来看，此次试点仍具有划时代意义，会在公众心里埋下了“新零售”的种子。伴随核心技术及后端服务一体化的逐步成熟和完善，无人超市将会从更广泛的维度提高商业运营效率、改善客户体验。

一、无人超市雏形

新零售，即企业以互联网为依托，通过运用大数据、人工智能等先进技术手段，对商品的生产、流通与销售过程进行升级改造，进而重塑业态结构与生态圈，并对线上服务、线下体验以及现代物流进行深度融合的零售新模式。简言之，新零售是一种以消费者体验为中心、以数据驱动为基础的泛零售业态。

从统计数据来看，2016 年社会消费品网上零售总额突破 5 万亿元，同比增长率 26.2%，占社会消费品零售总额的 12.6%，线下实体销售额占 87.4%。而在 2004 年电子商务出现之初，其年均增长率曾高达 240%。目前随着网上零售年均增长率的逐步回落，社会消费品销售额线下仍远大于线上的分布格局已基本稳定。

在这种情况下，线上销售企业已经遇到增长瓶颈。在“纯电商已死”的担忧下，电商平台开始寻求一种新的零售业态，以亚马逊、阿里为代表的企业开始“脱虚向实”，寻求线上线下完全融合的“新零售”业态。

2016 年 12 月，亚马逊推出新型概念店 Amazon Go，把自主消费结账系统带到了一个全新的技术高度。根据亚马逊介绍，通过 AI、深度学习等高科技，消费者的虚拟购物车会随着消费者拿取商品的变化而变化，消费者到店可实现“即拿即走”。

紧跟亚马逊步伐，阿里在 2017 年 7 月 8 日开始的淘宝造物节上，推出无人零售店“淘咖啡”。其区别于 Amazon Go 的特点是通过“支付门”对顾客在店内消费的商品进行自动结算扣款。

与此同时，以沃尔玛为代表的线下商超及其他线上销售平台也都在筹备无人实体店，此外一些创业企业也跃跃欲试，以“新零售”为主题的风险投资正在寻觅下一个“共享单车”式的新机遇，以 F5 未来商店、缤果盒子、quiXmart 为代表的新企业开始涉足这一蓝海。

二、无人超市关键属性

如上所述，新零售是一种以消费者体验为中心、以数据驱动为基础的泛零售业态。作为一种新零售业态的无人超市是否能很快对传统商超、便利店发起冲击？这里有三个维度可以明确检测其冲击力究竟有多大：消费者体验、数据驱动以及商业运营效率。

（一）消费者体验

无人超市没有收银人员，最主要的是解决了消费者购物结算时排队的痛点，但新的问题也随之出现：以阿里“淘咖啡”为例，结算容易，可进门扫码却需要排队，而新增的“支付门”在人多时也可能会造成拥堵。从具体问题来看，整理货架、导购等问题的无人化技术目前也仍未解决。

（二）数据驱动

无人超市是用数字化武装超市，是 O2O 技术在线下实体经济应用的尝试和扩展。例如“淘咖啡”，阿里将支付宝面部识别等功能应用到实体店场景以后，便能掌握消费者线上线下相关消费信息，短期可将这些数据应用到本店管理中；远期来看，如果最终能通过C2M（顾客对工厂）、C2B（消费者到企业）使得前后端数据贯通，再结合后端物流服务，便形成了成熟的新零售形态，即只有线上线下和物流结合在一起，才会产生新零售。但目前来看，这些还远未能实现。

（三）商业运营效率

检验一种新兴业态是否具有蓬勃发展的生命力，必然要考虑其商业属性及运营效益：

首先，从商业角度来看，无人超市在成本和运营效率方面并不具备优势，商超运营中的成本在于租金、仓储、水电等支出，单单省去收银员的人员支出短期看毫无意义，更何况数字化的无人超市要一次性投入更多成本才能启动运营。

其次，从效益角度来看，是不是一味追求快就能带来更多收益？传统商超、便利店通常是增加跨界服务项目来延长顾客在店时间以促成更多消费，无人超市反其道而行之是否能带来更多效益呢？目前尚不得而知。

三、无人超市不会摧毁所有业态

科技飞速发展、日新月异，新技术不断涌现进而改变人们的生活，消费者的需求也随之发生变化，为满足差异化的消费需求，零售企业开始在消费领域引入“场景”的概念。在互联网行业中的场景泛指生活中的画面，即利用大数据、移动设备、社交媒体、传感器和定位系统这五种力量来重构我们生活的画面。通过对原有生活场景的改造，制造新场景会成为所有新技术、新企业发展的巨大动力和发展的契机。

如今，消费者的感性需求与生活日渐智能化也成为不容忽视的一对主要矛盾。从人本身需求角度出发，无人超市在繁忙的商业区能满足人们对“快”的需求，但在悠闲的生活区，一个热心、阳光的“便利店小哥”或许才能给消费者带来更好的购物体验。由此可见，在不同的消费场景中，无人超市业态和有人超市业态可以实现平衡共生。

无人超市的出现，实际上得益于AI、大数据、物联网等技术的发展，也得益于消费者对于电商和移动支付的认可和依赖，由此给人们带来了一个更大的想象空间。但是在不同的场景下，消费者对服务业态有差异化的需求，因此那些担心无人超市即将摧毁商超、便利店的想法显然是杞人忧天了。

事实上，零售业历史上已经历两次重大意义的变革，但并没有哪一种新兴业态能够完全取代原有业态：第一次是以沃尔玛为代表的大型超市的出现冲击了分散的零售业；第二次是电子商务对整个线下实体零售业的冲击。无人超市可以看作是新零售概念下的再一次尝试，它对传统零售业及电商带来了新的冲击，但它不会摧毁所有业态，而最终可能会形成一种各种销售业态共生平衡的格局。

案例二 小红书的营销秘诀

小红书创办于2013年，通过深耕UGC（用户创造内容）购物分享社区，短短4年成长为全球最大的消费类口碑库和社区电商平台，成为200多个国家和地区、亿万消费者必备的“购物神器”。截至2019年7月，小红书用户数已超过3亿；截至2019年10月，小红书月活跃用户数已经过亿，其中70%新增用户是“90后”。在小红书社区，用户通过文字、图片、视频笔记的分享，记录了这个时代年轻人的正能量和美好生活，小红书通过机器学习对海量信息和人进行精准、高效匹配。小红书旗下设有电商业务，2017年12月，小红书电商被《人民日报》评为代表中国消费科技产业的“中国品牌奖”。

小红书是一个网络社区，也是一个跨境电商，还是一个共享平台，更是一个口碑库。小红书的用户既是消费者，还是分享者，更是同行的好伙伴。打开小红书，没有商家的宣传和推销，只有依托用户口碑写就的“消费笔记”，不仅将产品介绍得更加真实可信，也传递了美好的生活方式。

小红书自2013年创立至今，尽管业务规模无法与阿里、拼多多这类电商巨头抗衡，但是它却代表了电商产业一种未来方向，让“种草”成为一种商业模式。

和其他电商平台不同，小红书是从社区起家。一开始，用户注重于在社区里分享海外购物经验，到后来，除了美妆、个护，小红书上出现了关于运动、旅游、家居、旅行、酒店、餐馆的信息分享，触及了消费经验和生活方式的方方面面。2016年初，小红书将人工运营内容改成了机器分发的形式。通过大数据和人工智能，将社区中的内容精准匹配给对它感兴趣的用户，从而提升用户体验。在小红书，一个用户通过“线上分享”消费体验，引发“社区互动”，能够推动其他用户到“线下消费”，这些用户反过来又会进行更多的“线上分享”，最终形成一个正循环。

2014年10月小红书福利社上线，旨在解决海外购物的另一个难题：买不到。小红书根据已累积的海外购物数据，分析出最受欢迎的商品及全球购物趋势，并在此基础上把全世界的好东西，以最短的路径、最简洁的方式提供给用户。

小红书电商的独特性在于：第一，口碑营销。没有任何方法比真实用户口碑更能提高转化率，就如用户在淘宝上买东西前一定会去看用户评论。小红书有一个真实用户口碑分享的社区，整个社区就是一个巨大的用户口碑库。第二，结构化数据下的选品。小红书的社区中积累了大量的消费类口碑，就好像亿万用户在这个平台上发现、分享全世界的好东西，此外，用户的浏览、点赞和收藏等行为，会产生大量底层数据。通过这些数据，小红书可以精准地分析出用户的需求，保证采购的商品是深受用户推崇的。

小红书从诞生伊始，就根植于用户信任。因为，不论是从正品、送货速度，还是外包装上，缔造用户信任，创造良好的用户体验是一贯坚持的战略。小红书与澳大利亚保健品品牌 Blackmores、Swiss，日本化妆品排行榜@cosme 美容大赏等多个品牌达成了战略合作，还有越来越多的品牌商家通过品牌号在小红书销售。品牌授权和品牌直营模式并行，确保用户在小红书购买到的都是正品。小红书在 29 个国家建立了专业的海外仓库，在郑州和深圳的保税仓设立了产品检测实验室。用户如有任何疑问，小红书会直接将产品送往第三方科研机构进行光谱检测，从源头上将潜在风险降到最低。2017 年，小红书建成 RE-Delivery 国际物流系统，确保国际物流的每一步都可以被追溯：用户可以在物流信息里查找到商品是坐哪一列航班来到中国的。

思考：

（1）小红书的产品推广有哪些营销策略？

（2）小红书所取得的成功，对其他企业有何启示？

【案例分析】

（1）梳理小红书的产品推广有如下营销策略：

①定向消费人群，打造“内容＋电商”的新模式和口碑社区。

小红书社区内容来源主要有 3 种，UGC、PGC 和以名人、达人为基础的 PUGC，普通 UGC 占比最大，是主要的内容来源。相比较传统电商平台的社区氛围，枯燥单调的产品描述总是比不过直戳内心的真实体验来得更“用心”，而小红书这种基于用户真实感受的原创内容，更像是闺蜜式推荐购物，一字一句接地气且巧妙的用词，毫不做作的使用心得笔记，敞开心扉的分享生动表达了产品的真实效果。

正是抓住用户在电商购物平台选购产品前会普遍关注评论的心理，小红书紧紧贴合用户的这一核心诉求，将各路达人的原创内容作为关键突破口，打造了一个真实的用户口碑分享社区。

②专业 PUGC 深度“种草”，品牌口碑销量双赢。

小红书的忠实用户以“90 后”的年轻人、女性、都市白领为主要人群，关注的内容包括时尚、美妆、美食、旅行等话题。他们不再喜爱经过专业编辑的长篇内容，更倾向于碎片化的“开瓶笔记”或者视频试用，亲自“种草”，像身边闺蜜好友的推荐，更贴近有品质的生活内容。

城外圈在策划某店铺推广日淘饮品时，通过精选小红书“美食、时尚、旅游”类带货红人，撰写相对应的品牌文章，以“多角度切入＋产品软性露出”的“种草”方式智能推荐到精准的用户群体面前，让用户更加了解品牌的宣传卖点，并引导到淘宝，为淘宝 C 店带货。

这种营销策略的背后逻辑是通过甄选海量中腰部、多节点 PUGC、多品类真实体验推荐数据，以图文视频的形式打造持续性多频曝光，达到受众对产品“看见—了解—喜爱—搜索”的动作转化，从而推动品牌整体关注度攀升、打造品牌口碑、推动销量转化。据统计，城外圈此次小红书推广活动，为该店带来了 10.8%的营业额提升。

③著名演员＋KOL 点燃，PUGC 集中响应实现高频曝光。

从 2015 年的年轻男演员送快递，为周年庆创下 5 000 万元的日销售额，小红书让著名演员成功落地疯狂吸粉，还有不少著名演员入驻小红书开启带货风潮。

在某牙膏品牌推广过程中，城外圈通过小红书著名演员 KOL 影响力，投放了多位著名演员，以此作为品牌背书，获取消费者的信任感。再从小红书 KOL 属性、节点出发构思多个传播话题，大量投放小红书护肤彩妆时尚类 KOL 制造热度，形成刷屏效应，让某牙膏品牌在小红书发酵成为网红产品。

该牙膏品牌让无数消费者成功“种草”，在各社交媒体上掀起一股网红牙膏热潮，实现了品牌产品上亿级曝光，引发千万次热搜互动。

小红书的爆款打造，归根结底还是在内容的营销和 KOL 的匹配，城外圈深谙小红书推广的关键，为了解决广告主在小红书打造爆款，提升产品销量的需求，通过精准的 KOL 选择、高质量的笔记内容、海量小红书达人资源等方式为广告主提供投放策略，以自有的智能营销平台，依托智能算法优化成本，实现智能投放。

(2) 任何成功的营销案例背后都有一份可复制的模式。小红书推广不是简单的电商营销模式，小红书所特有的热点聚集强传播，基于兴趣强关注的差异化能力，将帮助品牌提升用户聚合能力和影响整个市场带动品牌的声量、美誉度、关注积累转化的能力，这将促进品牌在品牌建设、产品设计、市场推广与销售等各环节围绕社会化媒体实现全面战略升级。

品牌未来的营销战略就是以客户需求为主导、以大数据营销技术赋能来提高用户全生命周期黏性，媒体投放全渠道、跨界融合体验、多元创新和管理赋能，将成为电商品牌营销的关键。

（资料来源：A5 站长网，百度百科。）

案例三 今夜酒店特价的陨落

在 2014 年初，曾对自身定位非常准确，经营心态非常端正的酒店网站——今夜酒店特价网站因运营维艰，不得不黯然离场。无论从哪个方面来看，今夜特价酒店的运作都可圈可点，其敏锐的市场眼光和脚踏实地的作风，均让人钦佩有加。遗憾的是，它最终还是没能逃脱被挤出局的命运。究其原因只有一个，那就是企业高层出现的决策失误。其实，在互联网领域，像今夜特价酒店这样因决策失误而被挤压、被出卖、被淘汰的企业可谓比比皆是。在这些企业当中，既有业内的巨头，也有后起之秀。其创办人，要么是国外名校毕业生，要么系国内名门所出，还有就是在该领域摸爬滚打取得成就被冠以明星创业者光环之人。他们有眼光、有头脑、有激情，且处于风华正茂的年龄。按理来说，这些优秀的人所看准的事，一定会有大好的前途，而且一些在互联网领域功成名就人士的经历也说明了这一点，可是现实就是现实，它从不随意迁就人的主观愿望。同传统行业一样，互联网企业在遇到挫折时，可以做到及时调整，从而化险为夷。但是，在做出错误的决策且意识不到错误时，互联网企业可就没那么幸运了。最后往往是在该领域一个决策失误就能致自己于死地。

今夜酒店特价是由天海路网络信息科技有限公司开发的一款尾房销售互联网平台（以下以“今夜特价”来简称和代指天海路公司）。这个平台可以帮助酒店获得晚上 6 点以后预订多余客房的房客。今夜特价成立于 2011 年 9 月 21 日，同期获得君信投资 400 万美元的天使投资。但因为创始人的连连决策失误，以致运营维艰，最终于 2014 年初被京东公司以千万美元的价格收购。

今夜特价的创始人是 CEO 邓天卓、COO 任鑫和联合创始人郑海平，尽管中国互联网领域已经形成了巨头耸立的情形，但在政府和政策的助推下，还是出现了互联网创业大潮。今夜特价正赶上这波创业大潮，而且在上线 App Store 的当天，便拿下了旅行类排行榜的第一名，第二天便登上了总应用排行榜单第二名，第三天便迎来了 10 万注册用户。俗话说，好的开头是成功的一半，事实也似乎印证了这一点。今夜特价一诞生就受到了格外的关注与支持，其中原因就在于三位创始人事先对市场有很好的了解，从而定位准确，决策正确，直至取得收获。

邓天卓等今夜特价的创始人通过调查发现，那些在线上预订的酒店通常只保留到晚上 6 点，过了 6 点没入住，该预订就视为失效。这时，就会有客房空余出来。由此，邓天卓等决定搭建一个酒店尾房销售平台，让酒店将 6 点以后空余出来的客房放到今夜特价的平台上，以只有平时 2～7 折的价格揽客入住，因为找准了市场的空白，今夜特价很快就取得了成效。然而，接下来，他们在决策上出现了连连的失误让良好开局的势头随后止步于市场的变化。

思考：

（1）今夜酒店特价推出有何种创意和创新？

（2）分析移动互联网创业存在的机遇和面临的挑战。

【案例分析】

今夜酒店特价决策失误主要体现在以下几个方面。

一、照搬美国模式

今夜特价学习的是美国 Hotel Tonight 的做法，Hotel Tonight 在美国每个城市只有 3 家精品酒店，走的是精品路线，这个做法确保了每个酒店都能获得大量订单，因而红极一时。今夜特价把 Hotel Tonight 的这一套照搬过来，只是在酒店数量上有差异，他们决定在每个城市做 10 家精选酒店。然而，实际效果非常差。究其原因，在于他们忽视了中美文化之间的差异。在美国，80%的酒店都是拥有自己品牌的连锁酒店，酒店的品牌深入人心，让用户能感知到优惠。而在中国，连锁酒店的市场占有率不到 20%，绝大多数都是单体酒店。因而，即使打折力度再大，也让人感觉不到自己享受到的优惠程度。

另外，美国的汽车普及程度很高，有力度的打折措施，会让一些人愿意驱车去很远的地方入住，然而在中国，即使是有车的人，一想到大城市的拥堵，宁愿在附近找个地方安顿下来，也不会选择驱车去入住低价酒店。

二、商业模式设计上存在缺陷

今夜特价推销的房源，只能通过智能手机App预订，而且只能是晚上6点以后预订，还有就是，大部分酒店只能预订一晚。然而，在实际运行中，手机支付的成功率极低，每20个用手机支付的用户，刚开始有19个都不能成功支付，他们以为是手机支付平台出了问题，到最后才发现原因在于用户不习惯使用手机直接支付，由此也就导致了在最初的几个月内，每天十几万的访问量，支付成功的订单却不到10个。这种状况严重增加了今夜特价的运营成本和压力。另外，由于大多数商业人士的出差时间往往并不是一天，他们通常的选择就是住在一处，而不是隔天再重新预订新的房间或住处。由此，今夜特价的尾房销售的适用对象大大缩水，通常只适合旅游用户和对价格敏感的用户。

三、后台运营外包导致预订效率低下

考虑到自身的商业模式还存在着缺陷，2011年末，任鑫与郑海平作出放弃精品酒店路线和手机支付策略的决定，将今夜特价从移动互联网的轻模式转向传统行业的重模式。他们了解到，很多用户对晚上6点订到的房很不放心，于是选择了先订一个房间，然后到晚上再换到更便宜的房间去住的做法。为此，今夜特价选择了和艺龙合作，以增加更多的合作酒店。

经过这番调整，今夜特价原来晚上6点后推出的特价房仍然保持不变，并把业务范围锁定在一二线城市，且大约有3 000家酒店与其签约，平均每笔订单交易可盈利25元。从2012年4月起，订单的增长率保持在每周8.6%。然而，令他们没想到的是，2012年黄金周期间，许多用户通过今夜特价平台下单后要等待半个小时才能收到短信确认回复，因而对此很不满，结果导致整个订单系统瘫痪。之所以会出现这种情况，是因为他们把后台运营工作外包给了别人。这样一来，今夜特价因用户体验太差而出现了客户流失的情况。国庆危机后，今夜特价开始了自建后台方面的投入，员工人数由一开始的30人激增到100多人，其中大部分人都从事后台营运工作，运营成本也一路攀升。

四、活在巨头阴影下，没有制定有效应对之策

今夜特价的尾房销售模式对业内人士来说，是个只有想不到没有做不到的低门槛的操作方式。对此，今夜特价也非常清楚。在2011年10月上线之初，邓天卓等就试图通过渠道差异来避开与携程、艺龙、同程旅行和美团网等更大的OTA厂商的正面交锋。也就是说，他们自认为，自己所做的与别人井水不犯河水，也就不会惹火烧身。然而，他们恰恰忘了同行是冤家的古训。他们的一厢情愿很快就引起了携程的警觉，随后便遭到了携程的打压。携程当时的措施是，凡是和今夜特价合作的酒店，直接从携程下线，让酒店在携程与今夜特价之间二选一。当时各大酒店的房客来源中，通过携程预订的房客占到50%～70%的份额；而通过今夜特价订房的房客数量偏少，收入也就不可能与携程相提并论，在种种权衡中，各大酒店纷纷作出停止与今夜特价合作的决定。从2011年9—10月，在携程的警告与屏蔽的胁迫下，与今夜特价已经签约的数十家酒店全都采取了终止合作的行动。就这样，在携程的猛烈打压下，2011 年 10 月后，每个城市只剩下了三四家酒店可供今夜特价用户选择。更让人想不到的是，2013 年 7 月，携程也进军尾房销售市场，开展了与今夜特价一样的运营模式。

面对巨头的封杀，今夜特价没有实质性的应对之策，只是选择了打游击战，先将一些酒店下架，两三天后再上架。

五、向投资人示硬结出恶果

对于互联网业来说，2011 年是一个资本大年。任何创业公司，只要项目具有可行性，都会受到投资人的青睐。今夜特价充分享受到了这种待遇。上线不久，就有包括红杉资本在内的 17 个一线风险投资人看好他们，然而，在谈判过程中，今夜特价的态度很强硬，要求投资人一周内必须做出投资意向书。在这种苛刻的条件下，今夜特价还是很顺利地获得了君信资本 2 000 万元的天使投资。

然而，天有不测风云。进入 2013 年后，今夜特价因创业初期大量的投入而陷入资金紧张困境。这时，邓天卓等四处求告，也没打动投资人，最后只得将公司从上海市中心的整套现代化办公区迁到了临近虹桥机场的淞虹路的一个破旧的办公园区内。今夜特价的决策失误远不止这些。事后，COO 任鑫承认：公司产品上线以来，他本人的一半决策都是错误的。其中，有一个决策失误一下子烧掉了 1 000 万元。为此，他总结出了两条经验：第一条是作为初创公司还是要保持低调，以用户和产品为先；第二条是想法执行和产品研发前，要先做市场测试。只是，不管事后反省多么深刻，对今夜特价来说，都是亡羊补牢，为时已晚。最终，他们还是在巨头的打压下没了出头之日，只能在巨人的庇护下维持生存。

案例四　贝壳找房：用产业互联网推动房产行业改造

贝壳找房起于链家，但不同于链家网的垂直自营模式，其使命是缔造平台。它以共享真实房源信息与链家管理模式为号召，吸引经纪人与经纪公司入驻。贝壳找房已经从一家自营模式的二手房地产中介品牌，成功转型为覆盖二手房、租赁、新房、装修与社区服务等几乎所有居住场景的行业开放平台。未来，链家会和许多中介一样，只是贝壳平台上的品牌之一。2020 年 8 月 8 日，贝壳集团以 71.22 亿元品牌价值名列 2020 中国品牌节年会 500 强榜单第 213 位。2020 年 8 月 13 日，贝壳找房在纽交所正式挂牌上市，IPO 发行定价为 20 美元/ADS，股票代码 “BEKE”，成为中国居住服务平台第一股。上市当天，贝壳股价上涨 87.2%，收于 37.44 美元，公司市值达到了 421.95 亿美元。

随着物联网、云计算、大数据的不断发展，产业互联网也在加速向前迈进。贝壳找房用产业互联网推动房产行业改造的背后，是价值观的重塑。

过去几年，互联网的红利开始从消费互联网转向了产业互联网。通过产业的数字化，互联网正在将人、物、服务连接起来，重塑整个行业的用户体验和商业模式。

互联网和不同的产业融合，推动着各行各业发生翻天覆地的变化。在服务产业与互联网不断融合的过程中，以贝壳找房为代表的房产交易服务平台脱颖而出。

从链家一家门店，发展到中国最大的房产中介，再到中国最大的房产交易平台。2020 年 4 月 23 日，是贝壳找房成立两周年的时间，受新冠肺炎疫情影响，其通过线上直播形式，举行了以“数字新居住 产业共生长”为主题的 2020 年新居住大会。在这次大会上，贝壳找房交出了成立两周年来的成绩单。根据官方数据显示，贝壳找房已经进驻全国 110 个城市，入驻合作新经纪品牌超过 250 个，连接经纪门店超过 4 万家，服务超 37 万经纪人。从这组数据可以看出，无论在进入城市、门店数量还是经纪人数量上，贝壳找房所覆盖的范围都已经是链家自营规模的数倍，如果只是采用过去的自营模式，要达到现在的城市与门店覆盖范围，链家可能需要至少十年以上的时间，而贝壳找房只用了两年的时间便实现了，这足以证明链家掌舵者当初坚定带领链家从自营模式转向平台模式的正确性。

思考：

（1）平台模式与自营模式有什么区别？

（2）贝壳能给服务行业的产业互联网创新者什么样的启发？

【案例分析】

自营模式是各个业务环节都由企业自己内部运营，而平台模式是帮助平台上的入驻商家更好地运营，这就要求平台企业必须能给平台参与者创造增量价值，如果无法创造增量价值，平台就失去了存在的意义。我们将这种为平台参与者创造增量价值的能力，称之为平台能力。

另外，平台企业必须拥有与自营模式截然不同的平台思维，自营模式更多的是利己思维，通过与上游供应商、下游消费者与竞争对手的博弈，来实现自己的利润最大化。而平台思维是一种利他思维，其只有通过让平台上的参与者率先获得成功，自己才有可能成功。不过，这也是做平台模式的艰难之处，企业受短期利益驱使，往往一开始想的多是利己，可一旦只想着利己，平台就注定无法成功。而如果企业能够先以利他思维让平台上的参与者获得成功，一旦形成平台效应后，后续自身也会获得巨大的商业价值。

从贝壳对房产行业的改造可以看到，产业与互联网的融合，绝非简单的技术应用，对人、物、服务的数字化，也并非一蹴而就的工程，背后不仅是行业基础设施的升级，资源的重新配置，更是对深处其中的每个参与者一次价值观的迭代。

一、尊重消费者，构建信任

产业互联网是供给端的生意，但贝壳找房对产业的改造，起点来自贝壳孵化的母体——链家，成立十几年来重视消费者体验、重视服务者体验的价值观。

信任，是一切交易的基础。品牌，只有建立起了消费者的“信任心智”，才拥有与消费者建立紧密关联的资格。在此之上，品牌叠加的差异化定位才能牢固。在更低频、高客单、重决策的行业，消费者的信任成本更高。一旦品牌建立起消费者信任，客户会因为口碑而源源不断地上门。

链家直接瞄准买房最核心的痛点：交易的“安全性”。2004 年，链家首推“阳光交易”，承诺透明交易、不吃差价，链家此后迎来了爆发式增长；2011 年，链家再开行业先河，推出“真房源”承诺，对准“假房源”这另一行业顽疾。此后，链家还推出了安心承诺，由链家来兜底风险，消除消费者的交易顾虑。

二、尊重产业规律，再融合互联网技术

如果说在消费互联网时代，链家铸就的业务基础沉淀为产业能力，那跨入产业互联网时代的贝壳找房，正在通过数字化技术革新供给结构，进一步整合行业合作网络，提升行业效率。

在贝壳，这个产业规律就是数据化运营。早在贝壳还未孵化之前的很多年，链家就非常有意识在搭建数据基础，并将数据深度运营在业务管理中。

买房，光是消费者可感知的大流程，就有找房—选房—看房—签约—贷款—过户—交割等，如果加上经纪人流程，踩盘—报盘—找客—委托—IM 联系—匹配—带看—斡旋等，整个购房流程环节多，周期漫长，场景多元。

从 2015 年起，贝壳找房开始着力研发 VR 看房，用户通过查找贝壳找房 App 里的 VR 房源，即可获得包括房屋真实空间的尺寸、朝向、远近等深度信息，还能了解到房子周围的教育、医疗等配套信息，同时还配有经纪人提前录制好的语音讲解，用户也可以通过提前预约经纪人进行通话接入，还能邀请朋友、家人一起实时异地看房，远程了解房源详细情况。VR 看房的推出，提升了看房的体验，降低了看房的成本，帮助贝壳树立了独特的产品竞争力。

而在其他的非核心场景，贝壳技术对线下流程的改造，则采取了更接地气的方式：用一个一个的小工具赋能经纪人。在 Link 和 A＋系统中，从营销工具、数据工具、带看物料、贷款及税费计算、政策查询等各类工具应有尽有，贝壳希望，借助专业的互联网产品武装经纪人，提升专业度，一点一点地改造行业。

三、尊重服务者，从生计到志业

“以‘人店’为核心进行产业链建设，整个产业才有希望。”左晖在 2020 贝壳新居住大会如是说。

无论是数据加持，还是技术武装，终归，像房产交易这样的服务产业，服务的供给方还是人。如果说传统产业的互联网化，数据＋技术是操作系统，那人就是硬件，不适配的硬件设备，系统再强大，也发挥不了应有的能力。

作为支撑中国服务产业的蓝领，互联网的普及，让年轻一代掌握新技术并不复杂，在产业互联网改造的过程中，往往最难的是，如何让一份蓝领的职业收入提升，让服务从业者愿意成长，坚持长期主义的正向价值观，用自己的专业赢得社会的尊重。

服务者价值观的重构，不仅需要潜移默化的长期影响，利益牵引的成长策略，也需要平台全方位运营投入。

在产业互联网大潮中，贝壳作为服务产业互联网的创新者，还有很长的路要走，但其对消费者、服务者、产业的尊重，围绕价值观去改造产业的坚持，值得产业互联网同行借鉴和思考。

（资料来源：网经社，百度百科。）

课程综合实操案例

共享单车

2016年底以来，国内共享单车突然就火爆了起来。共享单车是指企业与政府合作，在校园、地铁站点、公交站点、居民区、商业区、公共服务区等提供自行车共享服务，是共享经济的一种新形态。仿佛一夜之间，共享单车已经到了泛滥的地步，各大城市路边排满了各种颜色的共享单车。

一、共享单车发展现状

除了较早入局的摩拜单车、ofo外，2016年至少有25个新的共享单车品牌汹涌入局，甚至还包括电动自行车共享品牌。这25个品牌包括永安行、小鸣单车、小蓝单车、智享单车、北京公共自行车、骑点、奇奇出行、CCbike、7号电单车、黑鸟单车、hellobike、酷骑单车、1步单车、由你单车、踏踏、Funbike单车、悠悠单车、骑呗、熊猫单车、云单车、优拜单车、电电Go单车、小鹿单车、小白单车、快兔出行。

共享单车已经越来越多地引起人们的注意，由于其符合低碳出行的理念，政府对这一新鲜事物也处于善意的观察期。近年来，我国共享单车快速发展，有效满足了公众短距离出行的需求，缓解了城市交通拥堵，得到了广大消费者的青睐。在经历了互联网共享单车的爆发式发展后，我国共享单车市场发展逐渐趋于平稳发展，近几年我国共享单车投入车辆维持在1 600～2 000万辆的水平。根据交通运输部公布的数据显示，截至2020年10月，共享单车投入车辆为1 945万辆。

共享单车在中国的发展并不是一蹴而就，而是先后经历过几次模式迭代才真正兴起。按照共享单车在我国的发展情况，共享单车的发展共经历了四个阶段：2007—2010年为第一阶段，即萌芽期，2007年由国外兴起的公共单车模式开始引进国内，国内模式为政府主导分城市管理，单车多为有桩单车。2010—2014年为第二阶段，即初创期，2010年以永安行为代表的承包市场单车模式的企业开始出现，彼时公共单车仍旧以有桩单车为主。2015—2018年为第三阶段，即无序发展期，2014年中国移动互联网快速发展普及为共享经济提供了有利条件，以ofo为首的互联网共享单车应运而生，更加便捷方便的无桩单车开始取代有桩单车。随着资本快速进入，行业发展从疯长到冷静。2019 年至今为第四阶段，即健康成长期，众多玩家退出市场，美团、青桔以及哈啰三足鼎立，行业逐步过渡到健康成长的盈利阶段。

前瞻产业研究院认为，2019 年后，行业无序竞争所带来的负面影响逐渐消退，存量消费者用户体验回升提升了用户用车次数及频率，同时新增消费者的进入也不再是基于各类促销以及尝鲜，而是更多地处于理性消费需求的考虑。在健康稳定的竞争格局里，依然留存下来的用户是真正的用户，未来行业市场规模仍将稳步提升。

从用户消费习惯方面来看，据世界资源研究所发布调研报告《共享单车如何影响城市》的统计，被调查者中使用共享单车频率多数在一周 5 次以下，其中一周使用共享单车一次以下的占比 27%；使用 1～2 次的占比 27%；使用 3～5 次的占比 23%。

我国共享单车市场从无到有发展迅速，在互联网共享单车横空出世之后，行业规模更是发展迅速。据国家信息中心统计数据显示，2017 年以来，全国共享单车市场市场规模持续提升，到 2020 年，全国共享单车市场规模约为 220 亿元。

二、资本吹捧

易观互联网交通出行研究中心分析师王晨曦接受《每日经济新闻》记者采访时表示，2016 年大量品牌入局共享单车，背后其实是资本市场的主推，共享单车确实是好产品。王晨曦表示，近年的“资本寒冬论”一直存在，但资本市场本身不是寒冬，只是“资本需要一个出口，恰恰共享单车就出现了”。

在 2017 年共享单车巅峰时刻，它快速被资本席卷并裹挟，大量资金涌入这个赛道。2016 年，摩拜完成了 4 次融资，ofo 完成了 5 次融资，小鸣单车短短 24 天内完成了 3 轮融资。2017 年 1 月 4 日，当摩拜宣布 2.15 亿美元 D 轮融资时，ofo 单车一言道尽行业情况：“这个行业不缺资本关注。”在摩拜单车宣布完成 6 亿美元 E 轮融资的半个多月后，7 月 6 日，ofo 小黄车也正式宣布完成 E 轮融资——金额 7 亿美元。

2020 年，据《晚点 LatePost》报道，滴滴旗下的青桔单车完成由君联资本领投的超过 10 亿美元的融资。在青桔单车数次融资当中，背后都有滴滴的身影。毫无疑问，共享单车已成为其业务生态中的重要一环，和 ofo 的关系陷入死局之后，滴滴亲自下场推出青桔单车，并成立了二轮事业部，加码布局。

2021 年 11 月，哈啰出行宣布完成新一轮融资签约，涉及金额 2.8 亿元，投资机构包括蚂蚁集团和阿里巴巴。这是阿里首次入股，也是 2021 年以来哈啰出行获得的第 2 笔融资。成立 5 年来，哈啰出行累计获得了超 180 亿元人民币的融资，投资方包括蚂蚁集团、阿里巴巴等产业资本以及 GGV 纪源资本 、成为资本、复星集团、春华资本、愉悦资本等众多知名投资机构。

三、诸国混战

摩拜、ofo、hellobike、小鸣、优拜、骑呗、小蓝 7 家公司的单车因颜色各异，以及各自的运营特色被合称为单车的“彩虹家族”，但最终在共享单车大战中存活下来只有哈啰出行、滴滴青桔和美团单车，它们三家成为行业的新“三巨头”。

1. 创始人背景

从创始人背景来看，这些公司均与出行行业及互联网有着或深或浅的渊源。摩拜创始人胡玮炜原本是一位财经记者，同时还是汽车科技新媒体极客汽车的创始人；CEO 王晓峰是 Uber 前上海总经理，熟悉车辆出行的城市运营。ofo 创始人团队是清一色北大出身，大多结识于北大自行车协会，懂校园，懂用户（学生），热爱骑行，涉足共享单车之前，他们曾在单车骑游领域创业数月。hellobike 创始人杨磊深耕出行领域多年，操盘知名代驾平台爱代驾，参与代驾市场之争，业内知名。小蓝创始人李刚，野兽骑行 CEO，对骑行用户需求都有深刻理解。小鸣、优拜、骑呗，创始人履历各有亮点，但并非与出行都相关。小鸣的金超慧曾任宅米（校园生活服务平台）联合创始人，以 COO 身份伴随公司一路走到 B+轮，团队规模 1 500 人，服务 2 000 万名大学生。优拜的余熠则参与过团购、外卖、电影等“战役”。骑呗的创始人周海有曾任投资公司董事长，对融资有丰富经验。

2. 共享单车的技术之争——专利锁

2015 年，ofo 作为第一家无桩租赁单车正式吹响了共享经济的浪潮，而摩拜以电子锁+GPS定位的技术优势与小黄车呈现双雄并立的格局。

2016 年开始，共享单车企业入局众多，在硬件上不约而同采用了摩拜式的电子锁+GPS 组合，后来即便是坚持廉价机械锁的小黄车也逐步转为了电子锁+GPS 组合，也因此埋下专利保护的隐患。

在竞争最白热化的 2017 年，据不完全统计，在共享单车领域至少发生了 14 件专利侵权纠纷，其中，永安行涉诉 5 件，摩拜单车涉诉 5 件，小蓝单车涉诉 2 件，ofo 单车涉诉 1 件，酷骑单车涉诉 1 件。

2018 年，经过一轮洗牌和提价后，当人们以为共享单车的鏖战已经尘埃落定之时，摩拜却以一种釜底抽薪式的电子锁专利侵权诉讼方式率先敲响了又一轮战鼓。

在诉讼请求中，摩拜公司主张自己是“一种马蹄形锁具”的专利权人，要求停止制造、使用、销售和许诺销售被诉侵权产品，销毁库存和专用于制造被诉侵权产品的零部件、工具、模具和设备。此外，摩拜还以保全证据为理由，请求相关部分采取证据保全措施，查封、扣押被诉侵权的共享单车，而结果不仅获得了支持，进一步的审理也正在进行。

这并不是摩拜第一次对滴滴旗下的共享单车发难。摩拜所拥有的该发明专利于 2015 年 12 月 6 日申请，于 2018 年 9 月 11 日予以授权公告。在获得专利授权之后不到一个月，摩拜就向滴滴及青桔单车提起 4 起专利侵权诉讼，索赔经济损失 800 万元。当时，滴滴回应摩拜起诉：将充分尊重知识产权。而时隔一年之后，摩拜又把枪口指向小蓝与青桔，可谓新仇旧怨一起算。

加之冬季来临，共享单车界现金流收紧，除非小蓝单车与青桔单车短时间推出自己的专利发明并且开始全面换装，否则摩拜此举无疑将带来短时间的瘫痪性打击。

3. 盈利模式之困

目前共享单车盈利来源主要有以下五种渠道：

（1）押金。

在共享单车初期，用户在使用共享单车前需要先付押金，但押金的退还则需要7～10个工作日，很大部分用户很少会去进行押金的提取。随着使用共享单车的用户的增多，押金池的资金越来越庞大，并且都是无息债券，因此，在2017年下半年时还盛行过一种靠押金来获得盈利的说法。但事实证明，公众和政府都不能接受押金被挪作他用的做法，各种押金监管措施纷纷出台。因此目前市面上见到共享单车基本上是免押金租车。

（2）正常骑行所产生的费用。

共享单车行业最流行的盈亏计算公式是：一辆单车平均每天被使用3次，一年有300天可能被使用，年收入就是900元。900元也是行业平均单车成本线。但上述计算公式没有考虑运营成本。目前行业平均运营成本是20%左右，一年一辆车如果只有900元收入，肯定没法实现盈利。

在国外，很多共享单车的收费标准是半小时5美元，所以很多国外共享单车公司靠收骑行费就能轻松实现盈利。目前共享单车骑行费用基本上15～20分钟的费用价格为3～4元，美团因为业务扩展，目前价格在2元。虽然收费相比前几年偏高，但在高居不下的运营成本面前，仍旧是入不敷出。在运营期间，很多都推出了周卡、月卡的套餐模式来抢占用户市场和用户黏性。对于共享单车来说，如果不能拿到融资，基本上很快就会被市场清洗出局。

（3）广告收益。

广告的收益一部分投放在单车本身，一部分投放在线上平台。而且单车本身上的广告随着单车的来去自如，渗透率是非常高的，但由于载体的限制，也对广告提出了更多的要求。

（4）数据收益。

用户在骑行过程中会产生海量的行为数据，这些数据对于用户的画像和城市人流的预测是很宝贵的数据，对于平台来说可以通过数据来挖掘用户日常出行习惯，甚至消费偏好行为，从而对自家产品线的拓展可以提供数据支撑和分析。此外，也可通过商业合作的方式有偿提供给其他行业。

（5）打造生态，拓展产品线。

虽然共享单车是一个工具类的App，但它围绕的却是民生中息息相关衣食住行中“行”的部分。只要共享单车App有流量，有用户的高频消费，完全可以来打造一个生态系统。如美团从最初的外卖，到酒店住宿，到城市生活O2O，再到现在如火如荼的社区团购。

四、公益与人性

小区业主的“抖机灵”挑战着共享单车运营团队的“侦查能力”；黑摩司机在地铁口与共享单车展开“生死对决”；公事公办的城管大叔消耗着共享单车扩张的“速度与激情”；刮风、雾霾、下雨、大雪，天气说变就变，一如用户的新鲜劲儿，说没就没；价格、专利、技术、数据PK得如火如荼，“1块钱的生意”并不好做……

我们生活的城市，需要的是绿色共享而不是产生垃圾。

从城市环境角度分析，共享单车的运营需要注意：(1) 空间范围广阔。需要让用户随时可以找到车辆，后台系统也需要定位车辆的位置，便于挖掘数据。(2) 环境复杂。路况、天气等因素，车辆必须结实不易损坏。(3) 使用场景。潮汐现象明显的地区、封闭的地区和其他区域的需求情况。(4) 停车规范问题。车辆停放不能占道、违规，为政府及城管制造问题，带来政府监管的风险。

从人性的角度分析，共享单车的运营需要注意：(1) 车辆防盗（包括用户私藏等行为）；(2) 规范停车的引导问题；(3) 上私锁；(4) 恶意损坏。

一个城市到底需要多少辆共享单车？共享单车通过信用规范停车的同时，仍然有很多不文明行为产生，共享单车如何共享文明？共享单车是一场文化与信仰的输出，必须解决社交化问题。在城市的抢滩登陆上，谁能抢先占据用户的心智，谁或许就是这场移动互联网时代的赢家。

五、政府监管

自共享单车出现以来，单车占道、乱停放现象极其严重，政府也出台了相应的措施来规范共享单车的管理。2017 年，经国务院同意，交通运输部、中央宣传部、中央网信办、国家发展改革委、工业和信息化部、公安部、住房城乡建设部、人民银行、质检总局、国家旅游局 10 部门联合出台了《关于鼓励和规范互联网租赁自行车发展的指导意见》（以下简称《指导意见》）。

《指导意见》肯定了“共享单车”发展对方便群众短距离出行、构建绿色低碳交通体系的积极作用，提出要按照“服务为本、改革创新、规范有序、属地管理、多方共治”的基本原则，鼓励和规范共享单车发展，进一步提升服务水平，更好地满足人民群众的出行需求。《指导意见》从实施鼓励发展政策、规范运营服务行为、保障用户资金和网络信息安全、营造良好发展环境四个方面，提出了相关具体措施，例如，科学确定共享单车定位、规范自行车停放及管理、用户注册实行实名制、鼓励免押金方式提供服务、强化舆论和社会监督等。

随后，各地也相应地出台了符合地方发展的共享单车管理措施。共享单车的管理也逐步趋于规范化。

六、倒闭开始

物竞天择，适者生存。2018 年，行业洗牌来临，坚持“不卖身”的小黄车 ofo 陷入资金断裂危机沦为“老赖”，摩拜“卖身”美团，小蓝破产后被滴滴收购，加之更多小创业公司被淘汰后，共享单车行业变成了阿里、美团、滴滴等巨头之间相互鼎立的格局。

如今，共享单车已变成哈啰单车、青桔单车、美团单车各自为营的局面，背靠着阿里、滴滴、腾讯三大资方，合并的可能性几乎为零。因共享单车需要不断更迭车辆，又很难形成规模效应，同时所背靠的资方对共享单车又有着不同的诉求，这也就意味着，很长一段时间内，变局将难再产生。

从某种程度而言，纯粹的共享单车生意在美团首次披露摩拜运营数据时已走向了终点。这门曾备受资本青睐并不断狩猎的分时租赁生意，现已成为其背后所依赖的集团之间的竞争游戏。

“一个时代的开始必然会导致另一个时代的落幕。”从网约车到单车，我们相信一旦出现在“群狼环伺”的中国市场，必然引发无数后来者前赴后继，未来出行还有无限的可能性。

工作任务：

1. 通过课程内容学习，分析共享单车项目运行是在哪些技术支持条件下成功实现的，完成如下表格。

序号	所运用的技术	举例
1	移动终端与移动操作系统	手机、iOS、Android
2		
3		
4		
5		
⋮		

2. 有人说：企业的成功在于解决生活中存在的问题。通过共享单车的成功案例分析说明其合理性。

3. 企业生存是以盈利为目标的，共享单车的盈利点在哪些地方？为什么一些共享单车企业倒闭了？

4. 共享单车在很多城市遇到了问题，比如人为破坏、恶性竞争、城管扣留、乱停乱放、索赔等，讨论一下应如何应对这些问题及共享单车发展前景会怎样。

5. 从共享单车案例，寻找传统行业颠覆式发展或创业的可能性。

实操案例考核评价

知识（0.3）			技能（0.4）			态度（0.3）		
个人评价（0.3）	小组评价（0.3）	教师评价（0.4）	个人评价（0.3）	小组评价（0.3）	教师评价（0.4）	个人评价（0.3）	小组评价（0.3）	教师评价（0.4）

总分＝知识＋技能＋态度

参考文献

［1］王忠元．移动电子商务［M］．北京：机械工业出版社，2015.

［2］段建．移动互联网营销［M］．北京：中国铁道出版社，2016.

［3］王忠元．电子商务法规［M］．北京：中国人民大学出版社，2016.

［4］秦成德．移动电子商务［M］．重庆：重庆大学出版社，2013.

［5］陈月波．移动电子商务实务［M］．北京：机械工业出版社，2016.

［6］雷玲．电子商务案例分析［M］．5 版．大连：大连理工大学出版社，2015.

［7］苏静，翟旭君．传统企业电子商务之道［M］．北京：电子工业出版社，2013.

［8］Kristofer Layon. 移动 Web 实现指南［M］．张皛珏，译．北京：人民邮电出版社，2012.

［9］刘宏．电子商务概论［M］．北京：清华大学出版社，2010.

［10］文丹枫．移动营销新解密［M］．北京：中国经济出版社，2014.

［11］危光辉，罗文．移动互联网概论［M］．北京：机械工业出版社，2014.

［12］周建良．移动商务［M］．北京：电子工业出版社，2014.

［13］沈拓．移动互联网时代的商业模式创新［M］．北京：人民邮电出版社，2012.

［14］项建标，蔡华，柳荣军．互联网思维到底是什么［M］．北京：电子工业出版社，2014.

［15］胡世良．移动互联网商业模式创新与变革［M］．北京：人民邮电出版社，2013.

［16］林军．中国互联网 1995—2009 沸腾十五年［M］．北京：中信出版社，2009.

［17］王忠元．电子商务概论与实训教程［M］．2 版．北京：机械工业出版社，2014.

［18］谭贤．玩转 O2O 营销实战手册［M］．北京：中国铁道出版社，2014.

［19］苗成栋，于帅．电子商务概论［M］．北京：北京大学出版社，2009.

［20］Adam Feeeman. HTML5 权威指南［M］．谢亭晟，牛化成，刘美英，译．北京：人民邮电出版社，2014.

［21］侯青林．互联网三国杀［M］．成都：四川人民出版社，2013.

［22］胡世良．移动互联网商业模式创新与变革［M］．北京：人民邮电出版社，2013.

［23］吴凌娇．微信终极秘籍［M］．北京：电子工业出版社，2014.

［24］苏高．二维码的秘密［M］．北京：清华大学出版社，2014.

［25］李勇，等．位置信息服务（LBS）关键技术及应用［M］．北京：人民邮电出版社，2013.

［26］Richard Ferraro，Murat A Ktihanaglu. LBS 应用开发［M］．李丽，译．北京：

人民邮电出版社，2012.

［27］钟元生．移动电子商务［M］．上海：复旦大学出版社，2012.

［28］戴建中．电子商务 100 问［M］．北京：清华大学出版社，2013.

［29］柯林．移动商务理论与实践［M］．北京：北京大学出版社，2013.

［30］中华人民共和国商务部．中国电子商务报告（2012）［M］．北京：清华大学出版社，2013.

［31］赵大伟．互联网思维［M］．北京：机械工业出版社，2014.

［32］周江，等．移动商务实践教程［M］．北京：电子工业出版社，2019.

［33］杨泳波．移动商务［M］．北京：电子工业出版社，2018.

［34］周建良．移动商务［M］．北京：电子工业出版社，2020.

［35］林海．新媒体营销［M］．北京：高等教育出版社，2019.

［36］刘望海．新媒体营销与运营［M］．北京：人民邮电出版社，2018.

［37］黄轲，等．移动电子商务基础与实务［M］．北京：人民邮电出版社，2021.